校企合作汽车专业系列丛书

互联网+创新型“十四五”精品教材

汽车智能

制造概论

（微课版）

主　编◎刘奇荣　陈伏庄　张欣然

副主编◎贾　佳　范明星　罗　宇

周　虹　柴锦文

哈爾濱工程大學出版社
Harbin Engineering University Press

内 容 简 介

本书注重严谨性和前瞻性，课程资源丰富，通俗易懂，图文并茂。本书共七个项目，主要包括汽车智能制造基本知识、汽车智能制造数字化、汽车智能制造识别技术、汽车智能制造加工技术、精益智能制造、汽车精益智能生产系统和汽车智能制造应用。

本书既可作为应用型本科、职业院校汽车专业的通用教材，也可供汽车修理厂、汽车制造与装配技术人员参考。

图书在版编目（CIP）数据

汽车智能制造概论 : 微课版 / 刘奇荣, 陈伏庄, 张欣然主编. -- 哈尔滨 : 哈尔滨工程大学出版社, 2025. 1. -- ISBN 978-7-5661-4658-8

Ⅰ. U468.2

中国国家版本馆 CIP 数据核字第 2025DA8460 号

汽车智能制造概论（微课版）

QICHE ZHINENG ZHIZAO GAILUN（WEIKE BAN）

选题策划 张林峰

责任编辑 吴振雷

出版发行 哈尔滨工程大学出版社

社　　址 哈尔滨市南岗区南通大街 145 号

邮政编码 150001

电　　话 0451-82519989

经　　销 新华书店

印　　刷 唐山唐文印刷有限公司

开　　本 889 mm×1 194 mm　1/16

印　　张 13

字　　数 333 千字

版　　次 2025 年 1 月第 1 版

印　　次 2025 年 1 月第 1 次印刷

书　　号 ISBN 978-7-5661-4658-8

定　　价 49.80 元

http://www.hrbeupress.com

E-mail:heupress@hrbeu.edu.cn

前　　言

党的二十大报告指出，“坚持尊重劳动、尊重知识、尊重人才、尊重创造，实施更加积极、更加开放、更加有效的人才政策”“着力形成人才国际竞争的比较优势，加快建设国家战略人才力量”“深化人才发展体制机制改革……把各方面优秀人才集聚到党和人民事业中来”。

现代先进制造技术、汽车零部件关键产品的研发、制造工艺技术等，对汽车在国际市场的竞争和发展，以及汽车制造业劳动力市场的发展，都具有至关重要的作用。

针对专业课程的特点，本书继承了传统教材内容的精华，吸收当代汽车技术的发展成果，着眼于新型汽车人才的培养需求，以“加强工艺理论基础，突出汽车制造特点，紧跟汽车行业热点，着重学生能力培养”为指导思想，以汽车制造工艺的基础知识、基本理论和基本方法为编写主线，着重介绍了先进智能制造的工艺与方法。

本书主要有以下特色。

（1）理论联系实际，注重实用。紧密结合汽车制造中的生产实例，阐述汽车制造工艺的基本知识和基本理论，旨在培养学生分析和解决实际问题的能力。

（2）重点突出，简明扼要。在介绍汽车制造工艺基本理论时，力求做到详略得当、通俗易懂，又不失系统性和严谨性。在介绍具体工艺方法时，尽可能对典型案例进行深入剖析，以便学生掌握规律和细节。

（3）关注前沿，推陈出新。结合现代汽车制造技术的发展，充实汽车制造的新技术、新工艺，聚焦智能制造，体现产业需求。

（4）语言通俗，图文结合。教材中使用了大量图片来配合零部件结构和装配的讲解，内容翔实，形象生动，有助于提高学生学习的兴趣和理解力，实用性强。教材配备任务工单和课后练习，便于学生学习和掌握专业知识。

本书由刘奇荣（江西应用工程职业学院）、陈伏庄（江阴市华姿中等专业学校）、张欣然（张家口职业技术学院）担任主编；由贾佳、范明星（开封大学），罗宇（德阳科贸职业学院），周虹（邢台应用技术职业学院），柴锦文（淮南市精英技工学校）担任副主编。本书的相关资料和售后服务可扫描封底微信二维码或登录 www.bjzzwh.com 下载获得。

本书在编写过程中参阅许多参考文献，引用了大量原厂手册及文献资料，在此向原作者们表示衷心的感谢！由于编者的能力有限，书中不足之处在所难免，敬请读者和专家批评指正，以便后期修订。

编　者

目录 CONTENTS

项目一　汽车智能制造基本知识 …… 1

任务一　智能制造概述 …… 2

任务二　汽车智能制造 …… 9

项目二　汽车智能制造数字化 …… 16

任务一　计算机数字化仿真 …… 17

任务二　汽车数字化设计与仿真 …… 25

任务三　有限元分析基础 …… 32

任务四　数字化工艺 …… 37

项目三　汽车智能制造识别技术 …… 43

任务一　射频识别（RFID）技术 …… 44

任务二　机器视觉技术 …… 48

任务三　无损检测（NDT）技术 …… 52

任务四　工业物联网技术 …… 56

项目四　汽车智能制造加工技术 …… 61

任务一　工业机器人技术 …… 62

任务二　三维打印技术 …… 69

任务三　数控加工技术 …… 76

任务四　精密与超精密加工技术 …… 81

项目五　精益智能制造 …… 87

任务一　制造业的机遇与挑战 …… 88

任务二　生产管理的先进理念 …… 92

任务三　生产自动化与信息化融合 …… 99

任务四　精益生产是智能制造的基础 …… 105

任务五　精益智能生产的核心系统——MES …… 115

项目六　汽车精益智能生产系统 …… 123
任务一　汽车制造的信息化与自动化 …… 124
任务二　汽车生产信息系统 …… 130
任务三　汽车 MES 架构 …… 139
任务四　MES 在 TPS 中的应用 …… 157
项目七　汽车智能制造应用 …… 164
任务一　智能制造技术在汽车车身冲压工艺中的应用 …… 165
任务二　智能制造技术在汽车车身焊装工艺中的应用 …… 174
任务三　智能制造技术在汽车车身涂装工艺中的应用 …… 180
任务四　智能制造技术在汽车总装工艺中的应用 …… 190
参考文献 …… 202

项 目 一

汽车智能制造基本知识

项目导读

随着科技的飞速发展，人们对于未来的生产方式有了全新的认知和展望。智能制造作为一种融合先进制造技术、信息技术、材料科学等领域的综合性产业体系，已经成为现代工业的一个重要发展趋势。汽车工业作为资金技术密集型产业，在各国工业化的过程中发挥了极其重要的作用，是很多国家的重要支柱产业。新工艺、新材料、新技术的广泛运用使得当今的汽车集各种先进技术于大成，而信息化和数字化技术的革新应用更是将汽车工业推进智能化时代。

学习目标

知识目标

1. 了解智能制造的技术、主要特征、国家标准体系及其应用模式。
2. 掌握汽车智能制造的特点及其在汽车生产中的应用。
3. 识别我国汽车智能制造发展面临的主要挑战。

能力目标

1. 能够识别和解释智能制造的关键特征及其对制造业的影响。
2. 能够分析汽车智能制造的发展趋势和技术创新。
3. 能够评价汽车智能制造的特点及其对生产效率和产品质量的影响。

素质目标

1. 培养学生对智能制造创新的敏感度和适应能力。
2. 提升学生对汽车智能制造技术及市场动态的敏感性。
3. 培养学生创新思维，推动汽车智能制造技术的应用与发展。

思政目标

1. 学习汽车智能制造的先进理念和技术，深刻理解科技发展对国家制造业的重要意义。
2. 比较中外汽车智能制造的差距和优势，坚定文化自信，增强民族自信心。

任务一　智能制造概述

任务描述

从汽车诞生至今，汽车制造业不断发展壮大，制造手段也不断升级，汽车已经从造价昂贵的奢侈品变成了现代生活中最常见的交通工具。

为了更加深入地了解汽车从传统制造到智能制造的发展过程，学习与传承汽车开拓者的拼搏精神，全班同学分组开展“看图说史”活动。每个小组通过网络或者书籍收集关于汽车制造的相关资料，结合资料选择一些具有代表性的图片或视频做成 PPT。使用 PPT 讲解汽车制造的发展过程，并分析汽车在传统制造和智能制造方面的不同（讲解时间最好不要超过 10 分钟）。

任务分析

智能化是制造自动化的发展方向，在制造过程的各个环节几乎都应用人工智能技术。人工智能技术可以用于工程设计、工艺过程设计、故障诊断等，也可以将神经网络和模糊控制技术等先进的计算机智能方法应用于产品配方、生产调度等，实现制造过程智能化。通过对本任务的学习，学生可以了解智能制造的相关知识。

任务重点

智能制造源于对人工智能的研究。人工智能就是用人工的方法在计算机上实现的智能。随着产品性能的完善化和结构的复杂化、精细化，以及功能的多样化的发展，产品所包含的设计信息量和工艺信息量猛增，随之而来的是生产线和生产设备内部的信息流量增加，制造过程和管理工作的信息量也剧增。这促使制造技术发展的热点与前沿，转向了提高制造系统对于爆炸性增长的制造信息处理的能力、效率及规模上。制造系统正在由原先的能量驱动型转变为信息驱动型，这就要求制造系统不但要具备柔性，而且还要表现出智能，否则是难以处理如此大量而复杂的信息工作量的。另外，瞬息万变的市场需求和激烈竞争的复杂环境，也要求制造系统表现出更高的灵活性、敏捷性以及更加智能化。因此，智能制造越来越受到人们高度的重视。虽然智能制造总体尚处于概念和实验阶段，但许多国家已将此列入国家发展计划，大力推动实施。

智能制造（intelligent manufacturing，IM）是一种由智能机器和人类专家共同组成的人机一体化的智能系统，它在制造过程中能进行智能活动，诸如分析、推理、判断、构思和决策等。通过人与智能机器的合作共事，去扩大、延伸和部分取代人类专家在制造过程中的脑力劳动。它把制造自动化的概念更新，扩展到柔性化、智能化和高度集成化。智能机器人的实例如图 1–1 所示。

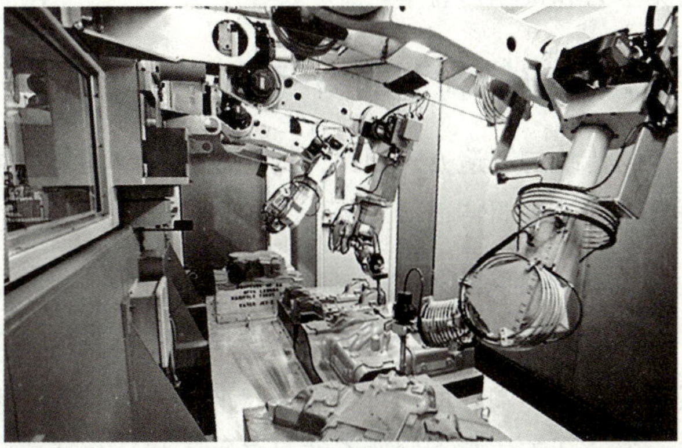

图 1–1　智能机器人的实例

一、智能制造技术

智能制造技术主要包括工业自动化、机器学习、物联网、云计算、大数据等内容。

智能制造的技术

（一）工业自动化技术

工业自动化技术是指利用计算机、传感器、执行器等设备，对生产过程进行自动化控制和管理的技术手段。随着计算机和通信技术的飞速发展，工业自动化技术已经历了从传统的可编程逻辑控制器（programmable logic controller，PLC）到现代的智能化控制的转变。现代的智能化控制系统不仅可以实现自动化控制，还可以实现实时的数据采集和处理、生产计划管理、质量监控等功能。同时，智能化控制系统还可以与其他信息系统集成，形成完整的数字化生产体系。

（二）机器学习技术

机器学习技术是指利用计算机算法和数学模型对数据进行分析和处理，从而让机器具备学习和智能化的能力。机器学习技术在智能制造领域中具有广泛的应用，可以实现生产过程的智能化控制、预测性维护、缺陷检测和质量监控等功能。机器学习技术还可以帮助企业实现自动化决策和优化，提高生产效率、降低成本。

（三）物联网技术

物联网技术是指将各种物理设备和传感器通过互联网联接起来，实现设备之间的数据交换和共享的技术手段。物联网技术在智能制造领域中具有重要的作用，可以实现设备的远程监控和维护、实时数据采集和处理、生产计划管理等功能。通过物联网技术，企业可以实现数字化、网络化和智能化的生产过程。

（四）云计算技术

云计算技术是指将各种计算资源通过互联网连接起来，实现资源的共享和利用的技术手段。云计算技术在智能制造领域中具有重要的作用，可以实现大规模数据存储和处理、实时计算和决策等功能。通过云计算技术，企业可以实现数据的共享和协同，加速产品研发和创新。

（五）大数据技术

大数据技术是指利用计算机算法和数学模型对海量数据进行分析和处理，从而获得有价值的信息和知识的技术手段。大数据技术在智能制造领域中得到广泛的应用，可以实现生产过程的监控和优化、产品质量的提升、客户需求的预测和满足等功能。通过大数据技术，企业可以实现智能化决策和优化，提高竞争力和市场占有率。

二、智能制造的特征

与传统的制造方式相比，智能制造集自动化、柔性化、集成化和智能化于一身，具体来说，智能制造具有以下鲜明特征。

（一）自律能力

智能制造具有搜集与理解环境信息和自身信息，并进行分析判断和规划自身行为的能力。智能制造系统能监测周围环境和自身作业状况并进行信息处理，并根据处理结果自行调整控制策略，采用最佳运行方案，从而使整个制造系统具备抗干扰、自适应和容错纠错等能力。强有力的知识库和基于知识的模型是自律能力的基础。具有自律能力的设备称为“智能机器”，在一定程度上表现出独立性、自主性和个性，甚至相互间还能运作与竞争。

（二）人机一体化

智能制造不是单纯的“人工智能”系统，而是一种人机一体化的智能系统，是一种“混合智能”。从人工智能发展现状来看，基于人工智能的智能机器只能进行机械式的推理、预测、判断，它只具有逻辑思维（专家系统），最多做到形象思维（神经网络），完全做不到灵感（顿悟）思维，只有人类专家才真正同时具备以上 3 种思维能力。现阶段想以人工智能全面取代制造过程中人类专家的脑力劳动，独立承担起分析、判断、决策等任务是不现实的。因此，在智能制造系统中，高素质、高智商的人才将发挥更好的作用，机器智能和人的智慧将真正地融合在一起，互相配合，相得益彰。

（三）自组织与超柔性

智能制造系统中的各组成单元能够根据工作任务的需要，快速、可靠地组建新系统，集结成一种超柔性最佳结构，并按照最优方式运行。同时，对于快速变化的市场、生产制造要求有很强的适应性，其柔性不仅表现在运行方式上，也表现在结构组成上，这种柔性称为超柔性，如同一群人类专家组成的群体，具有生物特征。例如，在当前任务完成后，该结构将自行解散，以便在下一个任务中能够组成新的结构。

（四）自学习与自维护

智能制造系统能够在实践中不断地充实知识库，具有自主学习功能。同时，在运行过程中自行诊断故障，并具备对故障自行排除、自行维护的能力。这种特征使智能制造系统能够进行自我优化，并适应各种复杂的环境。

三、智能制造的国家标准体系

先进制造业是一个国家的核心竞争力，智能制造标准化已经成为国际标准化的热点和前沿领域。发达国家越来越重视标准化对智能制造的支撑和保障作用。德国出台《工业 4.0 战略实施建议》、美国出台《国家先进制造战略规划》、法国出台《新工业法国》，它们都十分重视标准化在智能制造中的作用。国际电工委员会（International Electro Technical Commission，IEC）于 2018 年成立“智能制造系统委员会”，中国、德国、日本等国家共同制定了智能制造标准化路线图，主要分析市场、行业需求和新技术在智能制造中的作用，识别、收集和研究智能制造用例，提出标准需求，研究制定相关术语和定义等方面相关标准。国际标准化组织（International Organization for Standardization，ISO）聚焦传统制造向智能制造转变的关键使能技术，在自动化系统与集成、增材制造、安全与韧性等 20 多个与智能制造相关的技术委员会中推动标准化工作，并成立智能制造协调委员会，统一协调管理智能制造标准化工作。

2015 年和 2018 年，我国相继发布两个版本的《国家智能制造标准体系建设指南》，构建了较为完善的国家智能制造标准体系，船舶、纺织、石化等 14 个细分行业开展了智能制造标准体系建设，龙头企业、科研院所联合开展了标准研制和试验验证，搭建了多个标准试验验证平台，已发布智能制造国家标准 300 多项，在研国家标准基本覆盖产品全生命周期和制造业系统层级各环节，初步解决了因标准缺失带来的产业发展共性问题。两个版本的《国家智能制造标准体系建设指南》的实施有效推动了国际标准化工作，共制定 30 多项智能制造国际标准，中德双边累计达成上百项合作共识，发布多项合作成果。我国智能制造系统架构标准和德、美、日等国家的标准化成果共同成了国际智能制造顶层规划重要参考。

（一）智能制造标准体系结构

智能制造标准体系结构是建立在智能制造应用体系之上的标准体系，以规范和促进智能制造的发展和应用。其目的是协助管理和实现智能化、数字化、网络化和可持续发展的生产过程。智能制造标准体系结构包括 3 个方面：产品、装备和工厂。

1. 产品标准体系

产品标准体系是指产品制造中所需的标准体系。产品标准体系包括设计、材料、工艺、检验指标等方面。通过建立产品标准体系，有助于确保产品的品质和稳定性，同时也有利于提高产品的制造效率并降低生产成本。

2. 装备标准体系

装备标准体系是指智能制造装备设备的标准体系。装备标准体系包括装备的分类、技术参数、功能性能、安全性能和运行维护等方面。装备标准体系的建立有助于提高装备之间的互操作性，以及整个生产过程的智能化和自动化程度。

3. 工厂标准体系

工厂标准体系是指智能制造生产厂家的标准体系。工厂标准体系包括工厂规划、生产管理、供应链管理、质量控制、信息化解决方案等方面。建立工厂标准体系有助于提高生产效率、降低生产成本、保证产品质量、提升生产能力。

除产品、装备和工厂 3 个方面外，智能制造标准体系结构还包括数据标准体系、信息标准体系、安全标准体系等方面。这些标准体系的建立，不仅有利于推进智能制造的发展，而且也有利于保证产业的可持续发展。

建立全面的标准体系，便于智能制造应用在全球范围内的普及和推广。

（二）《国家智能制造标准体系建设指南（2021 版）》

2021 年，为贯彻落实《中华人民共和国国民经济和社会发展第十四个五年规划和 2035 年远景目标纲要》和《国家标准化发展纲要》，切实发挥标准对推动智能制造高质量发展的支撑和引领作用，工业和信息化部、国家标准化管理委员会组织编制了《国家智能制造标准体系建设指南（2021 版）》。

1. 智能制造系统架构

智能制造系统架构从生命周期、系统层级和智能特征 3 个维度对智能制造所涉及的要素、装备、活动等内容进行描述，主要用于明确智能制造的标准化对象和范围。智能制造系统架构维度如图 1–2 所示。

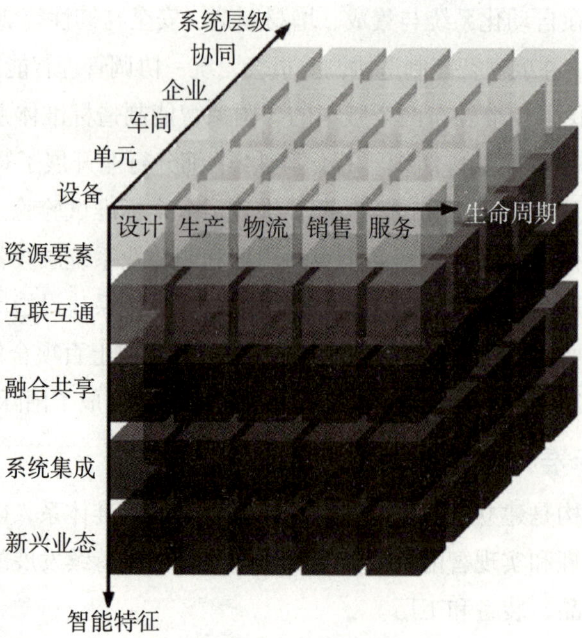

图 1-2　智能制造系统架构维度示意图

2. 智能制造总体要求

（1）基本原则

智能制造基本原则如图 1-3 所示。

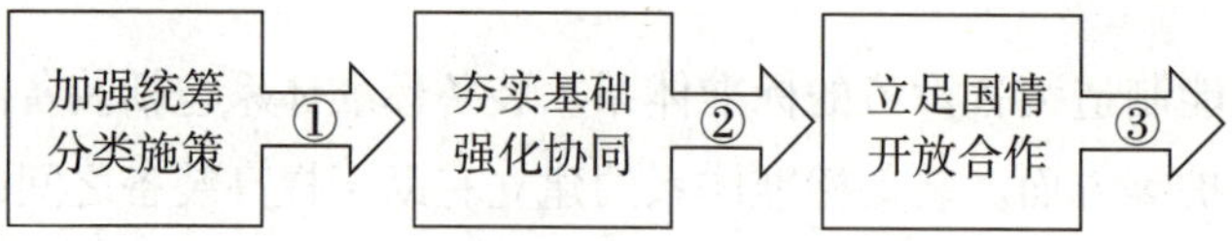

图 1-3　基本原则示意图

（2）建设目标

建设目标如图 1-4 所示。

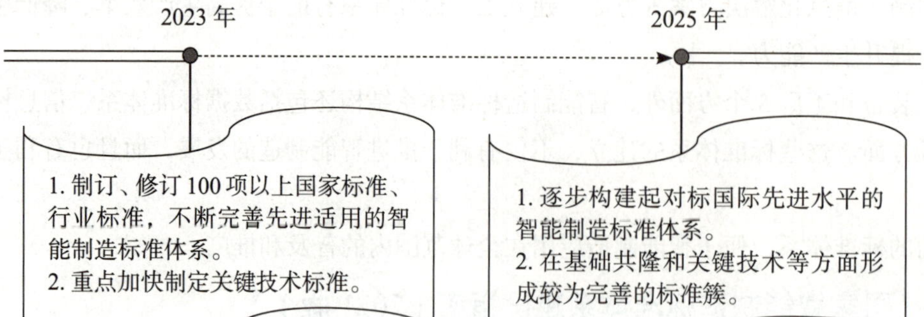

图 1-4　建设目标示意图

3. 智能制造建设思路

（1）智能制造标准体系结构

智能制造标准体系结构包括“A 基础共性”“B 关键技术”“C 行业应用”3 个部分，主要反映标准体系各部分的组成关系。智能制造标准体系结构如图 1-5 所示。

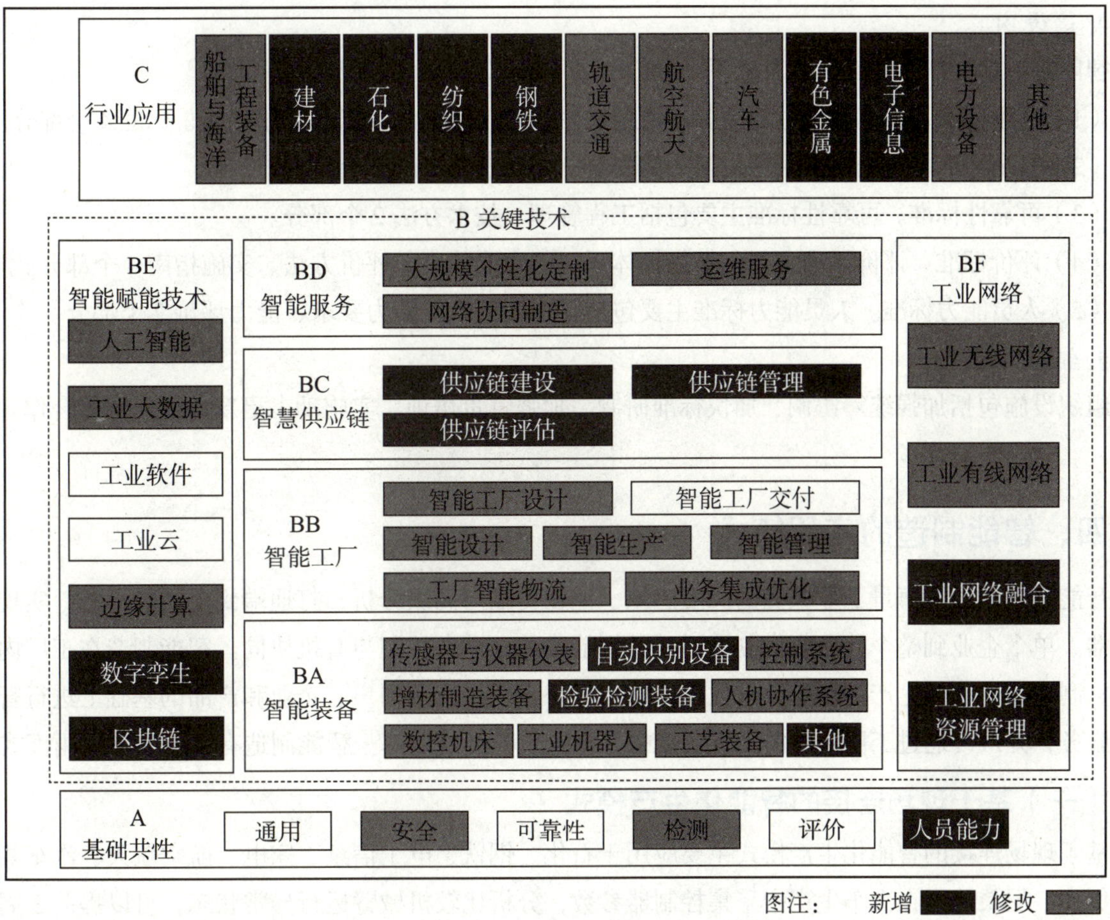

图 1-5　智能制造标准体系结构示意图

（2）智能制造标准体系框架

智能制造标准体系框架包含了智能制造标准体系的基本组成单元，同体系结构一样包括“A 基础共性”“B 关键技术”“C 行业应用”3 个部分。智能制造标准体系框架如图 1-6 所示。

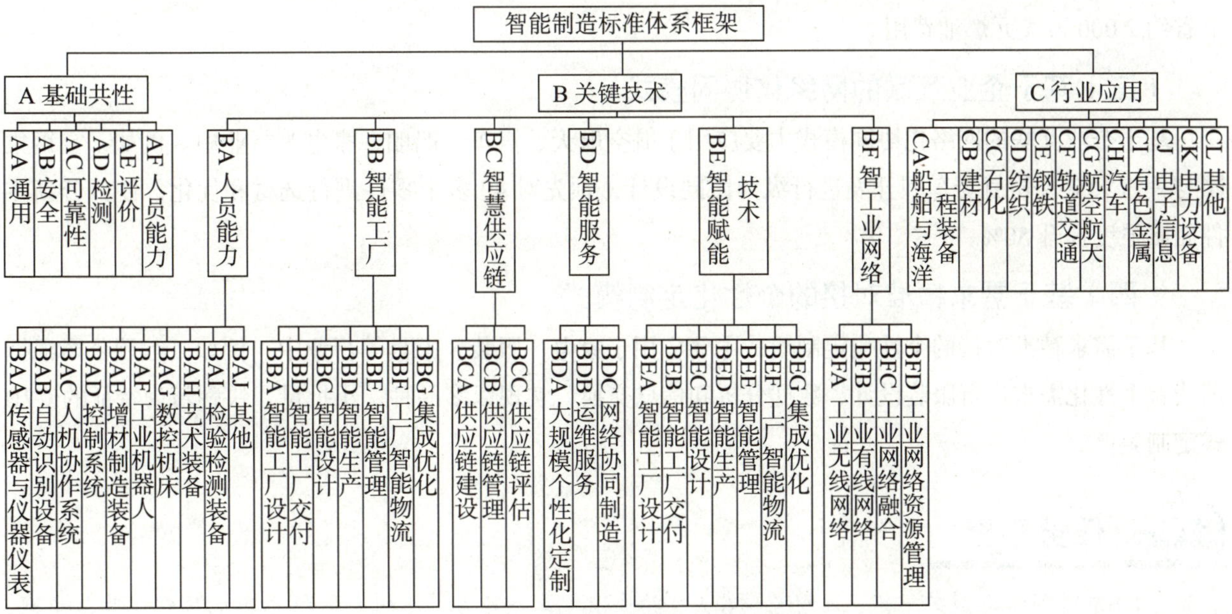

图 1-6　智能制造标准体系框架示意图

4. 建设内容

智能制造标准体系建设内容有以下几个方面。

（1）通用标准。通用标准主要包括术语定义、参考模型、元数据与数据字典、标准 4 个部分。

（2）安全标准。安全标准主要包括功能安全、网络安全 2 个部分。

（3）可靠性标准。可靠性标准主要包括工程管理、技术方法 2 个部分。

（4）评价标准。评价标准主要包括指标体系、能力成熟度、评价方法、实施指南 4 个部分。

（5）人员能力标准。人员能力标准主要包括智能制造人员能力要求、能力评价 2 个部分。

5. 组织实施

组织设施包括加强统筹协调、加快标准研制、加强宣贯培训、实施动态更新、加强国际合作等 5 个部分。

四、智能制造的应用模式

智能制造通过对海量工业数据的深度感知、泛在传输与高级分析，打通端到端的数据链，实现从单台机器、单个企业到整个社会生产制造活动的智能决策、动态控制与有机协同。智能制造在工厂内聚焦设计、制造、管理等生产活动的改进优化，在工厂外强调在连接用户、企业和产品的基础上进行智能协同与服务，并最终通过工厂内外的交互反馈提升整个价值链的效率。智能制造有以下 4 种应用模式。

（一）基于现场连接的智能化生产模式

基于现场连接的智能化生产模式主要应用于石化、钢铁、电子信息、家电、航空航天、汽车等行业中。例如，尼桑公司在汽车生产中采集控制器参数，分析比较机械臂运行异常状态，可以提前 3 周预测潜在故障问题。

（二）基于产品联网的服务化延伸模式

基于产品联网的服务化延伸模式主要应用于工程机械、电力设备、供水设备、家电等行业中。例如，通用公司可以基于 Predix 平台监控飞机燃油消耗状态，并进行分析以优化飞行管理，帮助亚航公司 1 年节省约 2 000 万美元燃油费用。

（三）基于企业互联的网络化协同模式

基于企业互联的网络化协同模式主要应用于航空航天、汽车、船舶、家电等行业中。例如，宝钢集团与一汽大众公司就新车型开发进行纵向协同设计，预先对 40 多个零件进行选材和优化，使部分新零件屈服强度提升 50%。

（四）基于需求精准对接的个性化定制模式

基于需求精准对接的个性化定制模式主要应用于家电、服装、家具等行业中。例如，红领公司根据消费者个性化需求进行服装设计、数据分析和信息交换，实现以多品种、小批量、快翻新为特征的 C2B 式定制生产。

任务实施

（1）全班同学分成若干组，每组 5～6 人，并选出一名小组长。小组长安排小组成员完成收集资料、选择代表性图片或视频、制作 PPT、讲解汇报等任务。具体执行过程可填写在下方的横线处。

____

____

____

（2）将本次任务中遇到的问题、收获的经验等填写在下方的横线处。

____

____

____

任务工单

报告撰写	1. 编写关于智能制造概念的详细报告，包括定义、技术框架和应用场景。 2. 撰写关于国家标准体系的报告，总结标准内容、实施方法和实际效果。 3. 提出智能制造标准体系的改进建议和未来方向。
请在任务结束前完成最终报告的撰写和提交。 若遇到问题或需要支持，请及时联系任务负责人或相关专家。 任务负责人签字：__________ 任务审阅人签字：__________ 日期：__________	

任务二　汽车智能制造

任务描述

对于汽车行业而言，智能化转型并非一蹴而就的华丽转身，而是要经过不断破立的理论论证、实践证明才能找到正确的道路。“实践出真知”，汽车制造智能方案需要在实际使用过后通过技术变革带来降本增益、精益管理、效能提升，从而真正产生价值。

任务分析

在智能产品方面，未来的智能汽车不仅仅是一种全新的智能产品，还是个性化需求和数据的收集终端与交互平台，更是全新的智能制造体系及产业价值链的重要环节。智能汽车产品可以将节能、新能源、网联等多项先进汽车技术有效整合并加以升华，为实现汽车由简单的代步工具向人类的智能伙伴转变提供核心支撑，并成为智能时代的核心枢纽与重要标志。通过对本任务的学习，学生能够了解汽车智能制造的相关知识。

任务重点

汽车智能制造是指基于先进信息技术、先进加工技术等的深度融合，贯穿于设计、生产、管理、服务等制造活动的各个环节，具有自感知、自学习、自决策、自执行、自适应等功能的新型汽车生产方式。换而言之，汽车智能制造为完全集成和协作的制造系统，可以有效满足用户对汽车的动态需求，缩短汽车研制周期，降低运营成本，提高生产效率，提升汽车质量，降低资源和能源消耗。通过汽车智能制造，还可实现人、设备及产品的实时联通。

例如，在移动客户端，用户计划购买一台汽车，可以在选择车型后自主选择喜欢的车漆颜色、轮毂款型、内饰材料等，然后直接下单，选购的汽车在经过设计、采购、生产、质检、物流等环节后送达用户。用户在使用期间发现的任何问题都可以在移动客户端进行反馈，相关部门会根据采集到的用户大数据，对汽车的部件、系统、性能等做优化，以提升汽车的品质，同时满足消费市场的需求。

一、汽车智能制造的发展

随着经济和生产技术的迅猛发展，汽车更新换代频繁，用户多样化、个性化的消费需求逐渐呈现，车企之间的竞争也越发激烈，这就要求车企具有对汽车更新换代快速响应的能力，还要能够满足用户的个性化需求，同时具备成本低、效率高、交货快的优势，而之前传统的大规模自动化生产方式已不能满足这种时代进步的需求。

我国是制造大国，“中国制造”的标签无处不在，全球平均每 4 辆车就有一辆产自中国。有数据显示，自 2009 年起，中国已成为全球最大的汽车产销国，但我国的汽车制造“大而不强”。在全球经济与科技高速发展的大趋势下，汽车智能制造已成为全球汽车制造业不可阻挡的发展方向。为抢占全球先进制造的战略制高点，我国只有加快推进信息技术与加工技术的深度融合，大力推进汽车智能制造技术的研发及其产业化水平，不断“提质增效”，才能将潜在的生产力转化为现实生产力，最终实现智能制造，从制造大国迈向制造强国。

近年来，我国经济已从高速增长阶段转入高质量发展阶段。尽管制造业产值在全国 GDP 总量中的比重呈下滑趋势，但以制造业为代表的实体经济仍是中国经济高质量发展的核心支撑力量。汽车制造业作为制造业的重大载体，存在资源利用率偏低、劳动力成本较高，行业信息化水平不高等问题。例如，由于产供销多方信息不畅，车企难以形成协调统一的产供销体系，导致库存量高、库存结构不合理、交付时间不准确，从而造成库存资金占用大，影响经营质量与客户满意度。面对这样的困局，汽车制造业的破局手段只有智能升级。我国汽车智能制造目前仍处于尝试和示范阶段，汽车制造的自动化和信息化正在逐步布局。

汽车智能制造在我国能形成强劲的发展势头，其背后有以下 3 个重要的驱动因素。

（一）人工成本

我国劳动力人口总数从 2012 年开始持续下降，人口老龄化导致我国劳动力优势减弱。2021 年，中国车企就业人员平均工资达到 12.97 万元 / 年，分别是泰国和越南的 2.14 倍和 3.51 倍。

随着我国劳动力优势逐渐丧失，车企面临着人工成本越来越高的压力，同时工业机器设备的成本回收期在不断下降，与人工成本的上升趋势形成剪刀差，机器代替人工的经济性临界点将至。

（二）国际发展态势

随着科技的飞速发展，汽车智能制造已成为全球工业革命的新焦点。这一趋势不仅改变了汽车的生产方式，也正在重塑全球汽车产业的格局。汽车智能制造就是利用先进的信息技术和自动化设备，实现汽车设计、生产、管理和服务的全过程智能化。这一概念的提出，源于21世纪初全球制造业对高效、环保、定制化生产的需求。通过大数据分析、云计算、物联网、人工智能等技术的深度融合，汽车智能制造能够大幅提升生产效率，降低制造成本，同时满足消费者对汽车性能、安全、舒适度和个性化定制的多元化需求。

在国际上，德国的“工业4.0”、美国的“先进制造业伙伴关系”以及中国的“中国制造2025”等战略，都将汽车智能制造作为核心内容。例如，德国宝马公司在其莱比锡工厂中，采用了高度自动化的生产线，可以根据订单需求灵活调整生产流程，实现了“按需生产”的目标。

到2025年，全球汽车智能制造市场的规模预计超过5 000亿美元。这一预测的背后，是全球汽车制造商对智能制造的巨额投资。例如，大众汽车计划在未来5年内，投入约440亿欧元用于数字化和电动化转型。这些投资将主要用于研发更先进的自动化技术，建设更智能的工厂，以及培养更专业的技术人才。

新一轮的科技革命引发了全球汽车制造业的智能化转型升级，并将改变全球经济与科技竞争的总体格局。这一国际发展态势也促使我国汽车制造业加速推进汽车智能制造的创新发展。

（三）全网时代的到来

全网时代的鲜明特征是信息化，即信息技术不断创新，数字化、网络化、智能化更加深入发展，信息革命正从技术产业革命向经济社会变革加速演进，世界经济数字化转型成为大势所趋，这为汽车智能制造带来重大机遇。新一代的人工智能在全网时代下出现和发展，可实现人、机、物之间的即时交互，这将推动汽车制造业迈入智能制造的新时代。

二、智能制造技术在汽车制造领域取得的进展

近年来，智能制造技术在汽车制造领域取得了显著进展，主要表现在以下几个方面。

（一）智能机器人技术

智能机器人技术在汽车制造领域得到了广泛应用，包括焊接机器人、装配机器人、搬运机器人等。这些机器人可以提高生产效率，降低生产成本，并提高产品质量。

（二）传感器技术

传感器技术在汽车制造领域也得到了广泛应用，包括温度传感器、压力传感器、速度传感器等。这些传感器可以实时监测生产过程中的各种参数，并将其反馈给控制系统，实现生产过程的自动化控制。

（三）大数据分析技术

大数据分析技术在汽车制造领域也得到了广泛应用，包括数据挖掘、机器学习、人工智能等。这些技术可以分析生产过程中产生的海量数据，从中提取有价值的信息，为生产决策提供依据。

（四）云计算技术

云计算技术在汽车制造领域也得到了广泛应用，包括云平台、云存储、云计算等。这些技术可以为

汽车制造企业提供强大的计算能力和存储能力，并实现生产过程的远程管理和控制。

三、汽车智能制造的特点

在生产方式上，汽车智能制造呈现数字化、网络化、智能化等特征；在分工方式上，汽车智能制造呈现服务化、专业化、一体化等特征；在商业模式上，汽车智能制造转向以用户为中心，注重用户的体验和个性化需求。汽车智能制造已成为汽车制造业发展的客观趋势，众多知名车企正在其遍布世界各地的工厂中大力推广和应用。汽车智能制造的特点有以下 5 个方面。

（一）制造现场无人化

汽车智能制造的“智能”首先体现在无人工参与方面。在离散生产现场，数控加工中心、工业机器人、三坐标测量仪及其他柔性化制造单元等可以进行自动排产调度，达到无人值守的全自动化生产模式，整个生产过程无须人工参与。

离散生产是针对由许多零件构成的产品而言的一种生产方式，因为各零件的加工装配过程是彼此独立的，所以整个产品的生产工艺是离散的，制成的零件通过部件装配和总装配，最后成为成品。

（二）生产决策数据化

在智能制造的背景下，信息技术能渗透到汽车制造的各个环节，生产现场可以实时获得大量生产数据。利用大数据技术对这些生产数据进行分析，可做到实时纠偏并及时制定生产决策，以便达到最优的生产模式。

（三）生产设备网络化

在汽车制造过程中，各种生产设备可借助物联网，实时采集所需要的各种生产数据，实现物与物、人与物的全面互联，以方便识别、管理和控制。

（四）生产信息绿色化

传统汽车制造业在生产过程中会产生大量的纸质文件，不仅浪费资源，而且存在数据查找不便、追踪耗时等问题。生产文档进行无纸化管理后，工作人员在生产现场即可快速查询、浏览、下载所需要的生产信息，生产过程中产生的资料也能够及时进行归档保存，提高了生产准备效率和生产作业效率，实现绿色、无纸化生产。

（五）生产过程透明化

通过智能制造，可以实现汽车制造的制造工艺仿真化、过程控制数字化、状态监测实时化，让汽车的生产过程更加透明，进而实现整个制造过程的智能管控。

四、汽车智能制造的智能化

汽车智能制造主要包括 4 个关键模块的智能化，分别是远程信息处理器（telematics BOX，TBOX）、智能网关、交互类设备、以及域控制器。这些模块通过提供基础位置服务、数据通信、人机交互以及车辆功能集成，共同推动了汽车制造的智能化进程。

（一）TBOX

TBOX 是汽车智能化的一个重要组成部分。它主要提供基础位置服务、网联服务及简单的车辆控制服务。TBOX通过采用通信模块、微控制器单元（microcontroller unit，MCU）、接口协议芯片组成的架构，确保联网的稳定性和数据传输的有效性，为车辆提供了远程信息处理的能力。

（二）智能网关

智能网关作为车辆的数据中心，负责车内、车外的数据通信。它通过集成多方应用程序，支持车身不同域之间的数据通信，包括以太网、CAN-FD、LIN网联等，实现了车辆的无线联网和远程互联功能，如远程诊断、空中下载技术（over-the-air technology，OTA）更新等，同时提供安全服务（入侵检测和防火墙等）。

（三）交互类设备

交互类设备如中控屏、仪表、流媒体后视镜、电子外后视镜、抬头显示（head up display，HUD）、方控等，实现了人机互动。随着智能化的发展，这些设备的交互方式从“指令——响应”转变为“识别——服务”，需要高算力的系统芯片（system on chip，SoC）和丰富的传感器支持，以提供智能化的用户体验。

（四）域控制器

域控制器支持更多集成式的功能，满足智能化的要求。它需要满足几个电子控制单元（electronic control unit，ECU）的分工合作、一芯多屏、多屏互动、整车OTA技术、域控制器之间的通信和数据共享等功能。域控制器的应用使得汽车功能更加丰富，同时兼顾了先进架构和低成本的需求。

以上模块通过技术进步和集成创新，共同推动了汽车制造的智能化进程，提高了生产效率和质量，同时也提升了汽车的功能性和用户体验。随着5G通信技术、物联网和车联网技术的发展，汽车智能制造的未来将更加智能化和高效化。

五、我国汽车智能制造发展面临的挑战

我国汽车制造业尚处于工业2.0～3.0阶段，距离工业4.0还有一定差距，智能化发展的基础比较薄弱，亟待提升。我国汽车智能制造发展主要面临以下几大挑战。

（一）核心技术与装备发展滞后

目前，我国汽车智能制造的发展侧重技术追踪和技术引进，原始创新力不足，核心技术的研究能力相对薄弱，同时对引进技术的消化吸收力度不够，关键技术自给率较低。此外，用于汽车研发生产的高端设备也存在着制约，难以满足汽车智能制造的发展需求。

（二）网络化基础设施建设不足

汽车智能制造的核心需求是提升现有的网络性能，以保证延迟时间短、可靠性高及服务质量高。为满足智能制造对网络的“高精度、低延时、多开发、大容量及低功耗”的需求，需要搭建服务于智能制造的宽带化、泛在化的网络，并构建云管协同、云网融合的“网络＋云”的基础设施。

（三）信息安全保障能力有待提升

汽车智能制造需要信息企业与车企的深度合作，这使得企业信息安全的范围从传统的IT系统延伸到了工业系统，而工业系统本身存在的安全漏洞加上物联网化带来的安全威胁，成为汽车智能制造管理上的新挑战。目前，工业信息服务流程管理和信息安全管理已经不能完全适用于大数据的工业时代需求，

因此当前迫切需要深入变革，建立功能完善的网络信息安全系统。

（四）智能制造人才短缺

首先，我国汽车智能制造的人才结构不合理，高技能人才和领军人才短缺，且相关行业缺乏针对汽车智能制造人才发展的统筹规划和分类指导；其次，我国相关人才培养投入总体不足，培养或培训机构建设滞后，工程教育实践环节薄弱，企业在人才培养中的主体作用尚未充分发挥，积极性不高；最后，相关技术技能人才的社会地位和待遇整体较低。面对汽车智能制造的发展机遇，企业迫切需要高素质的人才队伍提供支撑，依靠人才助推发展，加快形成人才优势，努力实现大规模人力资源向高素质人才资源的转变。

任务实施

举例说明一到三个汽车品牌运用了哪些智能制造实施方案及其主要创新技术。具体内容写在下方的横线处。

____

____

____

任务工单

报告撰写	1. 编写关于汽车智能制造发展历程和现状的报告。 2. 撰写关于汽车智能制造特点和智能化水平的分析报告。 3. 总结我国汽车智能制造面临的挑战及应对策略，提供详细的建议和改进措施。
请在任务结束前完成最终报告的撰写和提交。 若遇到问题或需要支持，请及时联系任务负责人或相关专家。 任务负责人签字：__________ 任务审阅人签字：__________ 日期：__________	

思政链接

生于忧患，永不退场

长城汽车——国产汽车品牌，旗下有哈弗、摩卡、拿铁等子品牌，是品牌种类众多、销售规模较大的汽车生产经销商，在全球化汽车市场中占据一席之地。

目前，中国汽车制造业乃至整个制造业，都面临着全新的挑战。向内看，智能、绿色变革的加速推进，改变着企业传统的经营模式；向外看，国际市场复杂程度加剧，全球化仍是不小的挑战。在这样的环境下，真正提升品牌的整体价值，做好品牌向上工作，已成为企业谋求未来发展的必修课。而长城汽车多层面、多维度的向上实践，为更多企业提供样本、开辟思路，助力中国自主品牌的持续向上探索。

如今，汽车制造业迎来智能化与电动化浪潮，时刻有忧患意识的“造车老将”——长城汽车集团的董事长魏建军并不安于现状，而是在2020年长城汽车成立30周年之际发出了汽车圈的著名一问："长城汽车还活得过明年吗？"这一问，问的是长城汽车将走向何方，问的也是魏建军和全体"长城人"在巨大变革面前的魄力、定力和努力。

答案很快浮出水面。

2021年，长城汽车率先发布"2025战略"，打响了中国车企走向新能源智能化赛道的第一枪，这份底气来自长城汽车多年来在智能化领域的精准布局。同年，魏建军率领的长城汽车又陆续加码纯电、氢能和混动三大技术的研发投入，成为中国新能源产业链布局范围最广的企业之一。

在智能生态领域，魏建军还对众多企业进行了战略投资，正式进军第三代半导体核心产业，并建设了产品数字化中心、毫末智行、仙豆智能、诺创科技四个智能化组织，实现了从人工智能技术到大算力芯片的生态全线扩充。彼时，"软件定义汽车"成为行业共识。

据长城汽车2021年财报，2021年长城汽车研发投入达90.72亿元，同比增长76.05%，占总营收入的6.65%，这样的投入力度稳居世界第一梯队。到2025年，长城汽车将累计投入研发费用共计1 000亿元。其中，新能源、芯片、人工智能等高新技术领域是重点投入方向。

项目小结

本项目主要介绍了智能制造与汽车智能制造相关的基础知识。首先介绍了智能制造的核心技术、智能制造的特征；其次介绍了国家标准体系为智能制造提供了规范和指导，确保技术实施的统一性和可靠性；再次介绍了智能制造的不同应用模式，理解了这些模式在实际生产中发挥的作用；最后介绍了我国汽车智能制造发展面临的挑战。通过对本项目的学习，读者不仅加深了对智能制造和汽车智能制造的理解，也为实际应用和未来发展提供了宝贵的参考。

课后练习

一、填空题

1. 智能制造技术主要包括工业自动化、__________、__________、__________、大数据等内容。

2. 与传统的制造方式相比，智能制造集__________、__________、__________和智能化于一身。

3. 智能制造标准体系结构包括：__________、__________和工厂。除了这3个方面外，智能制造标准体系结构还包括数据标准体系、信息标准体系、安全标准体系等方面。

4. 汽车智能制造的有以下5个方面的特点：制造现场无人化、__________、__________、生产信息绿色化及生产过程透明化。

二、问答题

1. 我国智能制造发展的核心价值是什么？

2. 汽车智能制造有哪些特点？

3. 简述我国汽车智能制造发展面临的挑战。

项目二

汽车智能制造数字化

项目概述

数字化转型是指企业在生产过程中，必须通过互联网进行数据的传输和利用，以充分发挥数字化的价值。这也是近年来智能数字装备、物联网、工业物联网领域快速发展和迭代的主要动力。智能制造起源于人工智能的研究，人们普遍认为人类智能是知识和智力的总和。知识是智力的基础，智力是指获取和运用知识解决问题的能力，智能制造应包括智能制造技术和智能制造系统。智能制造系统不仅可以在实践中不断丰富知识库，而且具有自学功能，能够收集和理解环境信息和自己的信息，分析、判断和规划自己的行为。随着技术的发展，各种数字化设备在企业底层设备中得到了广泛应用。从传感器、仪器到传输工具，它们都具有数字化的属性。

学习目标

知识目标

1. 理解数字化设计与仿真在智能制造中的应用。
2. 掌握有限元分析的基本原理和方法。
3. 了解数字化工艺在智能制造中的应用。

能力目标

1. 能够进行数字化设计与仿真，并分析仿真结果。
2. 能够应用有限元分析方法进行结构和材料的性能分析。
3. 能够进行数字化工艺的规划和优化。

素质目标

1. 培养学生对数字化技术在智能制造中的意义和影响。
2. 培养学生创新思维和持续学习的能力，跟随科技发展的步伐。

思政目标

1. 坚定数字化转型的信心和决心，积极投身于汽车智能制造数字化的伟大实践。
2. 关注数字化技术对社会发展和人们生活的影响，树立人文关怀，增强社会责任意识。

任务一　计算机数字化仿真

任务描述

计算机仿真与汽车智能有着密切的关系，它们相互促进，共同推动汽车行业的发展。计算机仿真技术在汽车设计中的应用研究显示，该技术通过虚拟模拟设计，可以降低成本、缩短时间、提高设计精度和效率。

任务分析

在智能驾驶的开发中，仿真技术的作用越来越重要。虚拟仿真能够以非常快的遍历速度和极高的场景密度让自动驾驶系统在更多场景下对算法逻辑和功能进行验证。通过对本任务的学习，学生能够了解计算机数字化仿真的相关知识。

任务重点

汽车智能制造数字化

计算机仿真（computer simulation），又称为计算机模拟（computer analogy）或计算机实验，就是建立系统（系统包括所有工程和非工程）的仿真模型，进而在计算机上对该仿真模型进行模拟实验（仿真实验）研究，以达到通过模拟实际系统的行为而认识其本质规律目的的过程。

计算机仿真在实体尚不存在，或者不易在实体上进行试验的情况下，通过对考察对象进行建模，用数学方程式表达出其物理特性，然后编制计算机程序，利用仿真模型来模仿实际系统所发生的运动过程并进行试验，在模拟环境下实现和预测产品在真实环境下的性能和特征（动态的和静态的），通过考察对象在系统参数、内外环境条件改变的情况下，其主要参数如何变化，从而达到全面了解和掌握考察对象特性的目的。计算机仿真包含从建模、施加负载和约束到预测在真实状况下的响应等一系列步骤。

仿真技术综合集成了计算机、网络技术、图形图像技术、多媒体技术、软件工程、信息处理、自动控制、相似原理、系统技术及其应用领域有关的专业技术，是以计算机和各种物理设备为工具，利用系统模型对真实的或设想的系统进行动态实验研究的一门多学科的综合性技术。

计算机仿真主要研究数字仿真方法、仿真语言、仿真程序设计、仿真技术、仿真计算机及其应用。仿真方法研究包括仿真算法、仿真模型的建立、仿真模型的误差及仿真算法的选择等；仿真语言和仿真程序设计是在高级语言的基础上建立起来的，近年来已有几十种仿真语言问世；仿真技术是研究并行处理的全数字仿真技术和在模拟仿真中的寻优技术；仿真计算机则是研究仿真专用计算机的结构与特点。

一、计算机仿真的发展历程

根据仿真模型类型及实现方式的不同，仿真技术在 20 世纪经历了物理仿真、模拟仿真、混合仿真、数字仿真（digital simulation），以及 20 世纪 90 年代后的智能化仿真、分布式并行处理仿真、仿真支持系统等，从实物到计算机仿真 5 个阶段，计算机仿真发展历程如图 2-1 所示。计算机仿真方法的产生是与电子计算机技术的发展和应用紧密相连的。

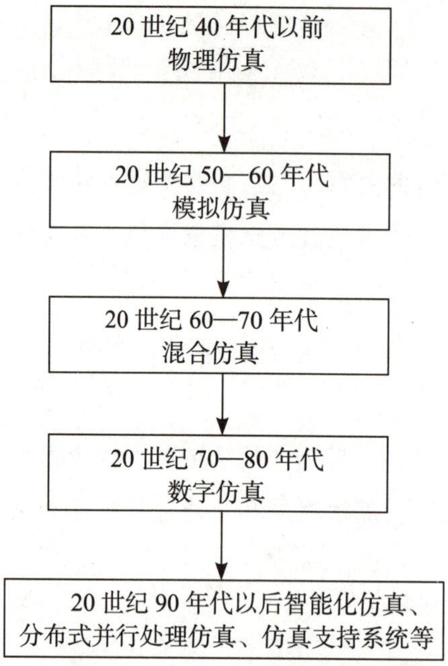

图 2-1　计算机仿真发展历程

当计算机技术尚未出现时，早期的仿真主要是物理仿真（或称为实物仿真），仿真只能在实体上进行，其特点是直观、形象化、实时性强且精度较高，进行仿真实验需要构造物理模型，存在难度大、投资大、周期长的缺点，并且难以修改系统参数和改变系统结构，难以应用于社会、经济现象和生态系统等方面。

1946 年 2 月，世界上第一台电子计算机 ENIAC（ElectronicNumerical Integrator And Computer）在美国诞生，20 世纪 40 年代末首台模拟式电子计算机就被用于三自由度飞机系统的仿真。20 世纪 50 年代，计算机仿真主要采用模拟计算机，它是根据仿真系统的数学模型将一系列运算器（如放大器、加法器、乘法器、积分器、函数发生器等）和无源器件（如电阻器件、电位器等）相互连接形成仿真电路，利用仿真电路进行实验性研究。

20 世纪 50 年代末到 20 世纪 60 年代，仿真技术步入了半模拟半数字阶段。美国科研人员又创造了混合计算机系统（由数学计算机和模拟计算机通过一套混合接口连接而成）用于宇航科技发展，使得人们能对较复杂的系统行为进行仿真研究。这时系统中的一部分由计算机代替，另一些组合则由实物充当，因此在一定程度上仍然保留着实时性仿真的特点。20 世纪 60 年代后，随着数字计算机的迅速发展和广泛普及，仿真主要工具开始逐步由模拟机转向数字机，但是传统的对信息进行串行处理的 Von-Neumann 型数字机难以满足航天、化工等各类大规模复杂系统对仿真时限的要求。20 世纪 70 年代，以数字机与模拟机混合而成的模拟 - 数字混合机出现在飞行仿真、卫星仿真和核反应堆仿真等众多高新技术研究领域。

20 世纪 70 年代以来，随着计算机技术的迅猛发展和相应仿真软件的不断完善并广泛普及，仿真技术发展到没有实物介入的、非实时性的全数字仿真阶段，称为计算机仿真或数字仿真（digital simulation）。数字计算机仿真发展得很快，具有实现方便、易于修改、费用低、精度高的特点，应用范围由各个工程领域扩展到非工程领域。

随着计算机技术的快速发展，数字仿真依然是计算机仿真的主流，计算机仿真技术向着智能化仿真（仿真技术与人工智能相结合）、分布式并行处理仿真、仿真支持系统等方向发展。

二、计算机仿真的作用

近代科学诞生后，从方法论角度看，人类过去所使用的科研方法可分为实验方法（包含观察方法）和理论方法（核心是数学与逻辑方法）两大类。随着计算机技术的产生和发展，计算机仿真方法也应运而生，由于其在科学研究和技术开发中的独特作用，国外有些学者将其看作是介于实验方法和理论方法之间的第三类研究方法。

计算机仿真方法是一种综合了实验方法与理论方法二者优势的，但又是一种全新的研究方法，它在科学方法论体系中应处于独立的地位。尽管计算机仿真方法中的系统模型建立原则与数学方法中的数学模型建立原则基本相同，但是计算机仿真方法要比单纯的数学方法复杂得多，还需设计仿真模型、编制仿真程序、借助计算机系统去完成高速求解和逻辑判断任务，以及实施仿真实验。

计算机仿真由于其有效性、可重复性、经济性、安全性和保密性等优点，在科学研究和产品开发中发挥的作用越来越大，计算机仿真规模由小到大、从局部到整体、由以实物及外场为主向以数学模型及实验室内仿真为主，仿真应用由军事领域普及到了国民经济的各个方面。任何一个学科只要理论上较完备，就可借助计算机仿真方法进行开拓性的研究。不少学科领域的科学家利用计算机仿真方法进行了全新的理论探索和应用研究，取得了许多用其他方法无法得到的重大成果。作为系统全生命周期中各阶段的重要技术手段和工具，目前正广泛地应用于国民经济及军事的各个领域，并已在各类大型工业制造、运输系统控制与培训得到了成功地运用。其作用主要表现为以下 4 个方面。

（1）在系统研制过程中，借助计算机仿真方法能方便、迅速地对复杂系统的结构和参数反复进行修改和调整；规划、评价和研究系统某一部分的性能、系统各个部分或各个分系统之间的相互影响，以及它们对整体性能的影响；比较各种设计方案，从而获得最优系统设计。

（2）对于复杂的工程系统，用计算机仿真方法就可大大降低实验成本等相关费用。

（3）对于一些难度高、危险性大的复杂工程系统，进行计算机仿真实验能够减少风险，提高成功率。

（4）对于经济、军事、社会等各种非工程复杂系统，以真实系统或预设系统的仿真模型为依据，在给定的条件下运行具体仿真模型和对计算机输出信息的分析，推演出系统变化趋势，提高对实际系统运行状态和变化规律的综合评估与预测能力，为制定对策提供可靠依据。

三、计算机仿真过程

无论哪种类型的仿真都是以系统数学模型为基础的，在一定假设条件下进行的信息处理过程，是在仿真基础上进行实验研究的过程。计算机仿真包括系统、模型和计算机 3 个要素。对于不同类型的计算机仿真方法，计算机仿真的具体内容区别很大。计算机仿真包括系统模型和仿真模型的建立、仿真实验、分析这 3 个基本部分，还包括从建模到实验再到分析的全过程。计算机仿真的一般过程如图 2-2 所示。

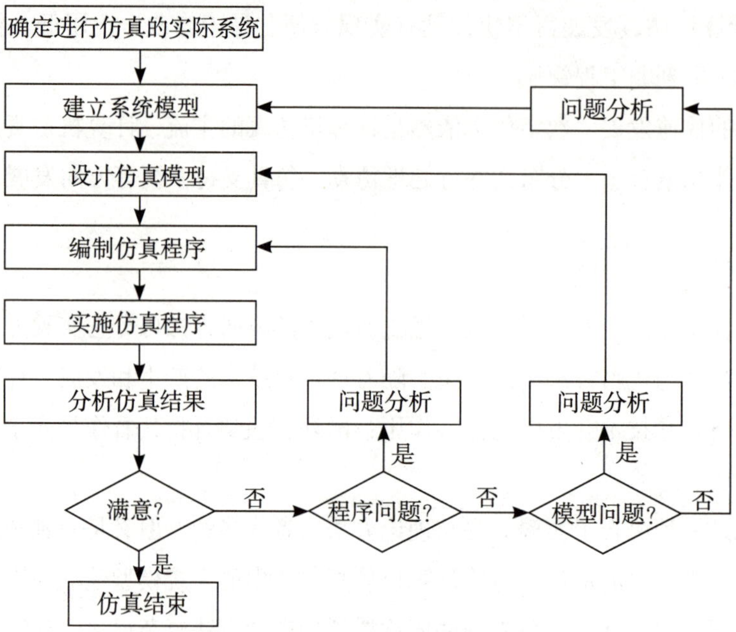

图 2-2　计算机仿真的一般过程

（一）系统模型的建立

建立系统模型首先要明确仿真对象（系统），即以什么样的精度来仿真对象哪一部分的什么行为，然后确定对系统进行仿真的目的和基本要求，进而确定所研究系统的边界和约束条件，以及系统的规模及变量个数等，最终建立系统的数学模型（微分方程组、差分方程组、传递函数、结构图、信号流图或其他数学表示式）。建立什么样的数学模型与建模的目的有密切的关系。

根据仿真的目的和要求，建立能够体现实际系统各关系特征的抽象模型是系统仿真的基础，基本的建模过程可以划分为提出系统抽象模型、建立结构关系模型和模型的性能分析、评估与综合 3 个阶段。

抽象过程是建模的基础，抽象模型详细而精确地描述了一个给定的系统，确定系统原始状态和系统与环境之间的信息与能量交换关系，并使之在数学模型中得到恰当地体现。通过对实际系统抽象或本质的描述，构造数学模型或物理模型，以模型分析与模型实验为基础，达到对实际系统的认识、控制和优化。模型的分析与确认是从根本上保证仿真结果对系统分析有效性的关键性环节。

系统模型通常是用形式化语言描述的数学方程或逻辑方程，反映了实际系统内外诸因素的本质联系。目前通常是在先验知识的基础上，试探性地写出研究对象所满足的或近似满足的数学规律，然后根据研究目的和要求，对该数学关系进行反复修改和优化，直到得到既符合客观实际又易于在计算机上实现的数学模型。在建立系统模型的过程中，一般都要忽略一些次要因素的影响并舍去某些不可观测的变量，因而系统模型是实际系统的第一次简化（一级近似）。系统模型的建立除了要遵循通常数学模型建立的基本原则外，还应考虑简明性、切题性、集合性等要求。

根据研究对象、表示方法和使用途径不同，系统模型有多种不同的分类。从表示方式可划分为物理模型和数学模型，计算机仿真中主要采用系统数学模型。系统数学模型根据时间关系可划分为静态模型、连续时间动态模型、离散时间动态模型和混合时间动态模型；根据系统的状态描述及其变化方式，可划分为连续变量系统模型和离散时间系统变化模型。在连续变量系统模型中，系统各主要因素之间变化关系及系统的演化规律主要采用方程式（微分方程、偏微分方程、差分方程、回归方程等）描述，而离散时间动态系统模型主要采用以网络图为基础的各类流图模型。

（二）仿真模型的设计

将原始的数学模型通过一定的方式转换成相应模拟电路或采用计算机语言可表示和操作处理的仿真模型，使其能在计算机上实现和运行。仿真模型反映的是系统模型和计算机间的相互关系，其核心表现为一种算法。由于算法设计存在着一定误差，所以仿真模型是实际系统的第二次简化（二级近似），通常是离散系统方框图或差分方程（离散方程）的形式。

仿真模型由各种线性运算部件（运算放大器、加法器、积分器、系数器等）组成的物理模型构成。为了保证模型的运算精度，各部件的误差必须限制在一定的范围内。在数字仿真中，仿真模型通常表现为一个近似的数值计算公式（仿真算法）。连续系统一般用微分方程描述，而离散系统一般用差分方程描述。常用的仿真算法有欧拉法、四阶龙格－库塔法、屠斯丁法，状态转换法等。混合仿真模型一般被配置在模拟计算机和数字计算机两个部分，模型中的快速运算任务由模拟计算机承担，而逻辑推导和高精度计算任务则由数字计算机承担。并行仿真模型算法必须结合计算机硬件和软件的特点才能设计出来。目前的并行算法都是针对 SIMD 或 MIMD 系统的且大多数倾向于前者。

（三）仿真程序的编制

仿真模型在实际运行之前，必须编制相应的仿真程序，即计算机能够识别并执行的各种指令。编制的仿真模型程序必须进行调试，通过改变相关条件对计算结果进行分析、处理，从而检验仿真程序是否满足仿真实验的要求。由于各种语言在性能上存在差异，所以仿真程序（程序模型）是实际系统的第三次简化（三级近似）。

模拟仿真程序的编制是指按照运算步骤设计框图，将相应运算部件的输入和输出连接起来，它们通常都被接到一个统一的排题板上，并依一定规律配置连接孔。数字仿真程序可按照各种专用或通用仿真语言（如 CSMP、CSSL、SBASIC、GASPIV、ACSL 等）进行编制，一般包括输入程序段、运行程序段、运算程序段、存储程序段、输出程序段 5 大部分。经常重复出现的程序段一般被编成通用的子程序模块和针对特殊应用领域的应用程序包，随时供调用。混合仿真程序必须考虑混合软件快速响应和处理外部中断的能力，以确保数字计算机、模拟计算机及中间接口这三者在运算过程中的同步，使两种类型计算机的程序设计语言保持一致，同时还应具备人对机器实行干预的功能，顾及模拟计算机和中间接口部分的一般操作程序的应用。并行仿真程序必须考虑并行计算机硬件结构的特点，否则机器的效率将大受影响。例如，一些并行算法适合在阵列机上运行，而另一些却只适合在流水线向量机上运行。

（四）仿真实验的实施

仿真实验就是将仿真程序装入计算机后，利用计算机对仿真模型进行各种特定的实验，并测定其输出。为使仿真实验顺利进行，需要设计一个方便合理的实验程序。实验程序对计算机仿真的顺利实施起着相当重要的辅助作用，其性能的好坏会直接影响仿真实验的效果，它一般包括运算过程中对设备状态的监视和对程序错误的诊断、运算过程中参数的调整、运算过程中数据的处理与文件的整理、对各种专用子程序包和数据的调集、利用合理方便的计算机语言自动产生和修改部分程序等方面。

（五）仿真结果的分析

按照研究目的和要求，确定评价标准，进而对仿真实验获得的结果进行分析、整理和评价，以确定是否修改、调整或补充实验过程中的有关步骤。结果分析包括仿真模型应用的分析与评价、仿真算法的应用与评价及对前两者的调整、修改 3 个方面。仿真结果的可信度主要取决于建立的对象模型。仿真模型校验是指仿真模型与数学或物理模型的一致性检验，而仿真模型的确认是指仿真模型与实际系统一致性的检验，检验它是否真实地反映了系统实际运行过程的特性。最后，通过对仿真实验过程的观察和统计，得到被仿真系统的仿真输出参数和基本特性，以此来估计和推断实际系统的真实参数和真实性能，从代替方案中选出最优系统或找出系统运用的最优值，列出仿真报告并输出。

四、仿真技术的应用

随着全球市场竞争的日益激烈，制造企业都力求以最好的质量、最低的成本和最快的速度将产品推向市场。在制造业产品设计和制造，尤其在航空、航天、国防及其他大规模复杂系统的研制开发过程中，计算机仿真技术在产品从概念设计到报废的整个生命周期的各个阶段，如产品设计、制造到测试维护，在减少损失、节约经费、缩短开发周期、提高产品质量等方面发挥了巨大的作用。

计算机仿真方法的成功应用提高了其在科学研究和产品开发中的地位，引起科学界和工业界的广泛关注与重视。仿真技术是世界发达国家十分重视的一门高新技术，广泛应用于航空、导弹、原子弹、宇航等控制系统。宇航工业中著名的“阿波罗”登月仿真系统包括混合计算机、运动仿真器、月球仿真器、驾驶舱、视景系统等，可实现在计算机上预先对登月计划进行分析、设计与检验，同时还可对宇航员进行仿真操作训练（共进行 5 年），从而降低了实际登月的风险系数。仿真技术在美国波音 777 飞机研制与生产的应用，不仅提高了产品质量，而且将开发周期由原来的 8 年缩短为 5 年。我国“长二捆”火箭 18 个月即研制成功也是仿真技术在制造业领域中应用的一个实例。仿真技术也逐渐在化工、冶金、电力、汽车制造、训练操作人员等方面获得广泛应用。

美国在 20 世纪 90 年代初提出的敏捷制造强调在无法预测、持续变化的市场环境中，制造企业能够按照客户需求快速作出响应，而虚拟制造（virtual machine，VM）、并行工程（concurrent engineering，CE）是其重要手段。VM 通过采用计算机虚拟仿真技术，利用仿真模型，在计算机上仿真生产全过程，实现产品的工艺规程、加工制造、装配和调试，预估产品的功能、性能和加工性能等方面可能存在的问题。CE集成与并行地设计产品及其相关的各种过程，在产品开发的前期考虑了投资、生产、装配、销售及维修等问题，因而能够提高产品质量，降低产品成本，缩短产品开发周期，提高其市场的竞争能力。

仿真技术与可视化技术、虚拟现实技术等相结合，在机电产品设计、制造中的应用主要体现在以下4个方面。

（一）物理力学仿真

物理力学仿真包括工程对象（如机械结构、船舶结构、大型承运结构等）的静动态、线性与非线性分析，温度场、热传导及热应力分析，磁场分析、流体场分析、电场分析及它们之间的耦合分析等。其目的就是根据分析任务的多样性和复杂性，以及目标的多重性，从系统的角度出发，以数值方法为主要手段，通过对工程对象的设计、分析、咨询等，逐步实现知识的综合信息分析及优化。

大多数工程分析问题都具有多目标、多约束、多参数、多假定及模糊性的特点。例如，在新产品的开发设计中，新的设计方案出台之后，存在方案的可行性、可靠性等方面的问题。若完全依靠实物模型实验，需要消耗大量的人力、财力和时间。借助于计算机分析手段，根据工程的不同分析目的与要求，采用不同层次的分析方法，从而得到可行的满足工程需要的分析结果。

物理力学仿真使许多过去受条件限制无法分析的复杂问题，通过计算机数值模拟得到满意的解答，使大量繁杂的工程分析问题简单化，节省了大量的时间，避免了重复的工作，使工程分析得更快、更准确，在产品的设计、分析和新产品的研发等方面发挥了重要作用。例如，物理力学仿真可用于车辆系统的起步加速过程的仿真，离合器接合过程的仿真，并可用于汽车动力性能、拖拉机牵引性能的分析。利用有限元技术可对发动机进行工作过程的模拟计算，以实现对产品的优化设计。同时，在产品设计阶段就可以对坐标测量机于各种工作条件下的性能进行物理力学仿真。

（二）几何仿真

任何一个机电产品零部件模型都可用几何模型和属性模型来描述。几何模型表示工件的几何形状、几何尺寸及各曲面的相对位置等；属性模型表示工件的物理属性、化学属性、管理信息等。几何仿真从纯几何的角度出发，在仿真过程中将产品零部件看成刚体，不考虑质量、弹性变形等物理因素的影响。例如，采用包络法对轮齿形成进行几何仿真，从几何造型角度研究轮齿三维模型的形成，实现传动动态演示、啮合区域确定等功能。

机电产品各个零部件之间的相互关系由上而下逐层分解的装配关系所决定，通过零部件之间的相对位置和装配关系的描述，反映零部件之间的相互约束关系。产品零部件几何模型之间的约束关系包括3类：几何关系、运动关系和相容/排斥关系。几何关系主要描述零件及部件间的几何元素（点、线、面）之间的相互关系，它分为配合、对齐、偏置和接触4类；运动关系是描述零部件之间存在的相对运动，如直线运动、旋转运动的一种关系；而相容/排斥关系表示产品部件之间存在的相容和排斥关系，即某些部件允许在同一台机床中同时存在，而某些部件则存在排斥，不允许在同一台机床中同时出现。

利用几何仿真，可以在计算机屏幕上逼真地显示产品整体和局部结构，从而使产品开发人员能够从不同角度、以不同的显示方式对产品进行研究和分析。通过模拟各个部件之间的相互运动过程、装配和拆卸过程等，可以发现产品设计中可能存在的潜在碰撞和干涉错误。对汽车助力泵进行装配仿真，检验其装配过程可能产生的碰撞和干涉，有助于在产品设计阶段就发现制造过程中可能存在问题。

（三）加工过程仿真

并行工程要求在产品设计阶段就要对产品的制造过程进行考虑，机械加工过程仿真在虚拟制造中也占有重要地位，它通过对机床、工件、刀具构成的工艺系统中的各种加工信息进行有效预测与优化，为实际加工过程实现智能化提供了坚实的基础，同时也是研究加工过程的重要手段。加工过程仿真包括几何仿真与物理仿真两方面的内容。

（四）工作过程仿真

通过在计算机上建立仿真模型，模拟实际系统的运行状态及其随时间而改变的变化过程。通过对仿真试验过程的观察和判断，得到被仿真系统的仿真输出参数和基本特性，由此来估计和推断实际系统的真实参数和真实性能。例如，车辆的起步换挡与离合器的控制密切相关，由于离合器的工作过程比较复杂，并且其操纵特性受车辆自身和环境条件的影响，因此在实行自动控制时必须首先研究离合器的接合规律。利用计算机仿真，可以帮助开发人员寻求离合器的最佳接合规律。通过专业图形工作站、高档计算机和三维 CAD/CAM/CAE 软件（UG、I-deas、CAXA Solid、Solid edge 等），可进行工业产品的机构运动分析，实现产品的数字化设计和仿真。

任务实施

数字化仿真技术在汽车设计中的应用非常广泛。举例说明在汽车车身设计方面，数字化仿真可以模拟哪些性能？

任务工单

报告撰写	1. 编写关于计算机仿真技术原理和应用过程的详细报告。 2. 撰写关于计算机仿真应用案例和效果分析的报告。 3. 总结计算机仿真技术的关键应用案例，并探讨其潜在影响和发展趋势。
请在任务结束前完成最终报告的撰写和提交。 若遇到问题或需要支持，请及时联系任务负责人或相关专家。 任务负责人签字：__________ 任务审阅人签字：__________ 日期：__________	

任务二　汽车数字化设计与仿真

任务描述

本任务旨在利用数字化工具进行汽车的设计与仿真。通过采用先进的建模技术和仿真软件，构建汽车的三维数字模型，并对其进行性能分析和优化。任务包括但不限于几何建模、特征建模、装配仿真、性能仿真等环节，以确保汽车设计的合理性、可行性和性能优越性。

任务分析

汽车数字化设计与仿真涉及多个专业领域，包括机械设计、动力学分析、流体仿真等。需要掌握相关软件工具，如CAD、CAE等，以及相应的仿真分析方法。在设计与仿真过程中，可能会遇到技术难题、数据不一致、计算资源限制等问题。需要制定相应的应对策略，降低风险。通过对本任务的学习，学生能够了解汽车数字化设计与仿真的相关知识。

任务重点

随着以计算机为核心的数字化技术应用于制造业，数字化工厂的概念逐步产生。数字化工厂是将真实有形的工厂映射到虚拟的网络中，形成一个与现实工厂相对应的，功能可以局部或全部模拟工厂行为的系统，可以反映或预测工厂真实的结果。数字化工厂最初侧重于企业内部微观过程数字化，主要是对产品生产过程机理知识的获取，以及进行生产工艺设计和优化控制，即通过虚拟制造技术对生产过程仿真，提前解决实际生产中可能出现的问题。随着技术的进步与功能的扩展，形成广义的数字化工厂，即利用集成的信息技术优化整个生产系统的设计与性能，实现生产运营和管理的数字化。

数字化工厂最初起源于数字化产品设计，其代表技术是计算机辅助设计（computer aided design，CAD）、计算机辅助制造（computer aided manufacturing，CAM）、计算机辅助工程（computer aided engineering，CAE）、计算机辅助工艺过程设计（computer aided process planning，CAPP）和产品数据管理（product data management，PDM），目的是解决产品设计和产品制造之间的“鸿沟”。通过对生产过程的模拟，使生产制造过程在数字空间中得以检验，缩短从设计到生产的转化时间，优化生产线配置和布局，减少生产线准备和停机时间，提高产品质量。在广义的数字化工厂中，实现设计数字化、制造装备数字化、生产过程数字化、管理数字化，上至宏观战略决策、下到具体业务操作都采用数字化管理方法和手段。

一、建模技术

建模技术是CAD/CAM系统的核心技术，也是计算机能够辅助人类从事设计、制造活动的根本原因。

在传统的机械设计与制造中，技术人员是通过工程图样来表达和传递设计思想及工程信息的。在使用计算机后，这些设计思想和工程信息是以具有一定结构的数字化模型方式存储在计算机内，并经过适当转换可提供给生产过程的各个环节，从而构成统一的产品数据模型。模型一般由数据、结构、算法 3 部分组成。因此 CAD/CAM 建模技术就是研究产品数据模型在计算机内部的建模方法、过程及采用的数据结构和算法。

对于现实世界中的物体，从人们的想象出发，到完成计算机内部表示的这一过程称之为建模。建模过程如图 2–3 所示。

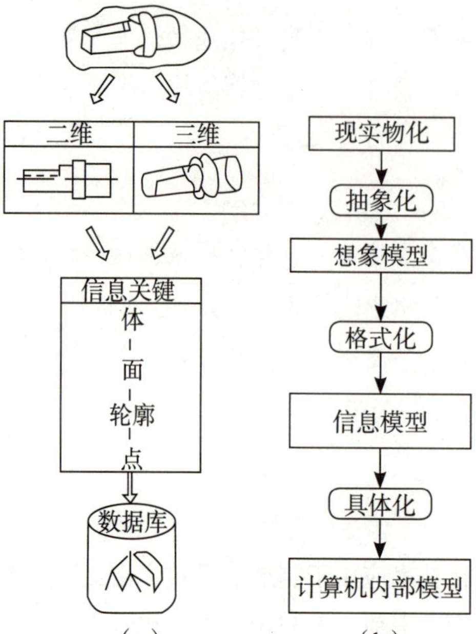

图 2–3　建模过程

首先研究物体的抽象描述方法，得到一种想象模型（外部模型），如图 2–3（a）所示的零件，它可以被想象成以二维或三维的方式描述的，它表示用户所理解的客观事物之间的关系；其次将这种想象模型以一定格式转换成符号或算法表示的形式，形成信息模型，它表示了信息类型和逻辑关系；最后形成计算机内部存储模型，这是一种数字模型。因此，建模过程的实质就是一个描述、处理、存储、表达现实世界的过程。这一过程可抽象为如图 2–3（b）所示的框图。

由于对客观事物的描述方法、存储内容、存储结构的不同而有不同的建模和不同的产品数据模型。目前主要的建模方法有几何建模和特征建模两种；主要的产品数据模型有二维模型、三维线框模型、曲面模型、实体模型、特征模型、集成产品模型及最新的生物模型等。

二、几何建模

机械产品 CAD/CAM 系统最终产品的描述信息包括形状信息、物理信息、功能信息及工艺信息等，其中形状信息是最基本的。自 20 世纪 70 年代以来，人们首先对产品形状信息的处理进行了大量的研究工作，这一工作就是现在所称的几何建模（geometric modeling）。目前市场上的 CAD/CAM 系统大多采用几何建模的方法。所谓几何建模方法，即物体的描述和表达是建立在几何信息与拓扑信息的处理基础上的。几何信息一般是指物体在欧氏空间中的形状、位置和大小，而拓扑信息则是物体各分量的数目及其相互间的连接关系。

知识拓展

CAD/CAM 系统中的几何建模技术与应用研究

在 CAD/CAM 系统中，几何建模是自动设计和图形处理的基础。从 20 世纪 70 年代初欧洲首先把几何建模技术列为计算机辅助设计和制造的中心研究项目以来，经过 20 多年的发展，在几何建模的研究方面已取得了很大的进展。

围绕着几何建模技术主要的研究课题有以下几方面。

（1）现实世界中物体的描述方法，如二维、三维描述及线框、表面、实体建模技术等。

（2）三维实体建模中的各种计算机内部表达模式，如边界表示法、构造立体几何法、空间单元表示法等。

（3）发展一些关键算法，如并、交、差运算及消隐运算等。

（4）几何建模系统的某些重要应用，如工程图的生成、具有明暗度和阴影的图形及彩色图的生成、有限元网格生成、数控程序的生成和加工过程模拟等。

（一）几何建模系统分类

1. 二维几何建模系统

计算机内部模型可以是二维的，也可以是三维的，这主要取决于应用的场合和目的。由于二维几何建模系统可以满足一般绘图工作的要求，符合长期以来人们用视图表达产品形状和尺寸的习惯，并且所占存储空间少，价格便宜，因此 CAD/CAM 的研究大多都是从二维几何建模系统开始的。

二维几何建模系统主要研究平面轮廓处理问题，它可以分为边式和面式两类系统。

边式系统只描述轮廓边，然后通过不同类型轮廓边的相互顺序实现绘图目的。由于它没有定义相互联系边的范围，所以不能实现自动画剖面线、拷贝和图形变换等功能。

面式系统是将封闭轮廓边包围的范围定义成一个平面，并作为一个整体来处理。它不仅可自动画削面线、拷贝、变换，还可以随意相互拼合（相加或相减），从而构成任意复杂的图形。

由于二维几何建模系统比较简单实用，同时大部分二维 CAD 系统都提供了方便的人机交互功能，比较符合设计人员惯用的绘图工作方式，如果任务仅局限于计算机辅助绘图或是对回转体零件进行数控编程，则可采用二维几何建模系统。在二维几何建模系统中，由于各视图及剖面图在计算机内部是相互独立产生的，所以就不可能将同一个零件的这些不同信息构成一个整体模型。当一个视图改变时，其他视图不可能自动改变。

在二维和三维几何建模系统之间还有一个领地，称为二维半（2.5D）系统，这种系统指的是一个平面轮廓在深度方向延伸形成三维表示方法。由于其几何处理仍是平面轮廓问题，所以仍应属于二维几何建模系统。

2. 三维几何建模系统

现实世界的物体是三维的，因而三维几何建模系统可以更加真实、完整、清楚地描述物体，它代表了 CAD 发展的主流。例如，飞机的设计，过去是从二维图纸开始，而现在飞机的设计包括总体设计、模型设计、零部件设计及工装设计，大部分都采用三维数字化设计。

三维数字化定义（digital product definition，DPD）和三维数字化预装配（digital pre-assembly，DPA）技术是实现异地无纸制造及虚拟制造的基本手段。

（二）几何建模方法

根据描述方法及存储的几何信息、拓扑信息的不同，三维几何建模类型如图 2-4 所示，其分为 3 种不同层次的建模类型，即线框建模、表面建模、实体建模。早期 CAD 系统往往分别对应以上 3 种建模方法，而当前的发展则是将三者有机结合起来，各用所长，形成一个整体。

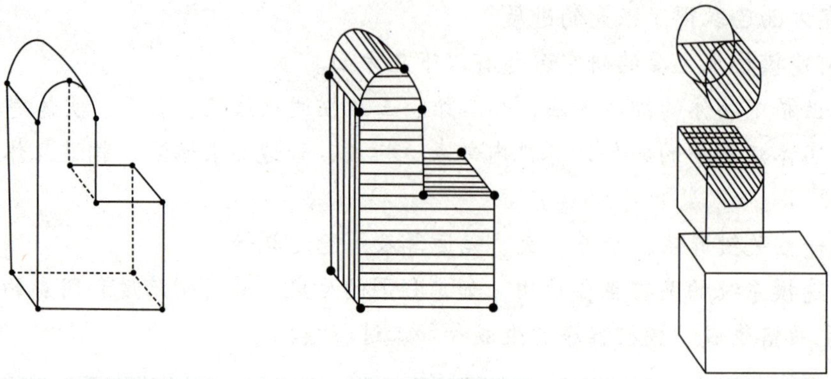

（a）线框建模　（b）表面建模　（c）实体建模

图 2-4　三维几何建模类型

1. 线框建模

线框模型是 CAD/CAM 系统发展中应用最早的三维建模方法，线框模型是二维图的直接延伸，即把原来的平面直线圆弧扩展到空间，因此点、直线、圆弧和某些二次曲线是线框模型的基本几何元素。

2. 表面建模

表面建模（surface modeling）又叫曲面建模，是通过对物体的各种表面进行描述的一种三维建模方法，主要描述复杂物体的表面形状，适用于不能用简单的数学模型描述表面的物体。例如，汽车、飞机、船舶、水利机械和家用电器等产品的外观设计图，以及地形、地貌、石油分布等资源描述。这种建模方法的重点是由给出的离散点数据构成光滑过渡的曲面，使这些曲面通过或逼近这些离散点。近年来，通过大量的生产实践，在曲线、曲面的参数化数学表示及 NC 编程方面取得了很大进展。

广为流行的几种参数曲线、曲面包括贝赛尔曲线、B 样条曲线、孔斯曲面、非均匀有理 B 样条曲线、曲面等。曲面建模的实例如图 2-5 所示。

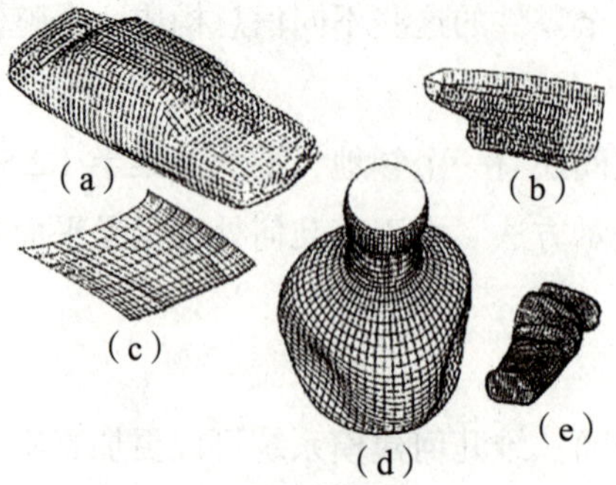

（a）汽车　（b）船体　（c）轿车前盖　（d）酒瓶　（e）手柄

图 2-5　曲面建模的实例

3. 实体建模

实体建模（solid modeling）是20世纪70年代后期至80年代初期逐渐发展完善并推向市场的。目前实体建模已成为CAD/CAM技术发展的主流。

实体建模是利用一些基本体素，如长方体、圆柱体、球体、锥体、圆环体及扫描体等，通过集合运算（布尔运算）生成复杂形体的一种建模技术。实体建模主要包括两部分内容，即体素的定义及描述和体素之间的布尔运算（并、交、差）。

（1）体素的定义及描述

体素是现实生活中真实的三维实体。体素的定义及描述有两种方法。

一种为基本体素，可通过少量参数进行描述，如长方体通过长、宽、高定义。除此之外为定义基本体素在空间的位置和方向。基准点的定义也很重要。对于长方体而言，它的基准点可位于它的一个顶点，也可位于一个平面的中心。不同的实体建模系统，可提供不同的基本体类型。

另一种体素为平面轮廓扫描体，即由平面轮廓扫描法生成的体素。平面轮廓扫描法是与二维系统密切结合的，并用于生成棱柱体或回转体的一种描述方法。这种方法的基本设想是一个二维轮廓在空间平移或旋转就会扫描出一个实体。由此扫描的前提条件是要有一个封闭的平面轮廓。这一封闭的平面轮廓沿着某一个坐标方向移动或绕某一给定的轴旋转，便形成两种扫描变换。除平面轮廓扫描外，还可以进行整体扫描。所谓整体扫描就是使一个刚体在空间运动以产生新的物体形状。这种方法在生产过程的模拟及干涉检验方面具有很大的实用价值。特别是在NC加工中刀具轨迹生成和检验方面具有重要意义。实体建模中常用的基本体素如图2-6所示。

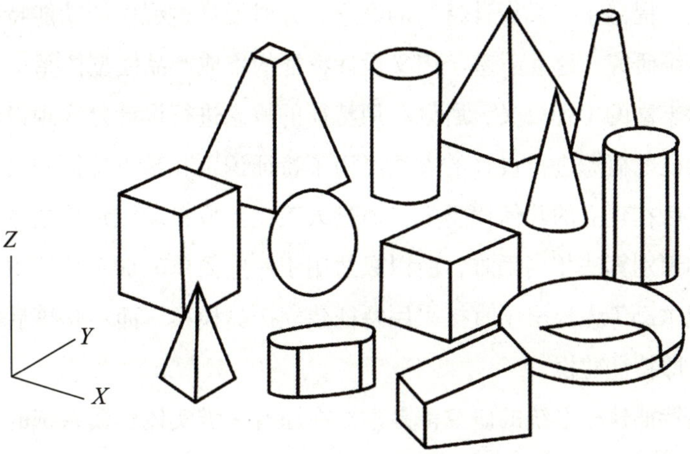

图2-6　实体建模中常用的基本体素

（2）体系之间的布尔运算

两个或两个以上体素经过集合运算得到实体的表示称为布尔模型（boolean model），这种集合运算称为布尔运算。布尔模型是个过程模型，它通常可直接以二叉树结构表示。

由于实体建模具有一系列优点，所以在设计与制造中广为应用，尤其在运动学分析、干涉检验、机器人编程和五坐标NC铣削过程模拟、空间技术等方面已成为不可缺少的工具。

三、特征建模技术

几何建模技术推动了CAD/CAM的发展，随着信息技术的发展及计算机应用领域的不断扩大，对

CAD/CAM 系统提出越来越高的要求，尤其是计算机集成制造技术的出现，要求将产品的需求分析、设计开发、制造生产、质量检测、售后服务等产品整个生命周期的各个环节的信息有效地集成起来。由于现有的 CAD 系统大多建立在几何模型的基础上，即建立在对已存在对象的几何数据及拓扑关系描述的基础上，这些信息无明显的功能、结构和工程含义，所以想从这些信息中提取、识别工程信息是相当困难的，为此推动了特征（feature）建模技术的发展。

特征的概念最早出现在 1978 年美国 MIT 的一篇学术论文《CAD 中基于特征的零件表示》中，随后经过几年的酝酿讨论，至 20 世纪 80 年代末有关特征建模技术才得到广泛关注。特征是一种集成对象，包含丰富的工程语义，因此，它是在更高层次上表达产品的功能和形状信息。不同的设计阶段和应用领域有着不同的特征定义，如功能特征、加工特征、形状特征、精度特征等。特征体现了新的设计方法学，它是新一代的 CAD/CAM 建模技术。

特征建模技术被誉为 CAD/CAM 发展的新里程碑，它的出现和发展为解决 CAD/CAPP/CAM 集成提供了新的理论基础和方法。特征是一种综合概念，它作为产品开发过程中各种信息的载体，除包含零件的几何拓扑信息外，还包含了设计制造等过程所需要的一些非几何信息，如材料信息、尺寸、形状公差信息、热处理信息、表面粗糙度信息和刀具信息等。因此特征包含丰富的工程语义，它是在更高层次上对几何形体上的凹腔、孔、槽等的集成描述。

随着特征建模技术的发展，研究人员又提出了一系列新的概念和方法，如功能特征、结构特征、特征识别、特征映射等，为了能对特征在整个产品开发过程中的本质进行系统化、理论化的描述，有人从广义设计空间理论出发，提出了广义设计特征的概念，并对设计过程中的功能特征、原理特征、结构特征和制造特征等进行系统研究，建立了基于广义设计特征的集成产品模型体系。

由于特征概念包含丰富的工程语义，所以利用特征的概念进行设计是实现设计与制造集成的一种行之有效的方法。利用特征的概念进行设计的方法经历了特征识别和基于特征的设计两个阶段。特征识别是先进行几何设计，然后在建立的几何模型上，通过人工交互或自动识别算法进行特征的搜索、匹配。由于特征信息的提取和识别算法相当困难，所以只适用于一些简单的加工特征识别，并且特征之间的关系无法表达。为此，威尔逊等人提出了直接采用特征建立产品模型，而不是事后再识别的想法，这就是基于特征设计的思想，即特征建模。

目前国内外大多数特征建模系统的研究都是建立在原有三维实体建模系统的基础上，这是因为三维实体建模的 CAD 软件已比较完善，具有较强的几何拓扑处理、图形显示及自动网格划分等多项功能，在此基础上可方便地增加一些特征的描述信息，建立特征库，并将几何信息与非几何信息描述在一个统一的模型中，设计时将特征库中预定义的特征实例化，并作为建模的基本单元，实现产品建模。

这种基于特征的设计，从设计角度看，它扩大了建模体素的集合，给用户带来很大方便性，同时也为产品设计实现高效率、标准化、系列化提供了条件。从加工角度看，由于特征对应着一定的加工方法，所以工艺规程制定也比较容易进行，简化了 CAPP 决策逻辑，尤其是面向对象技术的应用，将特征与加工方法封装实现了程序的结构化、模块化、柔性化。最近几年在基于特征的 CAPP、基于特征的 NC 编程方面进行了很多研究。由于设计特征与制造特征的对应关系，在 CAD 设计完成后，CAPP、CAM 可直接将特征设计的结果作为输入自动生成工艺过程和 NC 加工程序，实现了具有统一数据库、统一界面的集成 CAD/CAPP/CAM 系统。

特征建模技术是正在研究发展中的技术，至今还有很多难题有待进一步研究。例如，特征的严格数学定义、特征所能胜任的零件复杂程度、特征如何体现零件的功能要求，以及功能特征与制造特征的映射等。产品建模应用实例如图 2-7 至图 2-9 所示。

图 2-7 飞机的实体建模

图 2-8 汽车的实体建模

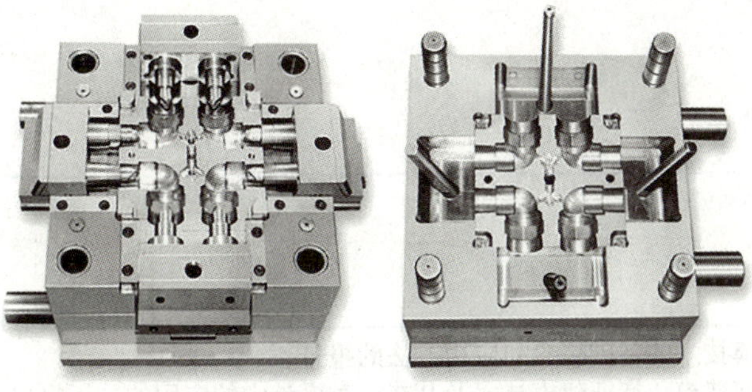

（a）（b）

图 2-9 塑胶模具的实体建模

四、汽车建模技术

汽车建模技术就是利用 CAD 和模拟软件，创建出汽车的三维数字模型。这些模型不仅能够精确地反映出汽车的每一个细节，如车身线条、内部结构，甚至复杂的机械原理，还能在虚拟环境中进行各种测试，如碰撞测试、风阻测试等，极大地提高了设计效率和安全性。

（一）设计阶段

在设计阶段，设计师可以通过建模技术实时调整汽车的外观和内部布局，观察其在不同环境和条件下的表现。例如，通过模拟软件，设计师可以精确计算出汽车在特定速度下的风阻系数，从而优化车辆的空气动力学性能。这种精确的模拟能力，使得设计师能够在早期阶段就发现并解决问题，避免了传统物理模型测试中的时间和资源浪费。

（二）制造阶段

在制造阶段，汽车建模技术也发挥了重要作用。通过将数字模型与制造流程相结合，汽车制造商可以实现精确的零部件生产和装配，大大提高了生产效率和质量。此外，三维打印技术的发展，使得制造商可以直接从数字模型中快速制造出汽车的原型或零部件，进一步缩短了产品开发周期。

据统计，汽车建模技术的应用已经将汽车的设计周期缩短了30%以上，同时减少了约40%的物理原型测试。这些数字充分证明了这项技术在汽车行业的革命性影响。然而，汽车建模技术的发展并未止步。随着人工智能、大数据和云计算等先进技术的融合，未来的汽车模型将更加智能、动态，能够实时学习和适应驾驶环境，为实现自动驾驶和智能交通系统提供强大的支持。

任务实施

使用CAD软件创建一个简化的汽车模型，包括车身、车轮、车窗等基本结构。要求模型比例协调，结构准确。

任务工单

报告撰写	1. 编写关于建模技术的基础概念和应用方法的报告。 2. 撰写关于几何建模、特征建模技术及其在汽车设计中的应用的分析报告。 3. 总结汽车建模技术的实际应用案例，提出改进建议和未来发展方向。
请在任务结束前完成最终报告的撰写和提交。 若遇到问题或需要支持，请及时联系任务负责人或相关专家。 任务负责人签字： 任务审阅人签字： 日期：	

任务三　有限元分析基础

任务描述

有限元分析是一种数值计算方法，用于解决复杂的工程问题，通过将复杂的结构分解为有限个简单单元来进行分析。任务的最终目标是使参与者能够独立使用有限元分析工具解决实际工程问题，并能够正确解读和应用分析结果。

任务分析

有限元法的基本思想是将结构离散化，用有限个容易分析的单元来表示复杂的对象，单元之间通过有限个节点相互连接，然后根据变形协调条件综合求解。由于单元的数目和节点的数目是有限的，所以称为有限元法。这种方法灵活性很大，只要改变单元的数目，就可以使解的精确度改变，得到与真实情况无限接近的解。通过对本任务的学习，学生能够了解有限元分析基础的相关知识。

任务重点

有限元分析技术是最重要的工程分析技术之一。它广泛应用于弹塑性力学、断裂力学、流体力学、热传导等领域。有限元法是20世纪60年代以来发展起来的新的数值计算方法，是计算机时代的产物。虽然有限元的概念早在20世纪40年代就有人提出，但由于当时计算机尚未出现，它并未受到人们的重视。随着计算机技术的发展，有限元法在各个工程领域中不断得到广泛应用，现已遍及宇航、核研究、机电、化工建筑、海洋等工业，是机械产品动、静、热特性分析的重要手段。

早在20世纪70年代初期就有人给出结论：有限元法在产品结构设计中的应用，使机电产品设计产生革命性的变化，理论设计代替了经验类比设计。目前，有限元法仍在不断发展，理论上不断完善，各种有限元分析程序包的功能越来越强大，使用越来越方便。

一、有限元法的计算步骤

有限元法的基本理论要用到数学、力学方面的各种知识。对于应用工程师来说，他的目的是应用有限元法去求解各种工程问题，目前市场上各种功能强大的有限元程序包很多，这些程序包使用方便，也不需要对有限元法进行很深入的了解，即可应用这些程序求解工程问题。有限元法工作流程如图2-10所示。

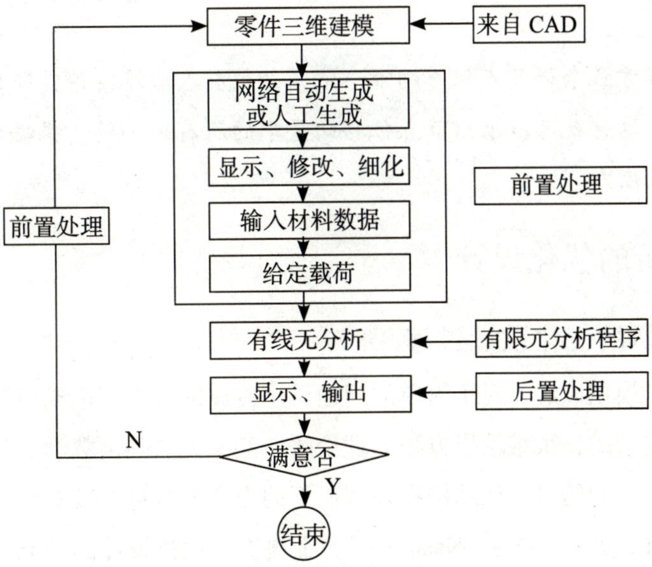

图2-10 有限元法工作流程

在采用有限元法（线弹性）对结构进行分析计算时，通常采用如下步骤。

（一）结构离散化

结构离散化是把实际结构划分为有限个单元的集合体，相邻单元之间只在节点处互相连接在一起，传递力和位移，使力学模型变成离散模型。依据结构本身形状和受力情况的不同采用的单元类型也不同，常用的有杆单元、梁单元、板壳单元、体单元等。单元划分的疏密主要依据精度要求和计算机容量及其计算费用来确定。通常在应力集中的部位及应力变化比较剧烈的地方，单元宜划分得密一些，单元的大小要逐步过渡。

（二）单元分析

所谓单元分析，就是建立各个单元的节点位移和节点力之间的关系式，即导出单元刚度矩阵。单元分析具体有以下几个步骤。

（1）构造单元位移模式。描述单元中各点位移变化规律的函数称为位移模式或位移函数。一般弹性体受力变形后的内部各点位移变化情况是很复杂的，但是在小单元的区域内，可以假设位移用坐标的某种简单函数来近似。为了数学运算的方便，通常采用多项式形式。

（2）导出用节点位移表示的单元应变和单元应力表达式。

（三）整体分析

整体分析是将原结构作为由有限个单元组成的离散结构来分析，即将各单元的节点力向量和节点位移向量叠加到整个连续体上。因为各个单元之间仅在节点处连接，单元之间的力通过节点传递。根据变形协调条件，某节点的位移对于共有该节点的相邻单元来说是相同的，结构的节点平衡条件是外界作用在各个节点上的力和力矩等于各个单元在这些节点上的力和力矩之和。节点上的外载和不作用于节点的外载经移置到节点上的等效节点载荷。由于叠加过程中，内部节点上的力和力矩互相抵消，只剩下边界节点上的外载荷，所以为已知量；整个连续体总刚度矩阵是将各单元的刚度矩阵由元素叠加组集而成。

提示

为了用总刚度矩阵方程求得节点位移的唯一解，必须引入边界条件，即已知的节点位移，并列出相应的修改方程组。这样就可以求出节点位移向量中的所有未知量。根据总刚度矩阵就可以求得单元应变和应力及节点应力。

二、有限元分析的优化设计

（一）有限元分析的优化设计过程

建立优化设计的数学模型以后，对于简单的问题可用古典的极值理论求得数学方程的极值点。而一般的工程结构都是非常复杂的，很难求出方程的理论解，甚至无法列出数学方程。这就需要有限元分析来提供结构优化中必不可少的信息，如结构在外载荷下的力学响应量及其对设计变量的导数等。因此，目前很多有限元分析软件，如 ANSYS、Nastran 等，都提供了优化设计的功能。一个典型的有限元分析优化过程通常需要经过以下的步骤来完成。

1. 参数化建模

利用有限元软件的参数化建模功能把将要参与优化的数据（设计变量）定义为模型参数，为以后软件修正模型提供可能。

2. 求解

求解是指对结构的参数化模型进行加载与求解。

3. 后处理

后处理是指把状态变量（约束条件）和目标函数（优化目标）提取出来供优化处理器进行优化参数评价。

4. 优化参数评价

优化处理器根据本次循环提供的优化参数（设计变量、状态变量及目标函数）与上次循环提供的优化参数做比较之后，根据收敛准则确定该次循环目标函数是否达到了最小，或者说结构是否达到了最优，如果最优，则完成迭代，退出优化循环过程，否则进行下一步。

5. 修正与重新计算

根据已完成的优化循环和当前优化变量的状态修正设计变量，重新进入循环计算。

（二）有限元分析的优化方法

优化作为一种数学方法，通常是利用对解析函数求极值的方法来达到寻求最优值的目的。而基于数值分析技术的有限元方法，显然不可能对优化的目标得到一个解析函数，有限元分析计算所求得的结果只是一个数值。然而，样条插值技术又使有限元分析中的优化成为可能，多个数值可以利用插值技术形成一条连续的可用函数表达的曲线或曲面，如此便回到了数学意义上的极值优化技术上来。

样条插值方法是一种近似方法，通常不可能得到目标函数的准确曲面，但利用上次计算的结果再次插值得到一个新的曲面，相邻两次得到的曲面距离会越来越近，当它们的距离小到一定程度时，可以认为此时的曲面（线）可以代表目标曲面（线）。那么，该曲面（线）的最小值，便可以认为是目标函数的最优值。ANSYS 软件提供了两种主要的优化设计方法：零阶方法（子问题逼近法）和一阶方法。

1. 零阶方法

零阶方法之所以称为零阶方法是由于它只用到因变量（目标函数和状态变量）而不需要用到它的偏导数。在零阶方法中，首先，用曲线拟合来建立目标函数和设计变量之间的关系。这是通过用先前实验的几个数据点计算目标函数，然后求得各数据点间最小平方实现的，得到的曲线称为逼近函数。每次优化循环生成一个新的数据点，目标函数就完成一次更新。对状态变量也做同样的处理。实际上，是上述得到的逼近函数按随后的步骤来求解最小值，而并非目标函数和状态变量。其次，通过惩罚函数法又称序列无约束极小化方法（sequential unconstrained minimization technique，SUMT）求得逼近函数的最小值。惩罚函数法通过对目标逼近函数加罚函数的方法计入所加约束而将约束的优化问题转换为非约束问题。在每次循环中，仅在生成新的数据点时需要进行有限元分析，即一次优化迭代对应一次完整的有限元分析循环。在每次循环结束时都要进行收敛检查。当满足下列条件之一时，问题就是收敛的。

（1）目标函数值由最佳合理设计到当前设计的变化应小于目标函数允差。

（2）最后两个设计之间的差值应小于目标函数允差。

（3）从当前设计到最佳合理设计，所有设计变量的变化值应小于各自的允差。

（4）最后两个设计变量的变化值应小于各自的允差。

其中，最佳合理设计是指前面设计序列中满足所有给定的约束条件（设计变量的约束和状态变量的约束）的设计中目标函数值最小的设计序列。

零阶方法是通用的方法，可以有效地处理绝大多数的工程问题，在 ANSYS 的优化设计模块中是最基本和常用的方法。

2. 一阶方法

一阶方法则要使用因变量对设计变量的偏导数。在每次迭代中，梯度计算（用最大斜度法或共轭方向法）确定搜索方向，并用一维搜索法（快速下降法）对无约束问题进行最小化。一阶方法没有对设计点进行逼近，而是通过惩罚函数法，直接对有限元分析得到的目标函数添加罚函数将约束问题转换为无约束问题。也就是说，一阶方法将真实的有限元分析结果最小化，而不是对逼近数值进行操作。

因此，每次构造新的无约束惩罚函数迭代都由一系列的一维搜索子迭代（其中包括搜索方向和梯度计算）组成。这就使得一次优化迭代中包含多次有限元分析循环。与零阶方法相比，一阶方法计算量大且结果精确。但是，一阶方法更容易获得局部最小值，精确度高并不能保证最佳求解。

一阶方法迭代循环中，当设计序列满足下面任意一种情况时，就称为收敛。

（1）目标函数值由最佳合理设计到当前设计的变化应小于目标函数允差。

（2）从当前设计到前面设计目标函数的变化值应小于允差。

任务实施

理解车轮在实际工况下的受力状态，讨论如何通过有限元分析进行性能评估和优化设计。

____

____

____

任务工单

报告撰写	1. 编写关于有限元法计算步骤的详细报告，总结计算流程、步骤及其应用效果。 2. 撰写关于有限元分析优化设计的报告，分析优化方法、案例应用及其效果。 3. 总结有限元分析技术的关键应用点和未来发展方向。
请在任务结束前完成最终报告的撰写和提交。 若遇到问题或需要支持，请及时联系任务负责人或相关专家。 任务负责人签字：__________ 任务审阅人签字：__________ 日期：__________	

任务四　数字化工艺

任务描述

数字化工艺，这一概念在当今科技飞速发展的时代中，已经不再陌生。它是一种利用现代信息技术，对传统工艺进行创新和优化的方法，旨在提高生产效率，降低生产成本，同时保证甚至提升产品的质量和精度。数字化工艺涉及利用数字技术来改进和优化生产过程的各个方面，包括工艺设计、实施、监控和优化等。

任务分析

在制造业中，数字化工艺的应用无处不在。从产品的设计阶段开始，使用三维建模软件，工程师可以在电脑上构建出精确的产品模型，进行虚拟的装配和测试，大大减少了物理样机的制作和修改时间。在生产阶段，通过计算机数控（computerized numerical control，CNC）设备，可以精确控制切割、雕刻、焊接等工艺，确保每个部件的尺寸和形状都符合设计要求。此外，通过物联网技术，可以实时监控设备的运行状态和生产数据，实现生产过程的透明化和智能化。通过对本任务的学习，学生能够了解数字化工艺的相关知识。

任务重点

产品从设计变为现实的过程是通过加工来实现的，而工艺是加工制造技术的关键，也制约着设计的可行性，因此，可将工艺称之为设计和制造之间的桥梁和纽带。为适应市场经济发展的需求，将设计、工艺和管理结合起来，是当前制造技术的发展方向，而先进的工艺管理技术则是企业提高产品质量、降本增效的有力保障。

一、工艺管理

工艺管理是技术管理的构成部分，是技术管理的核心，它反映了企业的生产方针，是实现产量高、质量优、耗能低、效益高的重要保证，可用来权衡企业管理水平的高低。

工艺管理的基础任务，是在相应的生产环境下，运用先进的管理科学理论，对各类工艺工作进行计划、组织和控制，使之以特定的原则、步骤和方式高效有序地开展。它参与到产品制造的全流程（产品全生命周期）当中，是制造企业最主要、最根本的一项工作。

工艺管理的主要内容有：制订工艺实施方案、工艺试验探索与开发、产品生产的工艺准备、加工车间工艺管理、工艺纪律管理、工艺知识管理、编制各种工艺管理制度、售后工艺服务等。

工艺管理系统属于信息流的一种，起到对工艺工作进行全面的技术管理和控制的作用，使工艺活动以原定的路线、流程、规程等技术要求进行，达到产品制造的 TQCSE 要求。

（一）传统工艺管理

如今的传统工艺管理已经制约了企业的现代化发展，主要存在以下问题。

（1）在企业的工艺管理上，工艺工作无法与生产管理等其他部门进行信息集成。

（2）产品更新换代快，品种繁多，寿命周期短，造成产品的工艺工作量极多，传统的工艺管理方式效率和质量都不高。

（3）CAPP、Pro/E 等“孤岛”式的计算机辅助技术，无法达到全生命周期工艺管理系统信息集成化的需求。

（4）传统工艺管理无法实现信息在企业间、地域间、国与国之间进行集成。

（二）数字化工艺管理系统

为了适应企业现代化发展需求，工艺管理数字化系统应运而生，它在工艺标准化的基础上，面向产品全生命周期。其数字化、计算机化的对象是工艺的设计、计划、组织、控制和激励等，可减少产品工艺的准备时间，优化工艺设计与管理，提高生产效率，降低加工成本，提升产品的质量。数字化工艺管理系统主要功能如表 2–1 所示。

表 2–1 数字化工艺管理系统主要功能

功能	内容	备注
设计	工艺与工装的设计与管理等	
计划	制定生产前的技术方案和工艺技术发展规划、工艺人员培训计划等	
组织	制定工艺路线、分解工序；工艺管理体制的建立和运行；工艺责任制的建立和运行等	
控制	制定工艺标准、查验督导、反馈信息、分析研究、制定措施、实施改进等	
激励	工艺纪律管理、实施和反馈等	

每种产品从市场分析、设计定型到制定工艺、工装及生产加工到售后保障的过程中，都离不开工艺设计与管理方面的工作，可将它归纳成：工艺基础规划研究、产品生产技术准备、制造过程管理与控制和售后工艺服务 4 个阶段，而各阶段也可划分出多个相关的工作内容。工艺数字化系统体系结构如图 2–11 所示。

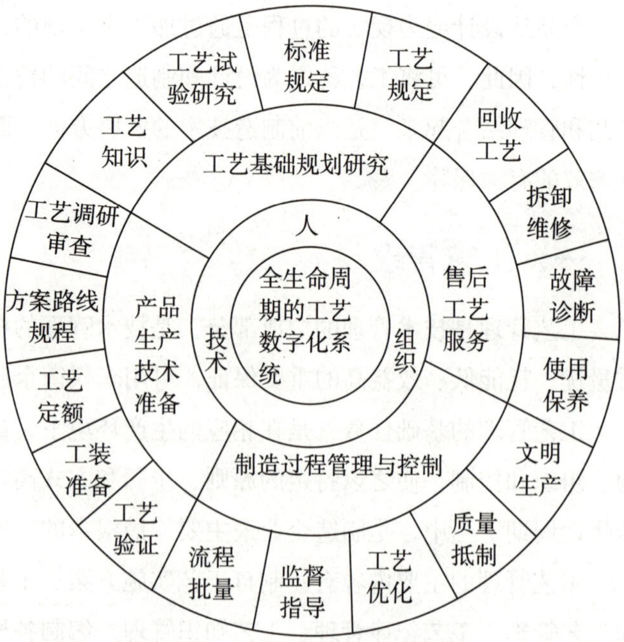

图 2–11 工艺数字化系统体系结构

二、数字化工艺管理技术应用分析

数字化工艺管理技术应用分析主要介绍工艺流程分析、系统模型建立及功能分析两个内容。

（一）工艺流程分析

产品从输入到产出的全生命周期工艺流程如图 2–12 所示。

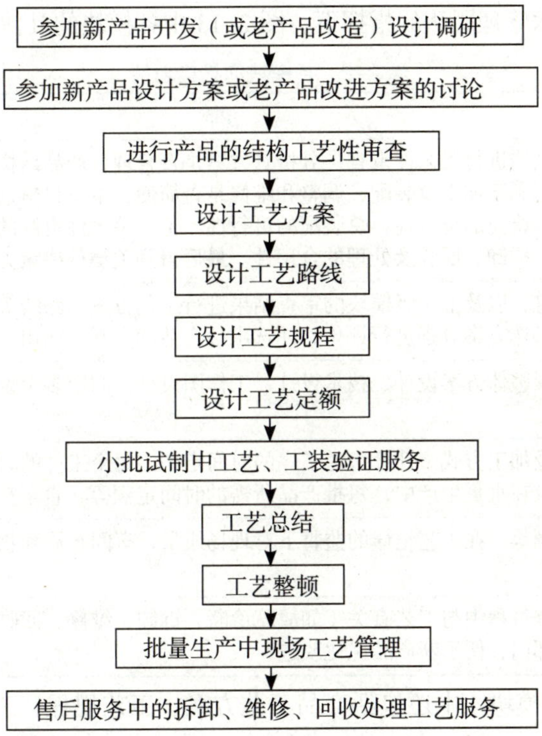

图 2–12　产品从输入到产出的全生命周期工艺流程

（二）系统模型建立及功能分析

1. 系统模块设计

对上述工艺流程进行分析，建立数字化系统模型，将系统划分为 6 个模块，包括产品设计阶段的工艺管理、工艺设计与管理、工艺装备设计与管理、工艺定额制定与管理、现场工艺管理和售后工艺服务与管理。

2. 系统模块功能

工艺数字化系统功能如图 2–13 所示。

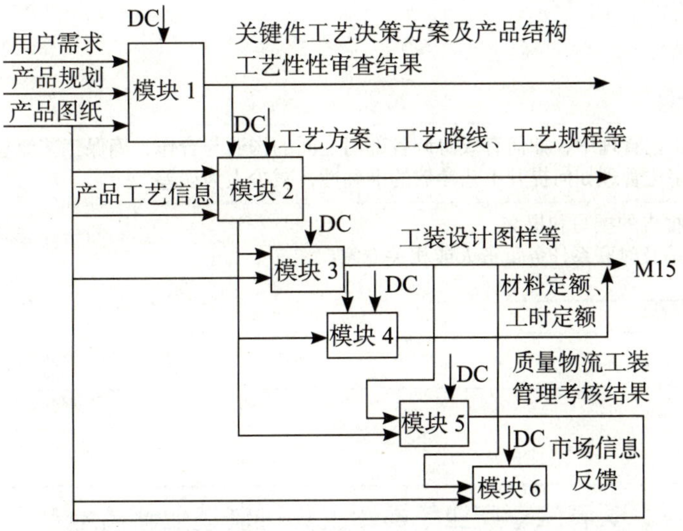

模块 1—产品设计阶段的工艺管理；模块 2—工艺设计与管理；模块 3—工艺装备设计与管理；模块 4—工艺定额制定与管理；模块 5—现场工艺管理；模块 6—售后工艺服务与管理；DC—控制指令。

图 2–13　工艺数字化系统功能

在计算机系统和工艺技术管理团队的指挥下，图 2-13 中各模块的具体功能如表 2-2 所示。

表 2-2　各模块的具体功能

模块	功能
1	以输入的信息，对产品结构进行工艺性审查。分析其方案是否合理，产品结构是否优化，标准化与系列化高低程度，产品重要零件是否利于加工及装配，调整和维修是否简便，主要材料选用是否合理。此外，还要审查产品各部件进行平行装配和检查的可行性，总装配的可行性，工艺关键件自制的能力，特殊零件外协生产的可行性。产品及零部件维修、拆卸、回收及处理的合理性。最后得到关键件决策方案和结构工艺性审查结果
2	根据产品图纸、工艺信息，以及上一级模块的审查结果进行工艺方案，路线等设计。运用评价指标体系对工艺方案、工艺路线的多个备选方案分别进行评价，评选出最合适的方案并输出
3	以工装设计任务书，开展整体方案设计、技术设计、工作图设计。制定多个设计方案，用评价指标对其论证与评价，得出最优方案
4	根据已确定的工艺路线及加工方式。计算每道工序的时间定额、每个工件的时间定额及包括装配时间在内的每个产品的时间定额，以及在批量生产中，每批产品所需的时间定额等，直至整个产品所需的所有材料的定额
5	根据工艺文件及工艺定额等，在工艺纪律的监督下对现场质量，车间布局和物流进行管理。每部分都能使用评价指标来评价与优化
6	产品售出后，使用或维修过程中与工艺有关（如故障诊断，拆卸、维修、回收及处理）的服务信息管理，将市场信息逐级反馈给相关部门，便于新产品优化改进

另外，模块 2、模块 3、模块 4 中还包括产品工艺方案、工艺规程、工艺标准及工艺规章、工艺装备和工艺定额的验证。将验证过程中采集到的信息逐级反馈给有关部门，其根据反馈信息进行修改、完善。通过以上系统的综合作用，最终输出各种规范的工艺文件及工艺管理文件等。

任务实施

进入一家整车制造厂，观察并分析数字化工艺管理技术的应用效果，评估其对生产的影响。

____

____

____

任务工单

<table>
<tr><td>报告撰写</td><td>1. 研究在工艺管理中，如何有效协调各部门之间的沟通与合作，确保工艺流程的顺利进行。
2. 探讨数字化管理如何提升工艺参数的准确性，减少人为误差。</td></tr>
<tr><td colspan="2">请在任务结束前完成最终报告的撰写和提交。
若遇到问题或需要支持，请及时联系任务负责人或相关专家。
任务负责人签字：____________
任务审阅人签字：____________
日期：____________</td></tr>
</table>

思政链接

长春汽车产业集群踏上先进制造业新高地

在中华人民共和国工业和信息化部 2022 年 11 月组织开展的先进制造业集群竞赛中，长春汽车产业集群在激烈的竞争中脱颖而出，入围制造业的“国家队”。

“先进”是衡量产业是否走向高质量发展的关键词。历经数十年发展，到底是怎样的“先进”让长春汽车产业集群踏上了先进制造业新高地呢?

制造技术部总装车间高级主任钱浩介绍，一汽红旗繁荣工厂总装车间应用数字孪生技术实现了整车下线、数字车上线，智能网联覆盖率达到90%；首次采用车间级中控系统，实现了装配过程及检测过程全数据采集，关键工序实现100%防错。十大智能工序涵盖了整车前后风挡玻璃、座椅、轮胎、底盘等全自动装配工艺，机舱管路、胎压等采用AI视觉技术实现了全自动检测，整线装配自动化率达到30%。

不仅红旗品牌的智能制造水平被视为行业标杆，中国一汽位于长春的五大造车厂也以高度先进的智能制造水平，诠释着“吉林智造”的生动内涵。

2021年12月，一汽老厂区内一汽解放J7智能工厂正式落成。65年前，正是这里诞生了新中国第一辆汽车——解放CA10型载货车，结束了我国不能生产汽车的历史。

在一汽解放J7智能工厂内，巨大的“钢铁巨兽”——重型卡车，在高度智能化的生产流程中渐渐成型，被流畅地装配、调试、检验……这是一座世界级商用车整车“智”造基地，在生产、质量、设备、物流、能源等方面全过程广泛应用了数据采集及分析、信息智能推送与智能决策等行业前沿技术，使一汽快速驶入了高端化、智能化、国际化顶级汽车智能制造赛道。

整车制造是汽车产业集群的“龙头”，紧随其后带动着巨大的零部件上下游产业链条。整车智能制造水平的迅猛提升，舞动起全产业链的庞大活力，这是长春汽车产业集群冲击先进制造业“高地”的底气所在。

项目小结

本项目主要介绍了计算机数字化仿真、汽车数字化设计与仿真、有限元分析基础以及数字化工艺等关键领域。首先介绍了计算机数字化仿真任务，能够对对汽车制造过程进行全面的虚拟建模和模拟；其次介绍了汽车数字化设计与仿真任务，能够利用计算机辅助设计和计算机辅助工程工具对汽车零部件和整车系统进行详细的数字化设计和性能仿真；再次介绍了有限元分析基础任务，对汽车结构和部件进行了深入的力学性能分析；最后介绍了数字化工艺任务，实现了生产过程的实时监控和调整。通过对本项目的学习，读者增强了对数字化技术的理解和应用能力，为未来的智能制造实践奠定了坚实的基础。

课后练习

一、填空题

1. 计算机仿真主要研究__________、__________、__________、仿真计算机及其应用。

2. 车辆的起步换挡与离合器的控制密切相关，由于离合器的工作过程比较复杂，并且其操纵特性受车辆自身和环境条件的影响，因此在实行自动控制时必须首先研究离合器的接合规律。利用__________，可以帮助开发人员寻求离合器的最佳__________。

3. 二维几何建模系统主要研究平面轮廓处理问题，它可以分为__________和__________两类系统。

4. 实体建模是利用一些基本体素，如长方体、圆柱体、球体、锥体、圆环体及扫描体等，通过__________生成复杂形体的一种建模技术。

5. 在采用有限元法（线弹性）对结构进行分析计算时，通常采用如下步骤：结构离散化、单元分析和________。

二、问答题

1. 计算机仿真的作用有哪些?

2. 三维几何建模的类型有哪些?

3. 有限元分析的优化方法有几种？请作简要说明。

项目三

汽车智能制造识别技术

项目导读

汽车智能制造识别技术是指能自动获取信息，并利用相关知识和策略采用实时动态建模、在线识别、人工智能等技术，对被测对象（过程）实现检测、监控、自诊断的技术。汽车智能制造识别技术包括射频识别技术、机器视觉技术、无损检测技术、工业物联网技术等。汽车智能制造过程中用到的识别技术可利用计算机及相关仪器实现检测过程的智能化和自动化。

学习目标

知识目标

1. 理解射频识别（RFID）技术的原理和应用领域。
2. 掌握机器视觉技术的基本原理、图像处理算法和应用场景。
3. 了解无损检测技术的原理、不同方法及其适用范围。
4. 理解工业物联网技术的概念和典型应用。

能力目标

1. 能够解释射频识别（RFID）技术的工作原理和实现过程。
2. 能够使用机器视觉技术进行图像获取和处理，实现目标检测和识别。
3. 能够选择并应用合适的无损检测技术进行缺陷检测和质量评估。
4. 能够设计和实施工业物联网系统，实现设备互联和数据传输。

素质目标

1. 培养学生观察、分析和判断问题的能力。
2. 培养学生创新思维、团队合作和跨学科的学习能力。

思政目标

1. 树立科技强国的远大志向，立志投身科技事业，为国家发展贡献智慧和力量。
2. 树立开拓创新意识，积极探索新技术、新方法，推动汽车智能制造识别技术的进步。

任务一　射频识别（RFID）技术

任务描述

射频识别（radio frequency identification，RFID）技术是一种利用射频信号进行数据传输和识别的技术，通过无线电波实现对物体的自动识别和数据交换。本任务旨在详细介绍 RFID 技术的基本概念、系统组成及其在汽车智能制造中的应用，帮助学生理解 RFID 技术的原理和实际应用场景，提升在智能制造领域的应用能力。

任务分析

通过对本任务的学习，学生将对 RFID 技术有一个全面的认识，理解其系统组成及在汽车智能制造中的实际应用，掌握如何利用 RFID 技术提升制造过程的效率和准确性，帮助学生了解 RFID 技术的相关知识。

任务重点

RFID 技术是自动识别技术的一种，它可以通过无线射频的方式进行非接触双向数据通信，并对记录信息的媒体（电子标签或芯片）进行读写，从而达到识别目标和数据交换的目的。目前，RFID 技术广泛应用于各类电子标签或芯片的读写和管理中。

一、RFID 技术的工作原理与特点

（一）RFID 技术的工作原理

在 RFID 系统中，射频识别部分主要由阅读器和标签两个部分组成，阅读器和标签之间的通信采用无线射频方式进行耦合。具体识别过程为标签进入磁场后，接收阅读器发出的射频信号凭借感应电流所获得的能量发送存储在标签中的产品信息，或由标签主动发送某一频率的信号，阅读器读取信息并解码后，送至中央信息系统进行有关数据处理。

阅读器和标签之间的交互主要靠能量、时序和数据 3 方面来完成，如图 3–1 所示。

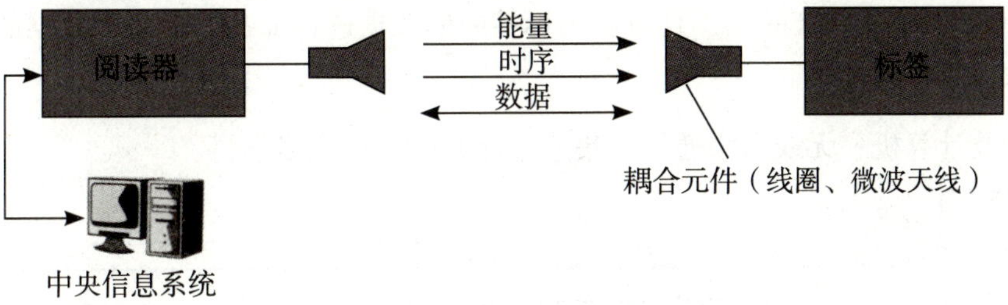

图 3–1　阅读器和标签之间的交互

1. 能量

能量是指阅读器产生射频载波可为标签提供工作所需的能量。

2. 时序

阅读器与标签之间的信息交互通常采用询问—应答的方式进行，所以二者间必须有严格的时序关系，该时序由阅读器提供。

3. 数据

阅读器与标签之间可以实现双向数据交换，阅读器向标签传送命令和数据时，通常采用载波调制、脉冲位置调制、编码解调等方法。标签采用对载波进行负载调制的方式向阅读器传送存储的数据信息。

根据阅读器与标签之间传输信息所使用频率的不同，RFID 技术常见的工作频率分为低频、高频、超高频和微波 4 种，各个频率所使用的标签也各不相同。

（二）RFID 技术的特点

RFID 技术作为一种特殊的识别技术，相比于传统的条码、插入式 IC 卡和生物（如指纹）识别技术，主要具有以下特点。

1. 非接触识别

RFID 技术是通过电磁耦合方式实现的非接触自动识别技术。

2. 抗污染能力强

标签具有防水、防油污、耐化学腐蚀等特性，所以标签不易被破坏，使用寿命长。

3. 识别速度快

只要标签进入阅读器的有效识别范围内，则会立即被读取数据，一般情况下，读取时间不超过 100 ms/ 次。

4. 数据容量大

标签的数据容量庞大，远高于二维码和条形码的容量。未来物体所需携带的信息量会越来越大，对标签的需求量也会相应增加。

5. 可动态操作

标签内的数据可以利用编程进行动态修改，并且只要标签所附着的物体出现在阅读器的有效识别范围内，阅读器就可以对其实现动态追踪和监控。

6. 防冲突

在阅读器的有效范围内，它可以同时读取多个标签，且彼此数据不受干扰。

7. 安全性高

标签可以任何形式附着在产品上，且可以为标签内的数据进行加密，提高了数据的安全性。

8. 多学科性

RFID 技术涉及计算机、无线数字通信、集成电路和磁场等众多学科。

知识拓展

RFID 技术中的射频信号耦合方式

根据射频信号耦合方式的不同，RFID 技术可以分为电感耦合和反向散射耦合两大类。

电感耦合也称为磁耦合，即阅读器和标签之间通过磁场（类似变压器）进行耦合，能量由阅读器通过射频载波提供。由于阅读器产生的磁场强度会受到电磁兼容性的限制，因此这类耦合方式一般应用在工作距离比较近的低频和高频 RFID 系统中。

反向散射耦合也称为电磁场耦合，其理论和应用基础来自雷达技术。当电磁波遇到空间目标（物体）时，其能量的一部分被目标吸收，另一部分以不同的强度被散射到各个方向。在散射的能量中，一小部分会反射回发射天线，并被该天线接收（发射天线也是接收天线）。天线对接收信号进行放大并处理，进而获取目标的有关信息。

由于目标的反射性通常随电磁波频率的升高而增强，因此反向散射耦合方式通常用在超高频和微波 RFID 系统中。

二、RFID 系统的组成

最简单的 RFID 系统只有一个阅读器，它每次对一个标签进行操作，如公交车上的刷卡系统；较为复杂的 RFID 系统需要一个阅读器同时对多个标签进行操作；更为复杂的 RFID 系统要解决多个阅读器的操作问题，如多个阅读器的网络连接等。RFID 系统由高层、阅读器、标签等部分组成，如图 3-2 所示。

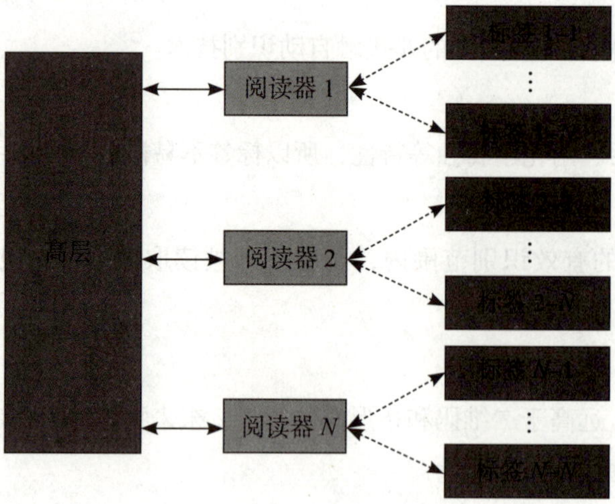

图 3-2　RFID 系统的组成

（一）高层

在由多阅读器构成的 RFID 系统网络架构中，高层是必不可少的。例如，采用 RFID 技术的世博会票务系统，需要在高层将多个阅读器获取的数据有效地整合起来，以提供数据查询、管理和交换等服务。

（二）阅读器

阅读器也称为读写器，是为标签提供能量、进行读写操作的设备。阅读器的频率决定了 RFID 系统工作的频段，其功率决定了射频识别的有效距离。

（三）标签

从技术角度看，标签是 RFID 的核心，阅读器也是根据标签的性能而设计的。目前，标签趋向微型化和高度集成化。

标签按照电源形式的不同，可以分为以下两种类型。

1. 有源标签

有源标签使用电池或其他电源供电，不需要阅读器提供能量。它通常靠阅读器唤醒，然后切换至自身电源提供能量。

2. 无源标签

无源标签没有电池供电，完全靠阅读器提供能量。

三、RFID 技术在汽车智能制造中的应用

RFID 技术在识别、感知、联网、定位等方面具有强大的功能，将 RFID 技术用于汽车智能制造中，可以实现基于 RFID 技术的数字化车间、汽车全生命周期管理、智能化物流等，进而有效提升制造效率、制造品质和企业管理水平。

（一）基于 RFID 技术的数字化车间

RFID 技术在数字化车间中的应用主要包括汽车生产管理、设备智能监测、车间混流制造等。

1. 汽车生产管理

RFID 技术可以使制造中的汽车与主机（即生产系统控制端）实现信息交互，进而实现汽车加工及装配状态的可视化跟踪管理，以便对生产过程进行实时监控。

2. 设备智能监测

集成 RFID 技术的智能传感器可以在线监测设备关键部位的运转情况，并通过网络与后台服务器通信，实现对设备性能的在线监测、设备运行状态的评估与风险预警、设备早期故障的诊断等。

3. 车间混流制造

通过 RFID 技术与网络、MES 等系统的集成，可以实现工艺路线、加工装备、加工程序等的智能选择，最终实现车间混流制造，如图 3-3 所示。

图 3-3　车间混流制造

（二）基于 RFID 技术的汽车全生命周期管理

智能化是汽车制造发展的重要方向和趋势，汽车智能制造的特征之一在于可实现汽车全生命周期内信息的快速获取与共享。RFID 技术与传感器技术的集成，能实时、高效地获取汽车在加工、装配、服役等阶段的状态信息，可为车企的后台服务、远程命令下达及生产方案的改进提供有力的数据支持。

（三）基于 RFID 技术的智能化物流

1. 自动化与批量识别

将 RFID 系统与车企的资产出入库集成，可实现货品出入库的自动化与批量化识别，提高物流配送的及时性和准确性。

2. 优化采购

RFID 技术和全球定位系统（global positioning system，GPS）技术的集成，可以实现车企对在制品的精确定位，同时通过网络传输，实现物流信息共享与产品全程监控，从而优化企业的采购过程。

3. 提升物流管理水平

将 RFID 系统与智能物流系统、企业资源计划（enterprise resource planning，ERP）系统、生产执行系统（manufacturing execution system，MES）无缝对接，可以快速响应订单，降低产品库存，进而提升车企物流管理的智能化水平。

任务实施

通过新媒体资源，演示如何通过 RFID 技术实现汽车生产流程的自动化管理。讨论 RFID 技术在生产线自动化中的优势和局限性，并提出改进建议。

____

____

____

任务工单

<table>
<tr><td>报告撰写</td><td>1. 编写 RFID 技术在汽车智能制造中的应用具有哪些显著的优势。
2. 分析 RFID 技术应用后的效果，包括提升效率、降低成本和提高准确性等方面。</td></tr>
<tr><td colspan="2">请在任务结束前完成最终报告的撰写和提交。
若遇到问题或需要支持，请及时联系任务负责人或相关专家。
任务负责人签字：__________
任务审阅人签字：__________
日期：__________</td></tr>
</table>

任务二　机器视觉技术

任务描述

机器视觉技术在汽车智能制造中的应用已经变得越来越广泛和重要。通过利用先进的图像处理和分析算法，机器视觉系统能够在生产线上实现高精度的检测和识别任务，从而显著提高汽车制造的效率和质量。

任务分析

机器视觉也称为计算机视觉，是指利用计算机对机器视觉设备采集的图像或者视频进行处理，从而实现对客观世界三维场景的感知、识别和理解。通过对本任务的学习，学生能够了解机器视觉技术的相关知识。

机器视觉技术

任务重点

机器视觉技术涉及人工智能、神经生物学、心理物理学、计算机科学、图像处理和模式识别等多个技术领域。它主要利用计算机来模拟或者再现与人类视觉有关的某些智能行为，从客观事物的图像中提取信息、分析特征，最终用于工业检测、工业探伤、精密测控、自动生产线及在各种危险场合工作的机器人等。

一、机器视觉技术组成

机器视觉系统是机器视觉技术应用的载体，主要由以下几部分组成。

（一）光源

光源可以定义为能够产生光辐射的辐射源。光源是影响机器视觉系统中图像质量的重要因素。机器视觉系统的光源应具备以下几个特征。

（1）能突出目标的特征，即可以在物体需要检测的部分与非检测的部分之间产生明显区别，增加对比度。

（2）能保持足够的亮度和稳定性。

（3）多采用透射光。在透射光中，物体位置的变化不影响成像质量；而对于反射光，则需要充分考虑光源和光学镜头的相对位置、物体表面的纹理、物体的几何形状等要素。

在机器视觉系统中，通过适当的光源照明，使图像中的目标信息与背景信息得到最佳分离，可以大大降低图像处理算法的难度，同时提高系统的定位、测量精度，使系统的可靠性和综合性得到提高。

（二）光学系统

机器视觉系统的光学系统主要指光学镜头。光学镜头类似人眼的晶状体，其主要作用是将成像目标聚焦在图像传感器的光敏面上。光学镜头对成像的质量有关键性作用，它对成像质量的几个主要指标都有影响，如分辨率、对比度、景深及各种像差等。因此，在选用光学镜头时需要考虑成像面积、焦距、视角、工作距离和视野等参数。

（三）图像捕捉系统

图像捕捉系统主要由相机组成，现在主要以高分辨率数码相机为主。数码相机是一种半导体器材，具有光电转换、信息存储和延时等功能。数码相机的扫描方式可分为行扫描（线阵式）和面扫描（面阵式）两大类。其中，行扫描一次只能获得图像的一行信息，因此被拍摄的物体必须以直线形式从相机前移过，才能获得完整的图像；而面扫描可以一次获得完整的图像。

（四）图像采集卡

图像采集卡又称图像卡，它可以将图像或视频信号进行保存，供计算机处理、存储、显示和传输使用。图像采集卡是机器视觉系统的重要组成部分，其传输数据的速度远远高于普通的传输接口。

（五）图像信号处理系统

图像信号处理系统是机器视觉系统的核心，主要依靠计算机来完成运算工作。图像采集卡采集到的图像或视频信号，经图像信号处理系统分析处理后，将用于控制现场设备的动作。

二、机器视觉系统的特点

机器视觉系统具有以下几个特点。

（一）非接触测量

机器视觉系统通过射频的方式测量部件，测量者与被测部件不会直接接触。例如，在一些不适合人工操作的危险环境、人工视觉难以满足要求的场合或被测部件为脆弱部件时，常用机器视觉系统代替人工视觉。

（二）光谱响应范围宽

机器视觉系统具有较宽的光谱响应范围。例如，它可使用人眼看不见的红外线测量，扩展了人眼的视觉范围。

（三）稳定性高

人眼难以长时间对同一对象进行观察，而机器视觉系统则可以长时间稳定地做测量、分析和识别任务。

（四）成本低

机器视觉系统的操作和维护费用非常低。在大批量工业生产过程中，用人工视觉检查产品质量效率低、人工成本高，而用机器视觉系统进行检测可以大大提高生产效率、提高生产的自动化程度、降低运营成本。

（五）易于集成

由于机器视觉系统可以快速获取大量信息，同时对其进行自动处理，因此机器视觉系统易于与设计信息及加工控制信息集成。在现代自动化生产过程中，人们将机器视觉系统广泛地用于工况监视、成品检验和质量控制等领域。

（六）精度高

据统计，人眼在连续目测产品时，能发现的最小瑕疵为 0.3 mm，而机器视觉的检测精度可达到 0.001 mm。

（七）灵活性好

同一机器视觉系统可对不同的对象进行测量。当被测量对象发生变化后，只需对软件做相应的变化或升级即可适应新的需求。

三、机器视觉的关键技术

机器视觉系统的关键技术主要包括图像预处理、数学形态学和图像分割。

（一）图像预处理

图像预处理是相对于图像识别、图像分析而言的一种前期处理。图像预处理的主要目的是消除图像中无关的信息，恢复真实有用的信息，增强有关信息的可检测性和最大限度地简化数据，从而提高特征提取、图像分割、匹配和识别的可靠性。图像预处理过程一般有数字化、几何变换、归一化、平滑、复原和增强等。

图像增强是图像预处理中最基本的内容之一，也是图像预处理的主要方法。由于外界环境或设备本身的原因，通常所获取的原始数字图像质量并不是非常高，因此在对图像进行边缘检测、图像分割等操作之前，一般需要对原始数字图像进行增强处理。图像增强一方面可改善图像的视觉效果；另一方面可提高边缘检测或图像分割的可靠性。

（二）数学形态学

数学形态学可以用来解决特征提取、边缘检测、图像分割、形状识别、纹理分析、图像恢复与重建、图像压缩等图像处理问题。数学形态学的应用可以简化图像数据，保持它们基本的形状特征，并除去不相干的结构。

（三）图像分割

相比于图像预处理对图像质量的改善，图像分割则侧重于详细地研究并描述组成一幅图像各个不同部分的特征及其相互关系，它是提取图像属性的方法。

图像分割是指根据灰度、色彩、空间纹理、几何形状等特征将图像划分成若干个互不相交的区域，使得这些特征在同一区域内表现出一致性或相似性，而在不同区域间表现出明显的不同。简单地讲，就是在一副图像中将目标从背景中分离出来，以便于进一步处理。

四、机器视觉技术在汽车智能制造中的应用

由于机器视觉系统可以快速获取大量信息，且易于自动处理，因此机器视觉技术广泛地用于汽车智能制造中，具体包括以下几个方面。

（一）引导和定位

汽车生产车间的焊接、搬运、装配等固定流程的工作正在逐步被工业机器人取代，这些工作对于工业机器人来说，只需按照既定的程序执行即可。但在工业机器人的操作过程中，零部件的初始状态（如位置和姿态等）与工业机器人的相对位置并不是固定的，这会导致零部件的实际摆放位置和理想加工位置存在差距，令工业机器人难以按照原定程序进行加工。随着机器视觉技术的发展，这个问题得到了很好地解决。机器视觉系统能够快速、准确地找到目标零件并确认其位置，引导灵活的工业机械手臂准确抓取并进行工作。

（二）质量检测

汽车生产用到的所有零部件都需要进行质量检测，主要包括尺寸检测、外观缺陷检测等。部分零部件的检测精密度可达到 0.01 mm。此外，零部件缺失检测、位置检测等也要用到机器视觉技术。

（三）精准识别

利用机器视觉技术对图像的处理和分析功能，可精准识别并记录不同种类及不同型号的汽车零部件，以达到数据的采集和追溯，提高生产的自动化程度。

任务实施

（1）使用机器视觉系统采集零部件图像，通过图像处理软件进行缺陷检测。

（2）分析检测结果，评估缺陷的类型、位置和严重程度。

（3）讨论在实践过程中遇到的问题和解决方法，总结机器视觉技术在汽车质量控制中的应用经验，并提出改进建议。

____

____

____

任务工单

<table>
<tr><td>报告撰写</td><td>1. 对比机器视觉与传统人工视觉的差异和优势。
2. 撰写机器视觉技术如何提升汽车智能制造的生产效率、产品质量和工艺水平的报告。
3. 探讨机器视觉技术在未来汽车智能制造中的发展趋势和潜在应用。</td></tr>
<tr><td colspan="2">请在任务结束前完成最终报告的撰写和提交。
若遇到问题或需要支持，请及时联系任务负责人或相关专家。
任务负责人签字：____________
任务审阅人签字：____________
日期：____________</td></tr>
</table>

任务三　无损检测（NDT）技术

任务描述

汽车无损检测（NDT）技术是指在不损坏汽车零部件的前提下，通过各种检测手段来评估和判断汽车及其零部件的性能和状态。这种技术在汽车制造、维修和质量控制中具有非常重要的作用。无损检测

（NDT）技术主要包括超声波检测、射线检测、磁粉检测等多种方法。这些无损检测（NDT）技术不仅能够提高汽车的安全性和可靠性，还能有效降低维修成本和时间，延长汽车及其零部件的使用寿命。

任务分析

本任务旨在深入了解无损检测（NDT）技术在汽车智能制造中的应用，特别是在检测汽车零部件和车身结构的缺陷方面。学生可通过实践操作掌握常用的无损检测方法，并应用这些技术评估零部件和车身的质量。通过对本任务的学习，学生能够了解无损检测技术的相关知识。

任务重点

无损检测（non–destructive testing，NDT）技术就是利用声、光、磁和电等特性，在不损害或不影响被检对象使用性能的前提下，检测被检对象中是否存在缺陷或不均匀性，并给出缺陷的大小、位置、性质和数量等信息，进而判定被检对象所处技术状态（如合格与否、剩余寿命等）的所有技术手段的总称。与破坏性检测相比，无损检测技术具有非破坏性、全面性、全程性、可靠性等特点。

一、无损检测技术的分类

无损检测技术分为常规无损检测技术和非常规无损检测技术。常规无损检测技术有超声波检测、射线检测、磁粉检测、渗透检测、涡流检测等。非常规无损检测技术有红外线检测、激光全息检测等。

下面主要介绍常用的超声波检测、射线检测和磁粉检测。

（一）超声波检测

频率在 20 kHz 以上的声波称为超声波。超声波检测是通过超声波与工件相互作用，对反射、透射和散射的波进行研究，并对工件进行宏观缺陷检测、几何特性测量、组织结构和力学性能变化的检测和表征，进而对其特定应用性进行评价的检测技术。

1. 超声波检测的特性

超声波被用于无损检测，主要有以下几个特性。

（1）超声波在介质中传播时，遇到界面会发生反射。

（2）超声波的指向性好，且频率越高，指向性越好。

（3）超声波传播能量大，对各种材料的穿透力较强。

2. 超声波检测的方法

（1）接触法

接触法是探头与工件表面之间，经一层薄的耦合剂直接接触进行探伤的方法。耦合剂主要起传递超声波的作用。此法操作简单，但对被检工件表面粗糙度的要求较严。

（2）液浸法

液浸法是将探头与工件全部浸入液体，或探头与工件之间局部充以液体进行探伤的方法。由于探头与工件不直接接触，因而易于实现自动化检测，也适用于检测表面粗糙度较大的工件。

（3）兰姆波探伤法

兰姆波探伤法是使兰姆波沿着钢板两表面及中间传播来进行探伤的方法。当工件中有缺陷时，其会在缺陷处产生反射，就会有缺陷波出现在荧光屏上。

提示

因地球自传，在静力平衡的大气中可以产生一种只沿水平方向传播的特殊声波，称为兰姆波。

（4）穿透法

穿透法是根据超声波穿透程度的不同来进行探伤的方法。穿透法可以用连续波，也可以用脉冲波。当工件内无缺陷时，接收能量大；当工件内有缺陷时，因部分能量被反射，所接收的能量减小；当缺陷很大时，声波全部被缺陷反射，接收能量减小为零。穿透法适合于检测超声衰减大的材料，可避免盲区。

（二）射线检测

在射线检测中，主要应用的是X射线，具体内容如下。

1. X射线检测的基本原理

X射线检测是利用X射线通过不同物质的衰减程度与被通过物质的特性，使胶片感光成黑度不同的图像来实现的。这是因为使用X检测工件缺陷时，缺陷部位会改变工件对X射线的衰减程度，出现透射光线强度的变化。因此利用该检测方法可以判断工件是否有缺陷，以及缺陷的位置和大小。

2. X射线检测的应用

X射线检测技术的应用包括质量检测、厚度测量、物品检查、动态研究等。质量检测广泛应用于铸造与焊接工艺缺陷检测，以及锂电池和电子半导体领域的检测。厚度测量可用于在线、实时、非接触式厚度测量。物品检查可用于机场、车站、海关等场合。动态研究可用于研究动态过程，如弹道、爆炸等。

（三）磁粉检测

1. 磁粉检测的原理

磁粉检测是一种利用漏磁和合适的检验介质来发现铁磁材料表面和近表面缺陷的检测方法。当磁力线穿过铁磁材料时，在其磁性不连续处将产生漏磁，形成磁极。此时撒上干磁粉或浇上磁悬液，磁极就会吸附磁粉，产生用肉眼能直接观察的明显磁痕，以显示铁磁材料的缺陷情况，如缺陷的位置、大小、形状等。

2. 磁粉检测的适用范围

磁粉检测可检测露出表面用肉眼或放大镜不能直接观察到的微小缺陷，也可检测埋藏在表面下几毫米的近表面缺陷。磁粉检测不仅能探查体积型缺陷（如气孔、夹杂等），还能探查面积型缺陷（如因淬火、轧制、铸造，焊接、电镀、磨削、疲劳等引起的裂纹）。

二、无损检测技术在汽车智能制造中的应用

在对汽车零部件检测时会用到无损检测技术，下面以超声波检测和磁粉检测的应用为例进行说明。

（一）超声波检测的应用

一般来讲，对汽车零部件中的焊接钢板进行质量检测时，会用到超声波检测。超声波在固体中的传输损失很小，探测深度大，但在异质界面上会发生反射、折射等现象，尤其是不能通过气－固界面。如

果金属中有气孔、裂纹、分层等缺陷（缺陷中有气体）或夹杂，超声波传播到缺陷的界面处时，其全部或部分声波会发生反射。反射回的超声波被探头接收后，通过仪器内部的电路处理，会在仪器的荧光屏上显示出不同高度和有一定间距的波形。工作人员可以根据波形的变化特征判断缺陷在工件中的深度、位置和形状。图 3-4 为使用超声波探头检测零件。

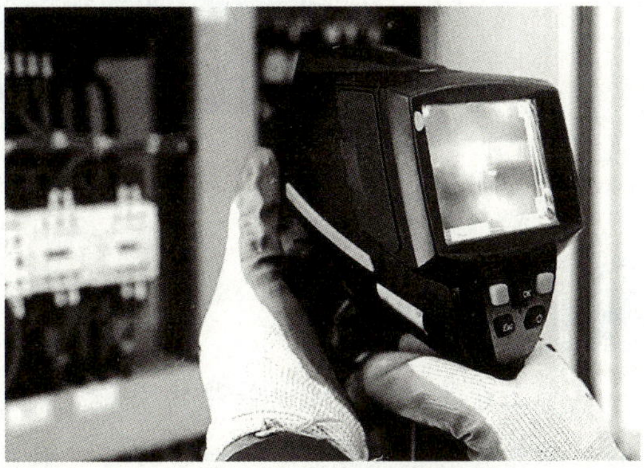

图 3-4　使用超声波探头检测零件

（二）磁粉检测的应用

在汽车的制造过程中，一部分零部件为锻钢件，如前桥、后桥、车架、变速箱、传动轴等。锻钢件的工艺过程一般为：下料→加热→锻造→探伤→热处理→探伤→机械加工→表面热处理→机械加工→最终探伤→成品。

多数锻钢件的形状都比较复杂，且经过上述加工工艺后，就容易产生各种性质的缺陷，如锻造裂纹、锻造折叠、淬火裂纹、磨削及矫正裂纹等。对这些零部件进行质量检测时要用到磁粉检测，即根据荧光磁粉呈现出的裂纹，分析该零部件是否符合出厂要求。

提示

大型锻钢件在进行磁粉检测时应注意以下两个问题。

（1）每次进行检测时都应有少量的重叠，并进行两次方向互相垂直的磁化和检测。

（2）喷洒磁粉不要太急、太快，否则会冲走已形成的干磁粉显示，或无法在缺陷处集聚磁粉。

任务实施

（1）使用超声波探伤仪对车身部件进行检测。选择适当的探头和频率，进行扫描，记录回波信号并分析焊接点或其他关键部位的内部结构。

（2）编写详细的检测报告，记录发现的缺陷位置、类型以及改进建议，并提出进一步的修复方案。

____

____

____

任务工单

报告撰写	1. 分析无损检测技术在提升汽车智能制造质量、生产效率和安全性方面的优势。 2. 提供实际应用案例，描述无损检测技术如何解决具体制造问题或提升生产工艺。
请在任务结束前完成最终报告的撰写和提交。 若遇到问题或需要支持，请及时联系任务负责人或相关专家。 任务负责人签字：____________ 任务审阅人签字：____________ 日期：____________	

任务四　工业物联网技术

任务描述

汽车工业物联网技术是指将物联网技术应用于汽车制造、销售、服务和管理等各个环节，以实现智能化、网络化和信息化的一种先进技术。通过在汽车上安装各种传感器、控制器和通信设备，可以实现车辆与车辆、车辆与基础设施、车辆与网络之间的互联互通，从而提高汽车的智能化水平和运营效率。

任务分析

通过对本任务的学习，学生能够了解工业物联网的核心技术、架构及其在汽车制造中的实际应用，掌握如何利用工业物联网技术提升汽车制造过程的智能化、自动化和数据驱动能力。

任务重点

工业物联网是物联网技术在制造企业或智能工厂中的具体应用。工业物联网技术可通过传感器技术、标识识别技术、图像视频技术和定位技术等感知技术，对物理世界进行感知识别，然后通过网络传输数据，对其进行计算、处理和知识挖掘，实现人与物、物与物信息的实时交互，以达到对物理世界实时控制、精准管理和科学决策的目的。

一、工业物联网技术概述

（一）工业物联网技术的特点

工业物联网技术主要有以下几个特点。

1. 感知全面

工业物联网技术可海量利用各类传感技术，将众多不同类型的感知标签和传感器部署在工业物联网上，使每个设备作为独立的信息源，按照一定的周期不断更新和实时采集周围环境信息。

2. 传递可靠

工业物联网技术的核心技术是互联网技术，工业物联网可采用有线与无线相结合的传输方式与互联网融合，实时并准确地将感知信息通过网络传递给相应对象。

3. 决策智能

工业物联网技术可利用云计算、数据处理、数据管理等智能计算技术，对实时收到的海量数据进行分析和处理，最终实现智能化决策和控制。

（二）工业物联网技术的优势

工业物联网技术集成了 RFID、传感器、无线网络、云计算等新技术，其发展极大地促进了制造业的信息化进程，有利于实现物与物、人与物之间信息的自动化交互与处理。工业物联网技术在制造业上的优势有以下四个方面。

1. 产品智能化

在产品中植入可被识别的元素，能实现产品功能的智能化。例如，在产品中植入 RFID 标签，可记录产品的静态信息，如出厂日期、编号、产品类型等；在产品中植入智能传感器，可记录设备运行数据、检测设备运行状态等，并通过网络将数据传输至后台信息系统中进行后处理。

2. 实时售后服务

企业通过工业物联网可获取全球范围内产品运行的状态信息，经过后台信息系统的分析、处理、反馈，能实时在线提供售后服务，服务水平得到提升。

3. 过程监控与管理

工厂可以通过工业物联网，采集生产设备的运行状态数据和产品的数量与质量数据，实现设备维护和生产控制，包括供需转换、工时统计、产品管理、产品质量在线监测、设备状况监测、能源使用监测等。

4. 物流管理智能化

在工厂内外的物流设备中植入 RFID 标签，能实现对产品位置、数量、交接的管理和控制，从而提高物流效率。同时，消费者也能对具有特殊储藏要求的货品进行在线监测与防伪溯源，实现了信息在真实世界和虚拟空间之间的智能流动。

（三）工业物联网的架构

工业物联网由感知层、网络层和应用层 3 部分组成，如图 3-5 所示。

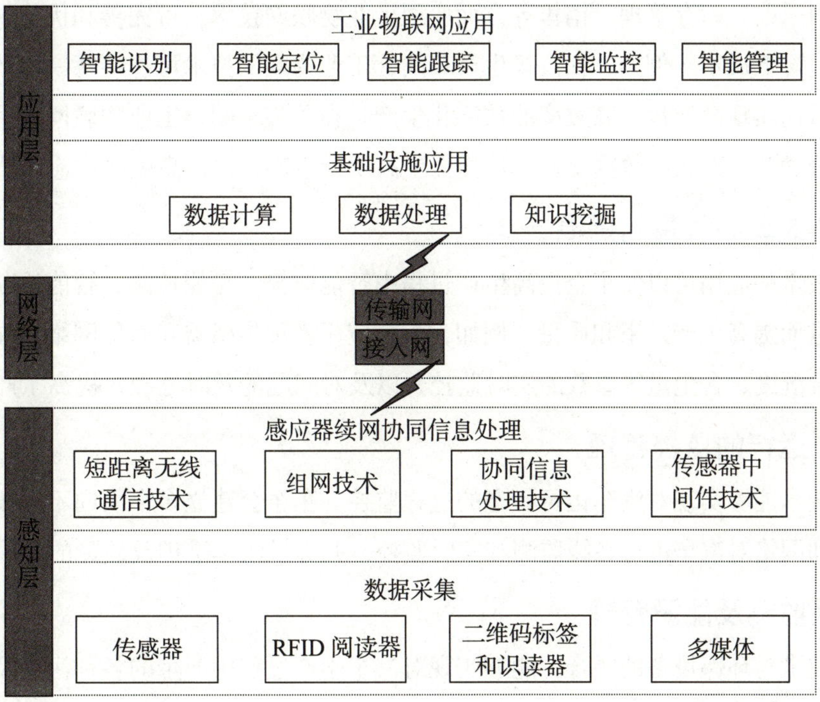

图 3-5　工业物联网的组成

1. 感知层

感知层位于最底层，是工业物联网整体架构的基础和核心，还是信息采集的关键部分。感知层由数据采集和感应器续网协同信息处理两个部分组成，可使企业随时随地获取物体的信息。基本的数据采集工具包括传感器、RFID 阅读器、二维码标签和识读器、多媒体等，感应器续网协同信息处理需要短距离无线通信技术、组网技术、协同信息处理技术和传感器中间件技术等。

2. 网络层

网络层位于中间层，相当于人的神经中枢系统。它负责将感知层获取的信息安全可靠地传输至应用层。网络层包含接入网和传输网，分别实现接入功能和传输功能。目前工业物联网的通信网络主要包括互联网、卫星通信网和有线电视网。因为网络层肩负着大量设备接入和庞大的数据传输，同时还需要满足较高的服务质量，所以对现有网络进行融合和扩展是非常有必要的，以实现更加广泛和高效的互联功能。

3. 应用层

应用层作为工业物联网的终端环节，主要包括基础设施应用和工业物联网应用两方面。它能够通过云计算平台对感知层采集的数据进行计算、处理和知识挖掘，从而实现智能化识别、定位、跟踪、监控和管理等的应用。

二、工业物联网技术在汽车智能制造中的应用

工业物联网技术是驱动汽车产业智能化的关键力量，在汽车智能制造中的应用主要表现在以下几个方面。

（一）供应链管理系统的优化

在企业原材料采购、库存管理、销售等方面应用工业物联网技术，可完善和优化供应链管理系统，提高供应链效率，降低成本。例如，在汽车生产车间，工业物联网技术可连接每一件产品、每一个流程和每一位员工，从而实现高质量、高效率的数字化生产。在总装车间，工业物联网技术可使控制中心与设备之间实现每分钟几十万次的数据交互，从而保证高质量生产，构建高效的供应链体系。

（二）生产效率和质量的提高

工业物联网技术的应用可以使车企提高生产过程中智能监控、智能控制、智能诊断、智能决策、智能维护的水平，进而提高生产效率和质量。例如，车企应用各种传感器和通信网络，在生产过程中实现了对加工环境的温湿度、含尘量等参数的实时监控，以及对问题的及时处理，提高了产品的生产质量。

（三）汽车运行的监控管理

工业物联网技术能够实现对汽车运行状态的远程监控。车企会建立多个面向不同车型的综合服务中心，通过传感器和网络对汽车进行在线监测和实时监控，并提供汽车维护及故障的解决方案。

（四）环保监测及能源管理

工业物联网技术与环保设备的融合，能够实现对汽车生产过程中产生的各种污染及污染治理的实时监控，防止意外发生。例如，在企业排污口安装无线传感设备，不仅可以实时监测企业排污数据，还可以远程关闭排污口，防止突发性环境污染事故的发生。

任务实施

选择一个实际的汽车制造企业或生产线，研究其是如何应用 RFID 技术的。例如，某汽车制造厂使用 RFID 进行零部件追踪和生产线管理的案例。最后撰写一份案例分析报告。

____

____

____

任务工单

报告撰写	1. 编写物联网技术如何助力汽车制造过程中质量控制的报告。 2. 提供实际应用案例，说明某汽车制造企业如何通过实施工业物联网技术解决实际问题或提升生产工艺。
请在任务结束前完成最终报告的撰写和提交。 若遇到问题或需要支持，请及时联系任务负责人或相关专家。 任务负责人签字：____________ 任务审阅人签字：____________ 日期：____________	

思政链接

中国一汽产出“硬核”成果

近几年来，在政府的大力支持下，中国一汽聚焦“关难急卡”等技术瓶颈，扎实推进技术攻关，专利授权量排名国内汽车行业第一，累计申请专利 9 511 件，其中发明专利 5 608 件，同比增长 196% 和 408%，累计突破关键核心技术 143 项。中国一汽始终坚持以全面的创新驱动为主线，围绕新能源、智能网联等新兴技术领域不断产出“硬核”成果。

在新能源方面，中国一汽乘用车全面实施新能源 xHEV、EV、FCV 三条技术路线，打造国际领先的纯电动乘用车平台、全系列节能和混合动力专用动力总成，新能源动力电池、电驱系统、系统控制等技术研发成果显著。

在智能网联方面，中国一汽将构建智驾、智控、智享三大技术平台。目前，红旗 L4 级自动驾驶车辆已在海南及湖南示范运营，且满分通过北京市自动驾驶商运牌照考试；解放 J7 达到 L4 级自动驾驶水平，在日照港、苏州高铁新城等固定区域实现商业运营。

这些创新成果成功转化投向市场，为吉林省汽车产业不断增添核心竞争力。一项项新技术也为吉林省汽车产业的未来发展开拓了崭新前景。在汽车产业集群的带动、集聚、引领、辐射作用下，吉林省众多上下游企业千帆竞发，驰骋在研发创新的赛道上。

2021 年 7 月，中国一汽富维创新研发中心项目开工，项目整体投资预计 10 亿元，在内外装饰件、座椅、内饰产品、照明系统、仪表、屏幕及被动安全产品等领域开展技术开发工程。

创新要素集聚，产业活力凸显。对掌握关键核心技术的执着，镌刻在中国一汽的成长基因里，成为其迈向高质量发展的坚实支撑。

项目小结

本项目主要介绍了射频识别技术、机器视觉技术、无损检测技术和工业物联网技术。首先介绍了射频识别技术如何通过无线信号自动识别目标并获取数据；其次介绍了机器视觉技术在自动化检测、产品质量控制等方面的巨大潜力；再次介绍了无损检测技术对于确保汽车制造的质量至关重要；最后介绍了工业物联网技术实现了设备间的互联互通，使得制造过程更加智能化和高效。通过对本项目的学习，读者能了解先进技术在提升汽车智能制造水平方面的重要作用。

课后练习

一、填空题

1. RFID 技术是自动识别技术的一种，它可通过__________方式进行非接触双向数据通信，并对记录信息的媒体进行读写，从而达到__________和__________的目的。

2. 机器视觉也称为__________，是指利用计算机对机器视觉设备采集的__________或者__________进行处理，从而实现对客观世界三维场景的感知、识别和理解。

3. 常规无损检测技术有超声波检测、__________、__________、__________、涡流检测等。非常规无损检测技术有__________、激光全息检测等。

4. 工业物联网技术具有__________、__________及决策智能的特点。

5. 工业物联网由__________、__________和应用层 3 部分组成。

二、问答题

1. RFID 技术的特点有哪些？

2. 机器视觉系统的关键技术有哪些？

3. 什么是 NDT 检测技术？

4. 工业物联网技术在汽车智能制造中的应用有哪些？

项目四 汽车智能制造加工技术

项目导读

在汽车智能制造的过程中，加工技术的先进水平代表了汽车制造业的发达程度。先进加工技术的普及和应用可以有效改善劳动条件、提高生产率和生产质量、降低制造成本。本项目主要介绍工业机器人技术、三维打印技术、数控加工技术及精密与超精密加工技术。这些技术的应用使得汽车制造过程更加智能化、高效化和精准化，能够满足汽车制造业对质量、效率和定制化的不断提升的需求。

学习目标

知识目标

1. 了解工业机器人的定义、分类和应用。
2. 掌握三维打印技术的原理和应用领域。
3. 了解数控加工技术的基本原理和应用。
4. 了解精密与超精密加工技术的原理和应用。

能力目标

1. 能够总结出工业机器人技术、三维打印技术、数控加工技术、精密与超精密加工技术的特点。
2. 能够总结出不同加工技术在汽车智能制造中的应用。

素质目标

1. 培养学生的数据分析和判断能力，提高方案设计的准确性。
2. 培养学生的创新思维、自主学习和不断探索的精神。

思政目标

1. 参与智能制造加工技术的项目实践和团队合作，锻炼团队协作能力和沟通协调能力。
2. 将工匠精神融入学习和工作中，努力成为高素质技术技能人才，为提升汽车制造品质贡献力量。

任务一　工业机器人技术

任务描述

随着科学技术的进步，在汽车智能制造过程中所用到的加工技术也在不断地更新。为了更深入地了解当前汽车智能制造中用到的加工技术，全班同学分组开展“应用举例”活动。每个小组通过查阅资料，获取最新加工技术的应用视频。每组选择 3 个视频进行讲解，视频内容要涵盖本任务所讲的加工技术。每组讲解时间不超过 10 分钟。

任务分析

工业机器人技术是综合了计算机、控制论、机构学、信息和传感技术、人工智能、仿生学等多学科而形成的高新技术。工业机器人的应用情况是一个国家工业自动化水平的重要标志。通过对本任务的学习，学生能够了解工业机器人技术的相关知识。

任务重点

工业机器人技术

一、工业机器人概述

汽车智能制造离不开智能装备，智能装备中应用得比较广泛的为工业机器人。1987 年，国际标准化组织对工业机器人进行了定义：“工业机器人是一种具有自动控制操作和移动功能，能完成各种作业的可编程操作机。”综合来说，工业机器人是面向工业领域的多关节机械手或多自由度的机械装置，由机械系统、驱动系统、控制系统和感知系统构成。它能自动执行动作，靠自身的动力和控制能力实现各种设定的功能。

（一）工业机器人的特点

工业机器人的显著特点为可重复编程、拟人化、安全性高、易于管理、应用领域广泛、技术综合性强等。

1. 可重复编程

工业机器人可随其工作变化的需要进行再编程，能在小批量、多品种的柔性制造过程中发挥很好的功用。工业机器人是柔性制造系统的一个重要组成部分。

2. 拟人化

工业机器人的机械结构类似于人体的结构，如具有腰、臂、腕、手等，并由计算机控制其运动。此外，工业机器人中还有很多类人的生物传感器，如皮肤接触传感器、力传感器、负载传感器、视觉传感器、声音传感器等。这些传感器提高了工业机器人对周围环境的适应性。

3. 安全性高

工业机器人可以解决很多安全方面的问题。例如，由于个人原因（如不熟悉工作流程、工作疏忽、疲劳工作等）导致的生产安全隐患，都可避免。

4. 易于管理

工业机器人可以 24 h 循环工作。生产线换用工业机器人生产后，企业只需留下少数员工对工业机器人进行维护作业即可。这比管理员工简单很多。

5. 应用领域广泛

工业机器人与自动化成套装备是生产过程的关键设备，可用于制造、安装、检测、物流等环节，能广泛应用于汽车、工程机械、轨道交通、军工、冶金、医疗、食品等行业，应用领域非常广泛。

6. 技术综合性强

工业机器人集中并融合了多项技术，如微电子技术、计算机技术、机电一体化技术、机器人动力学及仿真、有限元分析、智能测量、建模加工一体化及精细物流等，不仅具有获取外部环境信息的能力，还具有记忆、语言理解、图像识别、推理判断等人工智能，技术综合性强。

（二）工业机器人的基本组成

一台完整的工业机器人由以下 4 部分组成，分别为机械系统、驱动系统、控制系统和感知系统。它们之间的关系如图 4–1 所示。

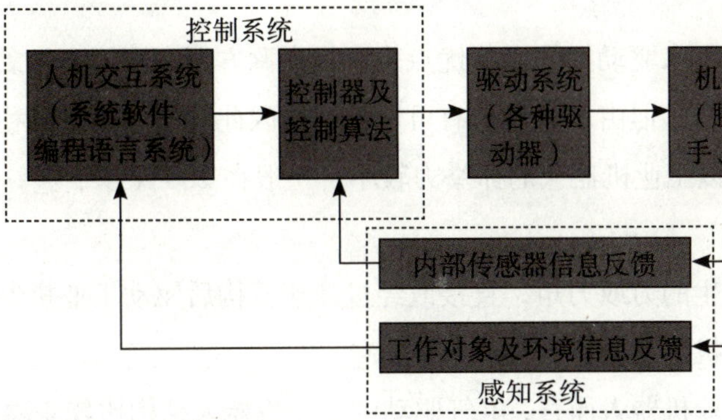

图 4–1　工业机器人各组成部分之间的关系

1. 机械系统

机械系统是完成各种作业的执行机构，由一系列连杆、关节和其他形式的运动副组成，可实现各个方向的运动。它包括基座、腰、臂、腕和手等部分。

（1）基座

基座是工业机器人的基础部分，整个机械系统和驱动系统都安装在基座上。有时为了能够使工业机器人完成较远距离的操作，基座上还可以增加行走机构，行走机构多采用滚轮式或履带式，行走方式分为有轨与无轨两种。

（2）腰

腰是臂的支撑部分，根据机械系统的不同，腰可以是在基座上转动的，也可以和基座做成一体。有时腰也可以通过导杆或导槽在基座上移动，从而增大工作空间。

（3）臂

臂是机械系统中的主要运动部件，用来支撑腕和手，并使它们在工作空间内运动。为使手能达到工作空间内的任意位置，臂至少应具有三个自由度。

（4）腕

腕是连接臂与手的部件，用于调整手的方向和姿态。

（5）手

手是末端执行器，一般用来执行工业机器人的主要功能。它可以是用于抓取、搬运的手爪，用于喷漆的喷枪，用于焊接的焊枪、焊钳，用于打磨的砂轮，或用于检测的测量工具等。

2. 驱动系统

驱动系统是指驱动机械系统运动的驱动装置，这些驱动装置大多安装在运动的部件上，所以其应结构紧凑、重量轻、惯性小、工作平稳。

根据动力源的不同，驱动系统的驱动方式可分为液压驱动、气压驱动和电气驱动 3 种。

（1）液压驱动方式

液压驱动的工业机器人具有较强的抓举能力，其作用力可高达上千牛，且可以达到较高的位置精度。但液压驱动对密封性和精度的要求都很高，且油液的黏度会随温度变化而变化，因此这类工业机器人不宜在高温或低温的环境中工作。

（2）气压驱动方式

气压驱动的工业机器人以压缩空气来驱动操作。其优点是空气来源方便，压缩空气黏度小，且气动元件的工作压力低、结构简单、成本低。但由于空气具有可压缩性，因此其工作速度的稳定性较差，且气源压力一般只有 0.6 MPa 左右，所以工业机器人的抓举力较小，一般在 200 N 以下。

（3）电气驱动方式

电气驱动是指利用各种电动机产生的力或力矩，直接或经过减速机构后驱动工业机器人。电气驱动可以分为直流电动机驱动和交流电动机驱动。

相对于液压驱动和气压驱动的工业机器人而言，电气驱动的工业机器人结构比较紧凑、简单。目前，越来越多的工业机器人采用电气驱动方式，不仅因为电动机品种较多，为工业机器人的设计提供了更多选择，还因为电动驱动可以运用多种灵活的控制方式，也可实现对工业机器人的灵活控制。

3. 控制系统

控制系统的任务是根据工业机器人的作业指令及传感器的反馈信号，控制工业机器人的机械系统，使其完成规定的运动和功能。该部分主要由人机交互系统和控制算法等组成。该部分的作用相当于人的大脑，具有示教功能、坐标设置功能、与外围设备联系的功能、位置伺服功能等。

（1）示教功能

控制系统可实现离线编程、在线示教及间接示教等功能。在示教过程中，它可存储作业顺序、运动方式、运动路径和速度、与生产工艺相关的信息等。在再现过程中，它能控制工业机器人按照示教的加工信息自动执行特定的作业。

（2）坐标设置功能

控制系统可设置关节坐标、绝对坐标、工具坐标及用户坐标 4 种坐标系，用户可根据作业要求选用不同的坐标系并进行各坐标系之间的转换。

（3）与外围设备的联系功能

控制系统设有输入 / 输出接口、通信接口、网络接口、同步接口和人机互动接口，方便与外围设备取得联系。此外，它还具有视觉、听觉、触觉、力觉（力矩）等多种传感器接口。

（4）位置伺服功能

控制系统可实现运动控制、速度与加速度控制、力控制及动态补偿等功能。在运动过程中，它还可以实现状态监测、故障自诊断、安全保护等功能。

4. 感知系统

感知系统由内部传感器和外部传感器组成，其作用是获取工业机器人内部和外部的环境信息，并将这些信息反馈给控制系统。其中，内部传感器用于检测各关节的位置、速度等变量；外部传感器用于检测工业机器人与周围环境之间的一些状态变量，如距离、接近程度和接触情况等，便于工业机器人识别物体并做出相应处理。外部传感器可使工业机器人以灵活的方式对它所处的环境做出反应，并赋予机器人一定的智能。

（三）工业机器人的工作原理

工业机器人实际上是一个典型的机电一体化系统，其工作原理为：控制系统发出动作指令，控制驱动器的动作，驱动器带动机械系统运动，使末端执行器到达空间某一位置并实现某一姿态，执行既定的指令。工作过程中，末端执行器在空间的实时位姿由感知系统反馈给控制系统，控制系统将实时位姿与目标位姿相比较，发出下一个动作指令。如此循环，直到完成作业任务为止。

二、工业机器人的分类

工业机器人有多种分类方法，比较常见的有按控制方式分类、按坐标系特点分类、按作业用途分类和按编程方式分类等。

（一）按控制方式分类

工业机器人按照控制方式的不同，可分为以下 4 类。

1. 点位控制工业机器人

点位控制工业机器人是指其控制系统只能控制工业机器人从一个特定点移动到另一个特定点，而无法控制其移动路径的工业机器人。

2. 连续轨迹控制工业机器人

连续轨迹控制工业机器人是指能够严格按照预定的轨迹和速度在一定精度范围内运动的工业机器人，其速度可控、轨迹光滑、运动平稳。例如，工业机器人在进行装配、抓放物体等工作时，除了要准确定位之外，还要使用适当的力度，连续平稳地进行工作。

3. 可控轨迹工业机器人

可控轨迹工业机器人是指其控制系统能够根据要求，精确地计算出直线、圆弧、内插曲线或其他轨迹，并能按既定轨迹进行运动的工业机器人。在轨迹中的任意一点，工业机器人都可以达到较高的运动精度。

4. 智能控制工业机器人

智能控制工业机器人可以通过某些方式（如智能传感器）感知自己的运动位置，并将所感知的位置信息反馈给控制系统以控制自身的运动。

（二）按坐标系特点分类

工业机器人按照坐标系特点的不同，可分为直角坐标型工业机器人、圆柱坐标型工业机器人、极坐标型工业机器人和关节坐标型工业机器人。

1. 直角坐标型工业机器人

直角坐标型工业机器人如图 4-2（a）所示，其三个关节都是移动关节，关节轴线相互垂直，相当于空间直角坐标系的 x 轴、y 轴和 z 轴，作业范围是立方体状的。其优点是刚度好、位置精度高、运动学求解简单、控制无耦合、稳定性好。但其结构较庞大、动作范围小、灵活性差且占地面积较大。这种工业机器人适用于大负载的搬运作业。例如，在大型建筑施工场地中，搬运大型材料的大型龙门式或框架式结构的装置。

2. 圆柱坐标型工业机器人

圆柱坐标型工业机器人有两个移动关节和一个转动关节，作业范围为圆柱体，如图 4-2（b）所示。其特点是位置精度高、运动直观、控制简单、结构简单、占地面积小、价格低廉，因此应用广泛，但其不能抓取靠近立柱或地面的物体。

3. 极坐标型工业机器人

极坐标型工业机器人具有一个移动关节和两个转动关节，作业范围为空心球体，如图 4-2（c）所示。其优点是结构紧凑、动作灵活、占地面积小。但其结构复杂、定位精度低、运动直观性差。

4. 关节坐标型工业机器人

关节坐标型工业机器人具有拟人的机械机构，由立柱、大臂和小臂组成。它具有三个转动关节，分别为一个转动关节和两个俯仰关节，作业范围为空心球体，如图 4-2（d）所示。其优点是作业范围大、动作灵活性高、可抓取靠近机身的物体。

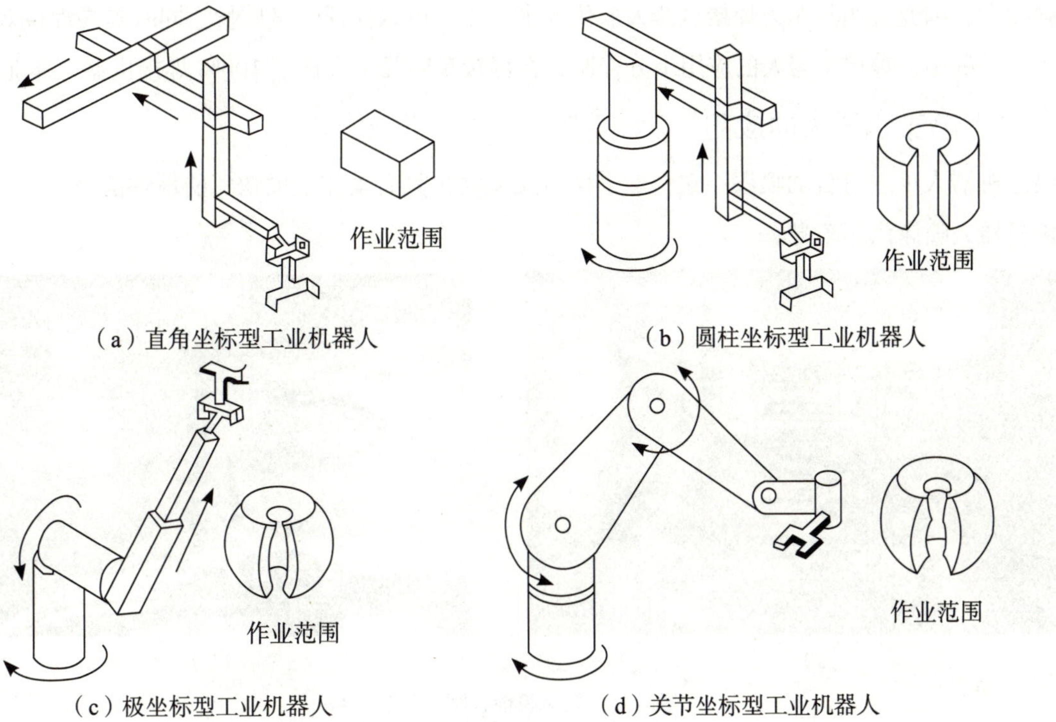

图 4-2　不同坐标系的工业机器人

（三）按作业用途分类

工业机器人按作业用途的不同，可分为焊接机器人、搬运机器人、喷漆机器人、涂胶机器人和装配机器人等。

（四）按编程方式分类

工业机器人按控制系统编程方式的不同，可分为直接示教工业机器人和离线示教（或离线编程）工业机器人。

1. 直接示教工业机器人

示教器是与控制系统相连接的一种手持装置，用以对工业机器人进行编程或使之运动。直接示教工业机器人能通过人直接操作工业机器人的末端执行器，或用示教器将指令传输给驱动系统使工业机器人完成预定的动作。

2. 离线示教工业机器人

离线示教工业机器人是指人脱离实际工作环境，在计算机上进行编程，再将编制好的程序传输给工业机器人的控制系统，进而控制工业机器人的运动。

三、工业机器人技术在汽车智能制造中的应用

工业机器人在汽车智能制造中应用广泛，以下根据工业机器人用途的不同，举例说明工业机器人在汽车智能制造中的应用。

（一）焊接机器人的应用

由于工业机器人具有精准度高、抗干扰、抗疲劳等特点，且焊接工作精细度要求高、工作环境较差、

劳动强度大，因此应用其作为焊接机器人取代人工焊接，可以保证焊接质量，同时提高焊接效率。在汽车的生产过程中，焊接机器人的应用十分普遍，在焊接车间几乎实现了100%焊接机器人作业。

（二）喷涂机器人的应用

喷涂机器人可进行自动喷漆。它一般采用液压驱动，具有动作速度快、防爆性能好等特点。图4-3为喷涂机器人喷涂汽车车身。

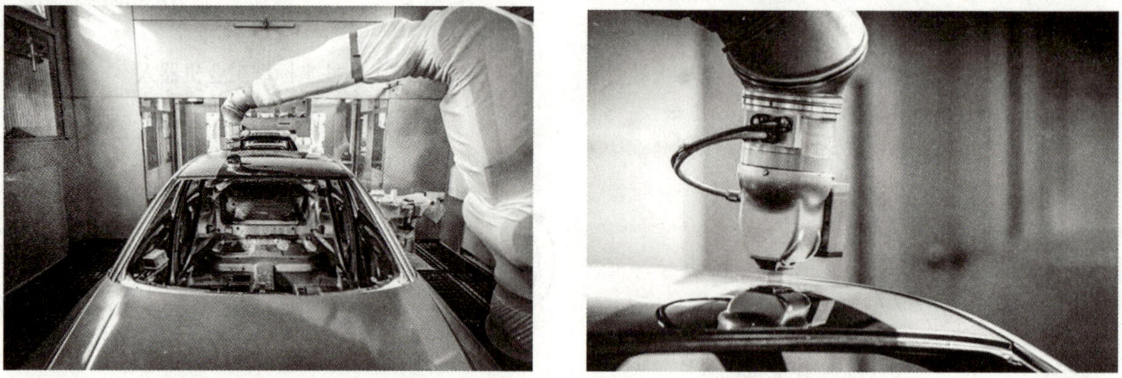

（a）　　（b）

图4-3　喷涂机器人喷涂汽车车身

在车身喷涂作业中使用喷涂机器人具有以下优点。

（1）柔性大，工作范围大，可实现多种车型的混线生产，如轿车、旅行车、皮卡等车身混线喷涂。

（2）能提高喷涂质量和材料使用率。

（3）易于操作和维护，可离线编程，大大缩短现场调试时间。

（4）设备利用率高，喷涂机器人的利用率可达90%～95%。

（三）装配机器人的应用

装配机器人可以完成汽车生产线上一些零部件的装配和拆卸工作。使用装配机器人可以保证汽车的装配质量、降低成本、提高自动化水平。装配机器人是柔性自动化装配系统的核心设备，具有精度高、柔性好、工作空间小、能与其他系统配套使用等特点。

（四）搬运机器人的应用

搬运机器人应用在汽车智能制造的生产线上，一般用于机床上下料、自动装配流水线、车间原材料的码垛搬运等场合，可实现一系列工作的自动化，不仅能有效地解放劳动力，而且能提高搬运工作的实际效率。

任务实施

（1）全班同学分成若干组，每组5～6人，并选出一名小组长。小组长分配小组成员完成收集资料、选择代表性图片或视频、制作PPT、讲解汇报等任务。具体执行过程可填写在下方的横线处。

（2）将本次任务中遇到的问题、得到的经验等填写在下方的横线处。

____

____

____

任务工单

报告撰写	1. 分析工业机器人在汽车焊接和组装工艺中的应用。 2. 探讨工业机器人在汽车喷涂和涂装过程中的应用，如何保证涂层质量和均匀性。
请在任务结束前完成最终报告的撰写和提交。 若遇到问题或需要支持，请及时联系任务负责人或相关专家。 任务负责人签字：__________ 任务审阅人签字：__________ 日期：__________	

任务二　三维打印技术

任务描述

相对于传统的材料去除（切削加工）技术，三维打印技术是一种自下而上的累加材料的制造方法，是一种从无到有的制造模式。在汽车设计阶段，使用三维打印技术快速制造原型部件和模型，验证设计概念和功能，减少开发周期和成本；通过三维打印制造小批量定制零部件，满足特定要求，如个性化配置或小规模生产，降低生产成本和时间；利用三维打印制造生产线上的工具、夹具和模具，提高生产效率，减少工具制造时间和成本。在汽车维护和维修过程中，通过三维打印技术生产替换零部件和修复部件，延长车辆使用寿命，降低维修成本。

任务分析

本任务主要介绍三维打印技术在汽车智能制造中的应用。通过对三维打印技术的详细了解，学生将掌握其操作流程和实际应用场景，尤其是如何在汽车制造中利用三维打印技术提升生产效率和产品质量，从而提升汽车制造的灵活性和效率。

任务重点

一、三维打印技术概述

三维打印技术也称为增材制造技术，它融合了光学、电气、CAD、材料加工与成型等技术，以数字模型文件为基础，可通过软件与数控系统将专用的金属材料、非金属材料或医用生物材料，按照挤压、烧结、熔融、光固化、喷射等方式逐层堆积，制造出实体物品。

（一）三维打印技术的原理

三维打印技术采用离散、堆积原理，先通过 CAD 软件设计或扫描建立三维模型，并根据一定的坐标轴将三维模型分层切片，得到各层界面的轮廓；将分层后的数据进行一定的处理后，输入加工参数并生成数控代码；然后在计算机的控制下，以平面加工方式有序地连续加工，形成各截面轮廓，并使它们自动黏结成立体原型；最后经过后续处理得到所需要的零件。三维打印的基本步骤如图 4-4 所示。

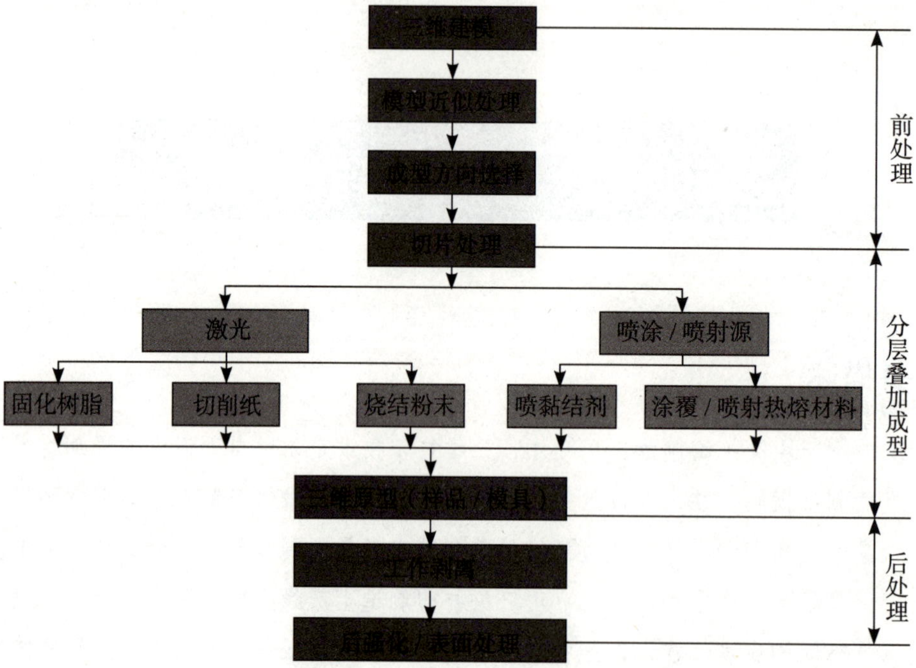

图 4-4　三维打印的基本步骤

（二）三维打印技术的特点

三维打印技术具有数字制造、分层制造、直接制造、快速制造等特点。

1. 数字制造

三维打印技术可借助 CAD 等软件将产品结构数字化，进而驱动机器设备进行打印。数字化文件还可以借助网络进行传递，实现异地分散化制造的生产模式。

2. 分层制造

分层制造是将三维结构的物体先分解为二维层状结构，然后通过机器逐层打印形成三维实体。从原理上讲，利用三维打印技术可以制造出任何复杂的结构，且制造过程更加柔性化。

3. 直接制造

任何难成型的实体均可通过三维打印技术一次性直接制造出来，且不需要经过组装拼接等复杂过程。因此三维打印可以制造出传统工艺方法难以加工，甚至无法加工的结构，同时大大缩短了复杂零件的制造周期和成本。

4. 快速制造

三维打印技术工艺流程短、全自动、可实现现场制造，因此其制造过程更快速、更高效，不需要刀具、模具，所需工时、夹具也大幅度减少。它可以使零件的整体制造周期大大缩短。

二、三维打印技术的基本工艺

根据材料成型原理的不同，三维打印技术的基本工艺可分为光固化成型工艺、熔融沉积成型工艺、激光选区烧结工艺和叠层实体制造工艺。

（一）光固化成型工艺

光固化成型（stereo lithography apparatus，SLA）也称为立体光刻印刷，是最早实用化的快速成型技术。它以光敏树脂为原料，通过计算机控制紫外激光使光敏树脂逐层凝固成型。这种方法能简捷、全自动地制造出表面质量和尺寸精度较高、几何形状较复杂的原型。

1. SLA 工艺的原理

图 4–5 为 SLA 工艺的原理。三维打印机上有一个盛满液态光敏树脂的液槽，激光器在控制设备的控制下发出特定波长与强度的激光束，按零件的各分层截面信息在光敏树脂表面进行逐点扫描；被扫描区域的树脂薄层吸收能量后，产生光聚合反应，按由点到线、由线到面的顺序凝固，完成一个薄层的作业；然后升降台下降一个薄层的高度，进行下一层的扫描，新固化的光敏树脂会黏结在前一层上，如此反复，直到整个原型制造完成；取出原型并去掉支撑，进行清洗，完成原型的后处理，即可获得零件。

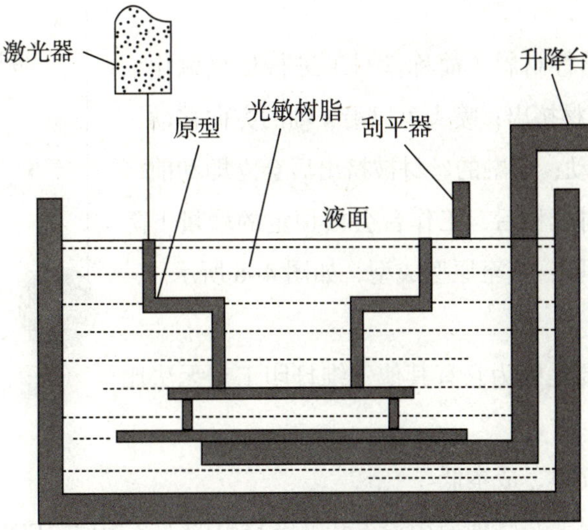

图 4–5　SLA 工艺的原理

2. SLA 工艺的特点

经过多年的发展，SLA 工艺已经日益成熟可靠。SLA 工艺具有以下几个优点。

（1）成型精度高，可以达到微米级别。

（2）表面质量优良，比较适合成型结构十分复杂、尺寸比较精细的零件。

（3）成型速度快，系统工作相对稳定。

（4）可以直接制作面向熔模精密铸造，具有中空结构的零件。

（5）制作的原型可以在一定程度上替代塑料件。

（6）材料利用率极高，接近 100%。

此外，SLA 工艺也具有以下几个缺点。

（1）设备造价昂贵，维护成本较高。

（2）成型零件为树脂类零件，材料价格贵，强度、刚度、耐热性有限，不利于长期保存。

（3）光敏树脂对环境有污染，会使人皮肤过敏。

（4）成型时需要支撑件，去除支撑件时容易破坏成型零件。

（5）在光固化成型后的原型中，光敏树脂并未完全固化，所以一般都需要二次固化。

知识拓展

熔模精密铸造工艺

熔模精密铸造是指用蜡做成模型，在模型外表包裹多层黏土、黏结剂等耐火材料，然后加热使蜡熔化流出，从而得到由耐火材料形成的空壳，再将金属熔化后灌入空壳，待金属冷却后将耐火材料敲碎得到金属零件。这种金属的加工工艺也称为熔模铸造或失蜡铸造。

（二）熔融沉积成型工艺

熔融沉积成型（fused deposition modeling，FDM）又称为熔丝沉积成型，是最常见的一种同步送料型工艺，应用比较广泛。

1. FDM 工艺的原理

三维打印机将丝状的热熔性材料（简称丝材）进行加热融化，使用带有细微喷嘴的喷头将丝材挤出；喷头可以沿 x 轴的方向移动，工作台则沿 y 轴和 z 轴方向移动；熔融的丝材被挤出后会立即和前一层材料黏结在一起；一层材料沉积后，工作台会按预定的增量下降一层的高度，然后重复以上步骤，直至原型成型，如图 4-6 所示。

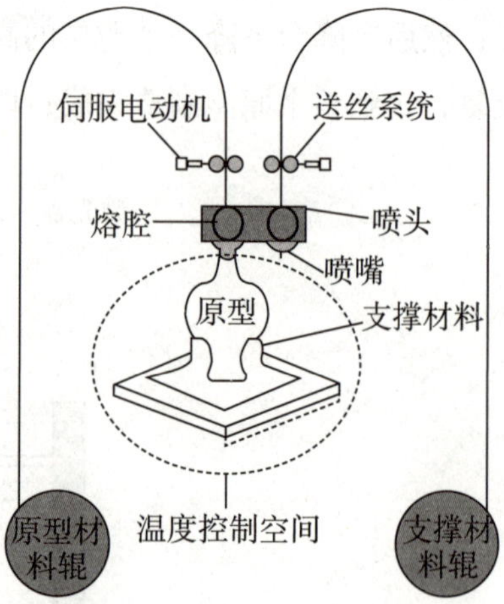

图 4-6 FDM 工艺的原理

2. FDM 工艺的特点

FDM 工艺发展迅速，主要是因为它有其他三维打印工艺无法比拟的优点，具体内容如下。

（1）不使用激光，维护简单，成本低。

（2）丝材清洁，更换容易。与其他使用粉末和液态材料的工艺相比，FDM 工艺使用的丝材不会引起粉末或液体污染，且不产生垃圾。

（3）工艺简单，易操作，后处理时仅需几分钟即可剥离支撑。

（4）可以成型任意复杂程度的零件，常用于成型具有复杂内腔或孔的零件。

（5）原材料利用率高，且制件使用寿命长。

（6）采用多种喷头时，可将多种材料融入同一实体中。

FDM 工艺还有以下几个缺点。

（1）成型精度不高，约为 0.1 mm。

（2）原型表面平整度较差。由于 FDM 制品是由一定厚度的丝材逐层黏结堆积而成的，因此其不可避免地会产生台阶（阶梯）效应，即表面有较明显的条纹，后续需要抛光处理。

（3）由于成型时间长，制作大型薄板件时易发生翘曲变形。原型沿成型轴方向的强度比较弱，易开裂。

（三）激光选区烧结工艺

激光选区烧结（selective laser sintering，SLS）也称为选择性激光烧结。SLS 是利用粉末材料（金属或非金属）在激光照射下烧结的原理，使粉末材料在计算机控制下层层堆积成型的一种工艺。理论上任何可溶粉末都可以用来制造真实的原型。

1. SLS 工艺的原理

图 4-7 为 SLS 工艺的原理。三维打印机工作时，铺料辊先将粉末材料平铺在工作台上，激光器按照设定好的信息，有选择地在其上扫描；粉末材料在高强度的激光照射下被烧结；然后工作台下降一层的高度，铺料辊在上面再铺上一层均匀密实的粉末材料，进行新一层截面的烧结，并与下面已成型的部分黏结；如此循环直至完成整个原型。

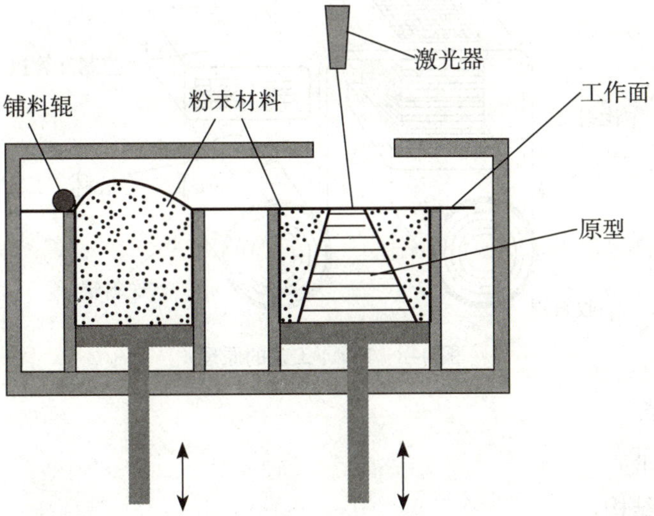

图 4-7　SLS 工艺的原理

2. SLS 工艺的特点

SLS 工艺的优点如下。

（1）可用材料十分广泛。从原理上讲，SLS 工艺可采用加热时黏度较低的任何粉末材料，制造出各种实体，以适应不同的需要。

（2）精度高。依赖于使用的材料种类和粒径、产品的几何形状和复杂程度，该工艺一般能够达到 0.05 mm 的尺寸公差。

（3）无须支撑结构。叠加过程中出现的悬空层面可直接由未烧结的粉末进行支撑。

（4）材料利用率高。由于 SLS 工艺不需要支撑结构，不会出现工艺废料，材料利用率可达 100%。

除了上述优点外，SLS 工艺还具有以下几个缺点。

（1）获得的原型内部结构疏松、多孔、有内应力，表面质量差。

（2）陶瓷、金属原型的后处理较复杂。

（3）成型过程能量消耗较大，且高分子材料或粉粒在激光烧结熔化时会产生有害气体，污染环境。

（四）叠层实体制造工艺

叠层实体制造（laminated object manufacturing，LOM）是利用背面带有粘胶的纸材相互黏结成型，得到原型零件的一种工艺。

1. LOM 工艺的原理

如图 4–8 所示，三维打印机工作时，送料辊将背面涂有热熔胶的纸材送至工作台，激光器按照计算机提取的截面轮廓数据，用激光切割出该层截面的轮廓，切割完一层后，工作台下降一层的高度，送料辊将新一层的纸材叠加上，热压辊将新纸材与已切割层黏结在一起，然后激光器再次进行切割，如此反复操作，最终得到所需的原型。

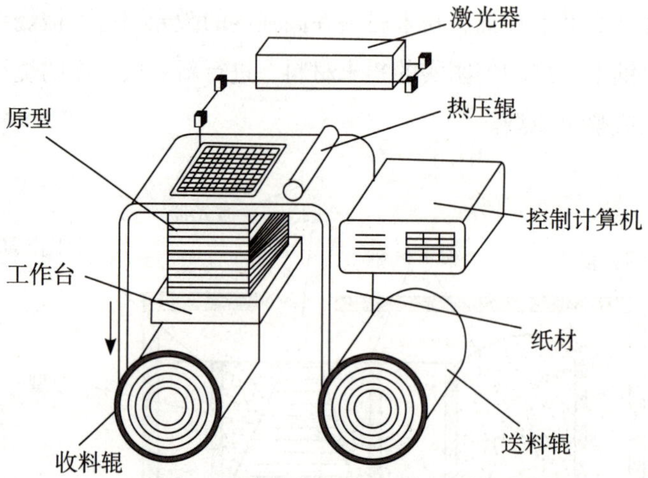

图 4–8　LOM 工艺的原理

2. LOM 工艺的特点

LOM 工艺的优点如下。

（1）无须构建支撑结构。

（2）原型具有较高的硬度和较好的力学性能，可进行各种切割加工。

（3）成型速度快，成型后废料易剥离，无须固化处理工序，常用于加工内部结构简单的大型零件。

（4）原材料价格低，制造成本较低。

LOM 工艺的缺点如下。

（1）有激光消耗，设备运行维护费用高。

（2）工件表面有台阶纹，难以构建形状精密、多曲面的零件，仅限于构建结构简单的零件，且原型的抗拉强度和弹性较低。

（3）可实际应用的原材料种类较少，目前常用的材料有纸、金属薄膜、陶瓷膜等。

三、三维打印技术在汽车智能制造中的应用

三维打印技术已广泛应用于汽车制造领域，它适合于多品种、小批量、结构复杂的零件制造，可使汽车制造更智能化，并且随着这一技术的发展，其应用范围将不断拓展。以下主要介绍三维打印技术在现阶段汽车智能制造领域的应用。

（一）制造工艺与装配的检验

三维打印可以较精确地制造出汽车零件中的任意结构细节。借助三维打印的实体模型和设计文件，可有效指导零件的工艺设计，并能对产品进行装配检验，以避免结构和工艺设计错误。

（二）汽车零件的直接制造

三维打印技术可用于制造汽车内外饰零件，如仪表盘、转向盘、操纵杆、保险杠、车灯等。此外，三维打印技术还适合小尺寸零件的批量生产，如电动机的绝缘片、接线端子、紧固件和螺钉等。

（三）汽车模具的快速制造

模具是汽车制造业重要的基础工艺装备，其结构复杂、制造精度高、可靠性高、使用要求高。传统的汽车模具制造，往往生产时间长、成本高。将三维打印技术应用于汽车模具制造，可大大缩短汽车模具的开发周期，提高生产效率，还有助于提高精密模具的数字化、智能化制造水平。

三维打印技术在模具制造方面可分为直接制模和间接制模两种。直接制模是采用三维打印技术直接堆积制造出模具；间接制模是先快速制出成型零件，再由零件得到所需要的模具。

任务实施

选择一个具体的汽车制造企业，研究其如何应用三维打印技术生产零部件（例如，某品牌利用三维打印生产汽车内饰件或定制工具）。识别在实施过程中遇到的挑战和问题，并分析其原因。

____

____

____

任务工单

报告撰写	1. 分析不同三维打印工艺中使用的主要材料及其各自的特性和应用。 2. 提供具体汽车制造企业使用三维打印技术的案例，说明其应用效果、解决的问题和取得的成果。
请在任务结束前完成最终报告的撰写和提交。 若遇到问题或需要支持，请及时联系任务负责人或相关专家。 任务负责人签字：__________ 任务审阅人签字：__________ 日期：__________	

任务三 数控加工技术

任务描述

在21世纪的今天，科技的飞速发展正在不断地重塑人们的生活，而其中，数控加工技术无疑扮演着至关重要的角色。数控加工技术以其高效、精确和灵活的特性，已经成为现代制造业的基石，广泛应用于从航空航天到汽车制造，再到医疗器械等各个领域。数控加工技术是现代制造业的一把锐利工具，它以高效、精确和灵活的特性，推动了制造业的创新和发展。

任务分析

本任务旨在介绍数控加工技术的基本概念和工艺，深入了解数控机床的结构与功能，并探讨数控加工技术在汽车智能制造中的实际应用。通过对数控加工技术的学习和分析，学生能够掌握数控加工的核心要素，并了解如何将该技术应用于汽车制造中，以提高生产效率和加工精度。

任务重点

一、数控加工技术概述

数控又称为计算机数控（computer numerical control，CNC），在机床领域指用通用或专用计算机对机床的运动及加工过程进行控制的一种自动化技术。其控制对象一般是位置、角度和速度等机械量，但也有温度、流量和压力等物理量。

数控机床是一种通过数控系统（即计算机）来实现自动加工的机床，或者说是装备了数控系统的机床。它是一种技术密集度及自动化程度很高的机电一体化加工设备，是数控技术与机床相结合的产物。

数控加工技术是指在数控机床上自动加工零件的一种工艺方法。使用数控机床加工零件时，先将编好的程序输入到数控系统中，再由数控系统控制机床主运动的变速、启停，进给运动的方向、速度和位移大小，以及刀具的选择与安装、工件的夹紧与松开、冷却润滑液的启停等，最后使刀具、工件及其他辅助装置严格地按照数控系统规定的顺序、路径和参数进行工作，从而加工出形状、尺寸与精度均符合要求的零件。

（一）数控加工技术的流程

数控加工技术的流程主要包括以下内容，如图4–9所示。

（1）选择并确定要数控加工的零件。

（2）对零件图样进行数控加工的工艺分析。

（3）设计数控加工工艺。

（4）编写数控加工程序。编程时，需对零件图样进行数学处理。

（5）将数控加工程序导入数控系统。

（6）数控加工程序的校验与修改。

（7）首件试加工与现场问题处理。

（8）数控加工技术文件的定型与归档。

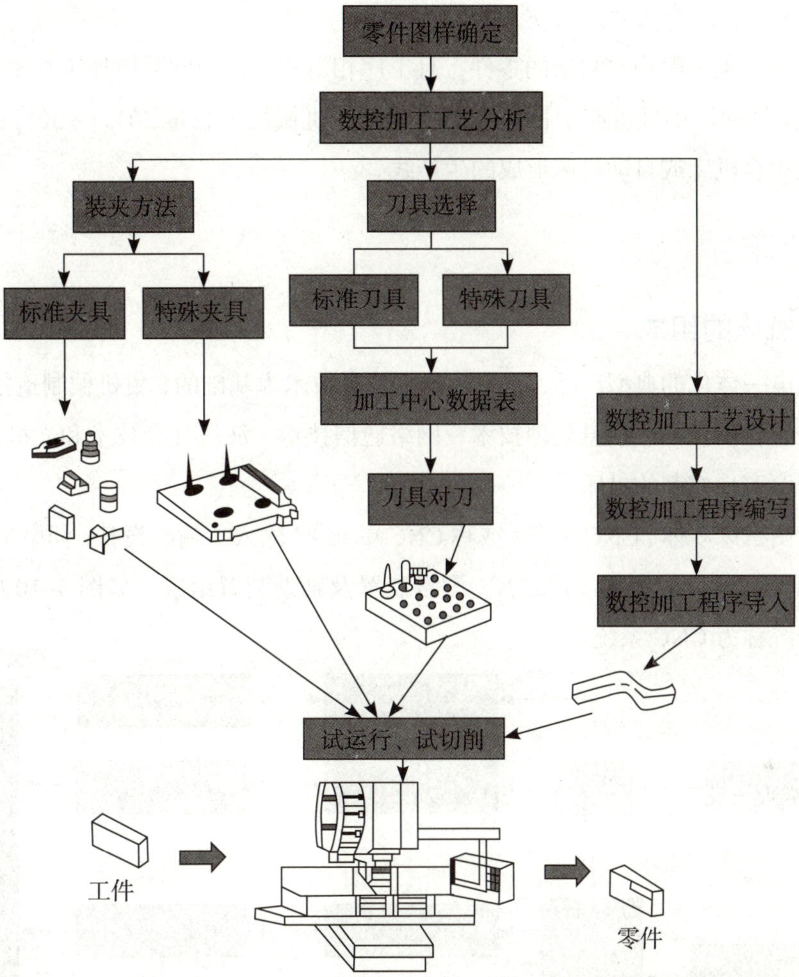

图 4-9　数控加工技术的流程

（二）数控加工技术的特点

数控加工技术与普通机床加工技术相比，具有以下特点。

1. 工艺的内容十分具体

进行数控加工时，设计数控加工工艺要认真考虑，而且必须设置在数控加工程序中。对于普通机床加工，许多具体的工艺问题无须在编制加工程序时过多考虑，都是由操作工人根据自己的经验和习惯自行决定的。

2. 工艺的设计要求严密

数控机床虽然自动化程度较高，但自适应性差。它不像普通机床可以在加工时根据加工过程中出现的问题，比较自由地进行人为调整。所以，数控加工技术的工艺设计必须考虑加工过程的每一个细节，如零件图样的数学处理和数控程序编程等要求准确无误，否则会造成加工过程中的干涉、超程等现象，严重时还会损坏数控机床零件，造成设备或人身安全事故。

3. 工序相对集中

由于数控机床加工零件时，能在一次装夹后加工出零件的多个表面，因此为减少装夹误差和辅助时间，数控加工技术往往采用工序相对集中的工艺方法。

4. 适合多品种、小批量或中批量生产

由于数控加工的对象一般为较复杂的零件，且工序相对集中，因此数控加工技术适合占机械加工总量 70% ～ 80% 的多品种、小批量或中批量生产。对于占机械加工总量 20% ～ 30% 的大批量生产，适合采用专用多工位组合机床或自动机床形成的生产线。

二、数控机床

（一）数控机床的组成

数控机床是机电一体化的典型产品，它是以电子信息技术为基础的，集机械制造技术、计算机技术、现代控制技术、传感检测技术、信息处理技术、网络通信技术、液压气动技术和光机电一体化技术等于一体的，由数字程序实现控制的机床。

数控机床一般由机床本体、CNC 装置（或称 CNC 单元）、输入 / 输出设备、伺服单元、驱动装置（或称执行机构）、可编程逻辑控制器（PLC）、测量装置及辅助装置组成，如图 4–10 所示。其中，除机床本体之外的部分统称为 CNC 系统。

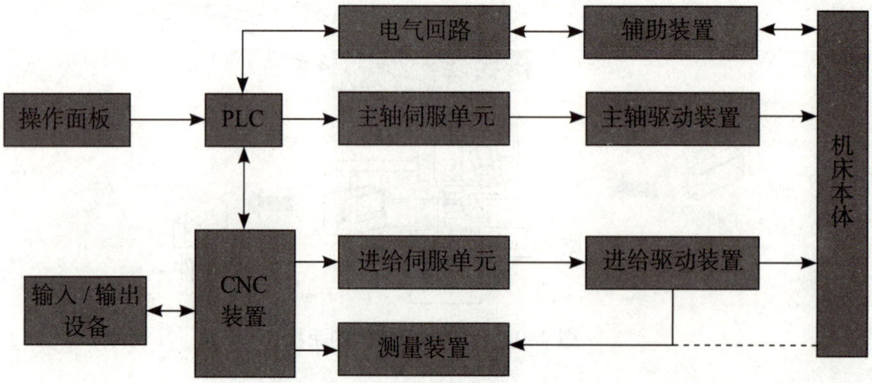

图 4–10　数控机床的组成

1. 机床本体

机床本体由于精度和生产效率高，容易发热，且不能像普通机床那样由人工进行调整、补偿，因此机床本体应具有更好的抗振性和更大的刚度，且相对运动面的摩擦因数更小，进给传动部分间隙更小。所以其设计要求比普通机床更严格，需要采用增大刚度、减小热变形、提高精度等设计措施。

2. CNC 装置

CNC 装置是 CNC 系统的核心，一般指控制机床运动的微型计算机，主要包括微处理器（CPU）、存储器、局部总线、外围逻辑电路、与其他部分联系的接口等。其功能是接收输入设备输入的加工信息，进行处理与计算，并发出相应的脉冲信号送给伺服系统，通过伺服系统使机床本体按预定的轨迹运动。

3. 输入／输出设备

加工信息（如工艺过程、工艺参数和位移数据等）要经输入设备传输给 CNC 装置。常见的输入设备有光电阅读机、键盘、U 盘等。此外，加工信息还可以通过串行通信、IP 网络通信的方式输入。

CNC 系统通过输出设备（如显示器）为操作人员提供必要的信息。显示的信息可以是正在编辑的程序、坐标值及报警信号等。

4. 伺服单元

伺服单元是联系 CNC 装置和机床本体的装置，它可将来自 CNC 装置的微弱指令信号放大成控制驱动装置的大功率信号。根据接收指令信号的不同，伺服单元有脉冲式和模拟式之分，而模拟式伺服单元按电源种类不同又可分为直流伺服单元和交流伺服单元。

5. 驱动装置

驱动装置可将放大的指令信号变为机械运动，并通过简单的机械连接部件驱动机床本体，使工作台精确定位或按规定的轨迹做严格的相对运动，最后加工出满足要求的零件。与伺服单元相对应，驱动装置也分直流伺服电动机和交流伺服电动机等。

伺服单元和驱动装置合称为伺服驱动系统，它是机床本体工作的动力装置，实施 CNC 装置的指令内容。数控机床功能的强弱取决于 CNC 装置，而数控机床性能的好坏取决于伺服驱动系统。

6. PLC

PLC 是一种以微处理器为基础，综合了计算机技术、自动控制技术等的通用型自动控制装置，专为工业环境下应用而设计，可控制各类型的机械设备或生产过程。

7. 测量装置

测量装置也称为反馈元件，通常安装在机床本体的工作台或丝杠上，相当于普通机床的刻度盘和人的眼睛。它可将工作台的实际位移转变成电信号反馈给 CNC 装置，供 CNC 装置与指令信号比较产生误差信号，进而控制机床本体移动消除误差。此外，测量装置可以在线显示机床本体移动部件的坐标值，大大提高了机床本体的工作效率和加工精度。

8. 辅助装置

辅助装置是为了充分发挥数控机床的功能所必需的配套装置。常用的辅助装置有液压装置、排屑装置、冷却装置、润滑装置、防护装置、照明装置等。

（二）数控机床的特点

与普通机床相比，数控机床有如下特点。

1. 加工精度高，加工质量稳定

数控机床有较高的精度、刚度和热稳定性，且其加工精度不受零件复杂程度的影响。零件加工的质量由机床保证，完全消除了操作者的人为误差，加工误差一般能控制在 0.005 ～ 0.01 mm，且同一批零件加工尺寸的一致性好，加工质量稳定。

2. 生产效率高

数控机床结构刚度高、功率大，能自动进行切削加工，因此它能选择较大的、合理的切削用量，并自动连续完成整个切削加工过程，大大缩短机动时间。此外，在使用数控机床加工零件时，只需使用通用夹具，免去划线等工作，大大缩短加工准备时间。

3. 能减轻劳动强度，改善劳动条件

在数控机床加工零件的过程中，除了拆卸零件、操作键盘和观察机床运动外，其他动作均是机床按程序要求自动连续进行的，操作者不需要进行繁重的手工操作。因此数控机床能减轻工人的劳动强度，改善劳动条件。

4. 适应性强，灵活性好

数控机床能实现几个坐标联动，加工程序可按零件要求进行变换，所以其适应性强，灵活性好，可以加工普通机床无法完成的形状复杂的零件。

5. 有利于生产管理

数控机床能准确地计算零件的加工工时，并有效地简化刀具、夹具、量具和半成品的管理工作。

三、数控加工技术在汽车智能制造中的应用

数控加工技术在汽车智能制造中有着非常重要的应用。下面以其在汽车零件制造和汽车装配中的应用为例进行说明。

（一）在汽车零件制造中的应用

在汽车制造领域中，许多零件的外形均为自由曲面，如叶片曲面、螺旋桨叶曲面等，因此其形状复杂，难以加工，且对精度要求高。此时用多轴数控机床加工，可以很好地解决问题。例如，汽车发动机的活塞、变速箱的轴和齿轮等复杂的零件都可以在多轴数控机床上进行加工。

多轴数控机床能同时控制 4 个及以上坐标轴的联动，将数控铣、数控镗和数控钻等功能组合在一起。工件在一次夹装后，多轴数控机床可以对其加工面进行铣、镗、钻等多工序加工，有效地避免由于多次夹装造成的定位误差，并且能够缩短生产周期，提高加工精度。图 4-11 为多轴数控机床加工汽车零件。

图 4-11　多轴数控机床加工汽车零件

（二）在汽车装配中的应用

汽车装配过程会用到多种数控设备，它们可以实现高效率、高精度的零部件装配。例如，在安装轮胎时，数控拧紧设备的控制系统能根据工艺需求自动识别判断，拧紧轮胎上的螺栓等。

任务实施

选择一个汽车制造企业或生产线，研究其数控加工技术的应用情况，可以是生产发动机部件、变速器部件或车身零件等。总结此次过程的收获和经验，为未来的数控加工技术应用提供参考。

____

____

____

任务工单

报告撰写	1. 分析数控加工技术如何实现汽车零部件的个性化定制和小批量生产。 2. 提供具体汽车制造企业使用数控加工技术的案例，说明其应用效果、解决的问题和取得的成果。
请在任务结束前完成最终报告的撰写和提交。 若遇到问题或需要支持，请及时联系任务负责人或相关专家。 任务负责人签字：__________ 任务审阅人签字：__________ 日期：__________	

任务四　精密与超精密加工技术

任务描述

精密与超精密加工技术是现代高科技产业和科学技术的发展基础，以及现代制造科学的发展方向。超精密加工技术一般不是特指某种特定的加工方法或比某一个给定的加工精度更高的加工技术，而是在机械加工领域中，一个时期内所能达到最高加工精度的各种加工方法的总称。目前的超精密加工技术，以不改变工件材料物理特性为前提，以获得极限的形状精度、尺寸精度、表面质量及表面完整性为目标。

任务分析

本任务旨在深入探讨精密与超精密加工技术的基本概念、关键影响因素及其在汽车智能制造中的应用。通过学习这些技术的原理、分析其影响因素，学生能够研究它们在现代汽车制造中的实际应用，以提高零部件的加工精度和制造质量。

任务重点

一、精密与超精密加工技术概述

精密与超精密加工技术是指加工精度和表面质量达到极高程度的加工工艺。随着加工技术的发展，精密与超精密加工技术的指标也在不断变化。

通常，按照加工精度可将机械加工分为一般加工、精密加工和超精密加工三个阶段。精密与超精密加工代表了加工精度发展的不同阶段。精度为 0.1 ～ 1 μm、表面粗糙度 *Ra* 为 0.02 ～ 0.1 μm 的加工方法称为精密加工；精度为 0.01 ～ 0.1 μm、表面粗糙度 *Ra* 小于 0.01 μm 的加工方法称为超精密加工。

二、精密与超精密加工技术的影响因素

精密与超精密加工技术的影响因素包括被加工材料、加工设备、加工检测、误差预防与误差补偿，加工环境和加工工艺等。

（一）被加工材料

精密与超精密加工技术对被加工材料的化学成分、物理性能、工艺性能等均有严格要求。例如，被加工材料应质地均匀、性能稳定，无外部及内部微观缺陷，化学成分不含杂质，物理性能（如拉伸强度、硬度、延伸率、弹性模量、热导率和膨胀系数等）应达到一定数量级。被加工材料在冶炼、铸造、辗轧、热处理等工艺过程中，应严格控制熔渣过滤、辗轧方向、温度等，使加工后的材料能满足物理、化学等性能要求。

（二）加工设备

精密与超精密加工技术对加工设备有下列要求。

1. 精度高

加工设备的精度主要是指动、静态精度，如主轴回转精度、导轨运动精度、分度精度等，主要的性能指标有几何精度、定位精度和重复定位精度、分辨率等。

2. 刚度高

除设备本身刚度高外，还应注意接触刚度及由零件、机床、刀具、夹具所组成的工艺系统的刚度。

3. 稳定性好

加工设备在规定的工作环境下，应能长时间保持高精度且抗干扰地稳定工作。加工设备还应具有良好的耐磨性、抗振性等。

4. 自动化程度高

为保证加工质量，减少人为因素的影响，加工设备多采用数控系统实现高度自动化加工。

（三）加工检测

精密与超精密加工技术必须具备相应的检测方法，不仅要检验零件的表面质量精度，还要检验加工设备和基础元件的精度。

尺寸和形位精度可用电子测微仪、电感测微仪、电容测微仪、自准直仪和激光干涉仪来测量，如图4–12所示。表面粗糙度可用电感式、压电晶体式表面形貌仪进行接触测量，或用光纤法、电容法、超声微波法和隧道显微法进行非接触测量。表面应力、表面变质层深度、表面微裂纹等缺陷，可用X光衍射法、激光干涉法等来测量。

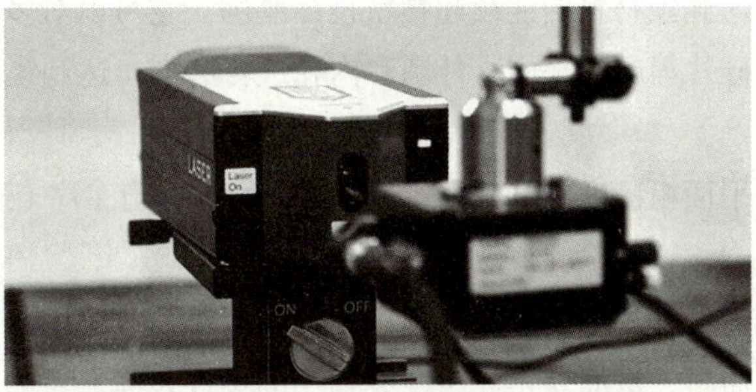

图4–12　激光干涉仪

（四）误差预防与误差补偿

误差预防和误差补偿是提高精密与超精密加工技术的重要措施。误差预防即通过提高机床加工精度、保证加工环境的条件等来减少误差源，从而消除或减小加工误差。误差补偿是指在线检测加工误差，并实时进行建模与动态分析，根据动态分析结果对误差源进行补偿，从而消除或减少误差。

（五）加工环境

任何工作环境的变化都可能影响加工的精度，导致加工精度达不到要求。因此精密与超精密加工必须在超稳定的环境下进行。超稳定的环境指标主要有恒温、超净和防振3个方面。

1. 恒温

精密与超精密加工一般应在多重恒温条件下进行，不仅放置机床的房间应保持恒温，机床及部件也应采取特殊的恒温措施。一般要求加工区温度和室温保持在（20 ± 0.06）℃的范围内。

2. 超净

超净的加工环境也很重要，因为环境中的硬粒子会严重影响被加工材料表面的质量。

3. 防振

由于外界振动对加工的精度和表面粗糙度影响很大，因此必须采取有效的防振措施进行精密与超精密加工。例如，将数控机床安装在专用的隔振设备上，且在放置数控机床的车间安装隔振地基。

（六）加工工艺

精密与超精密加工技术的工艺包括精密与超精密切削、磨削、研磨、抛光和微细（超微细）加工。

1. 精密与超精密切削

精密与超精密切削以单点金刚石切削（single point diamond turning，SPDT）技术为开端，以空气轴承主轴、主动滑板等高刚性、高精度工具，以及反馈控制和环境温度控制技术为支撑，可获得纳米级表面粗糙度。

提示

SPDT技术是指使用高精度机床和天然精密单晶金刚石刀具进行切削的技术。

2. 精密与超精密磨削

精密与超精密磨削是一种镜面磨削技术，加工对象主要有脆硬的金属材料、半导体材料、陶瓷、玻璃等。目前应用最多的是电解在线砂轮修整技术（electrolytic in—process dressing，ELID）。

ELID 将砂轮修整与磨削过程结合在一起，在利用金属基砂轮进行磨削加工的同时，利用电解方法对砂轮进行修整，从而实现对脆硬材料的连续超精密镜面磨削。它可以对多种不同材料零件（如钢、硬质合金、陶瓷、光学玻璃和硅片等）的平面、外圆和内孔进行磨削，达到镜面。

3. 精密与超精密研磨

精密与超精密研磨可将平面粗糙度降低至微米以下，并去除前道工序（通常为磨削）产生的损伤层。

4. 精密与超精密抛光

精密与超精密抛光是目前的终加工工序，通常选用粒度大小只有几纳米或几十纳米的抛光微粒面进行抛光，以达到极高的表面质量，进而获得光滑、无损伤的零件表面。目前应用广泛、技术成熟的是化学机械抛光（chemical mechanical polishing，CMP）技术。

CMP 技术是化学作用和机械作用相结合的加工技术，其过程复杂，影响因素也很多。首先工件表面与抛光液中的氧化剂、催化剂等发生化学反应，生成一层相对容易去除的软质层；然后软质层在磨料和抛光垫的机械作用下被去除，工件表面重新显现出来，再进行化学反应。这样在化学作用和机械作用的交替进行中可完成工件表面抛光。

5. 微细（超微细）加工

微细（超微细）加工是在半导体集成电路制造技术的基础上形成并发展的。它以电子束、离子束和激光束加工为基础，采用沉积、刻蚀、溅射和蒸镀等加工手段进行各种处理。

三、精密与超精密加工技术在汽车智能制造中的应用

精密与超精密加工技术应用于汽车制造，可大幅度提高汽车性能、质量、服役生命和安全性，且节能效果显著，满足人们对高性能汽车的需求。下面以精密与超精密加工技术在汽车发动机和汽车轴承中的应用为例进行说明。

（一）汽车发动机的制造

精密与超精密加工技术可降低发动机零部件的表面粗糙度，提高气缸、缸盖、活塞等零件的加工精度，使发动机的效率和马力大大提高，同时减少油耗，进而节省能源。

有结果表明，由加工精度的差异引起的发动机压缩比的改变对发动机的性能会产生显著影响。例如，在其他条件不改变的情况下，提高发动机的加工精度，可将发动机的功率和扭矩均提升 0.7% 左右，油耗降低 0.5% 左右。

（二）汽车轴承的制造

精密与超精密加工技术用于轴承的制造，可提高轴承滚动体和滚道的加工精度，进而减小传动链的传动误差，使轴承的转速大大提高。轴承转动过程中，其内部零件咬合得严密，可减少振动和噪声，使乘车人员和驾驶人员的舒适指数提高。

知识拓展

高效率、高精密加工机床——Slim5n 机床

2022 年 7 月，牧野汽车装备（武汉）有限公司（简称牧野）智能研发制造基地一期工厂在湖北省武汉市蔡甸区投产，首台新一代紧凑型立式数控加工中心——Slim5n 机床成功下线，如图 4–13 所示。

Slim5n 机床具有精度高和效率高的特点，可满足客户多种需求，适合组建多种自动化生产线，目前在国内广泛应用于汽车零件、摩托车零件等的加工。

Slim5n 机床精度可达 5 μm，比同类型机床精度提高 75%，加工效率相较之前投产的设备提高近 30%。基于这一生产科技，该数控机床受到多家车企的欢迎，牧野也收到了多家知名车企的订单。

图 4–13　Slim5n 机床

任务实施

选择一个在汽车制造中应用精密与超精密加工技术的实际案例，可能包括发动机缸体、变速器齿轮或悬挂系统部件等。评估其对汽车制造质量和生产效率的提升作用，并提出优化建议。

____

____

____

任务工单

报告撰写	1. 研究精密和超精密加工技术在汽车高精度零部件中的应用。 2. 探讨精密加工技术在汽车模具制造中的应用。 3. 描述超精密加工技术在汽车零部件表面处理中的应用。
请在任务结束前完成最终报告的撰写和提交。 若遇到问题或需要支持，请及时联系任务负责人或相关专家。 任务负责人签字：____________ 任务审阅人签字：____________ 日期：____________	

思政链接

新技术，开启更多发展空间

2024 年 7 月 1 日，优必选与一汽－大众达成合作，双方将在位于青岛汽车产业新城的一汽－大众青岛华东基地，探索人形机器人在工业场景的深度应用，打造高智能化和柔性化的生产线及汽车无人工厂。

优必选长期坚持投入人形机器人全栈式技术的研发，并探索其在工业制造、商用服务和家庭陪伴场景的落地应用。根据合作协议，一汽－大众将开放其青岛工厂的生产线应用场景，

引入工业版人形机器人 Walker S，用于汽车制造过程中的螺栓拧紧、零件安装、零件转运等工作。同时，优必选也将投入资源研发和优化人形机器人在工业场景中应用的产品和解决方案，助力一汽－大众提升制造工厂的智能化和无人化水平。

即墨区将汽车产业作为培育新质生产力的主阵地，用新技术改造提升传统产业，促进汽车产业不断向高端化、智能化、绿色化升级。优必选与一汽－大众的合作，为当地汽车产业的发展打开更多想象空间。

项目小结

本项目主要介绍了工业机器人技术、三维打印技术、数控加工技术以及精密与超精密加工技术。首先介绍了工业机器人技术在汽车制造中的应用，揭示了其在提升生产效率和加工精度方面的重要作用；其次介绍了三维打印技术在汽车零部件快速原型制造和定制化生产中的应用潜力，特别是在复杂结构和个性化需求的满足上；再次介绍了数控加工技术通过计算机控制加工设备，实现了高精度和高效率的零部件加工，显著提高了生产的一致性和稳定性；最后介绍了精密与超精密加工技术在汽车部件加工中的关键作用，尤其是在要求极高的应用场景中。通过本项目的学习，读者不仅能够掌握当前汽车制造业中的先进制造技术，还能够对未来的制造趋势有一个全面的了解，为他们在汽车制造及相关领域的研究和工作打下坚实的基础。

课后练习

一、填空题

1. 工业机器人技术是综合了计算机、__________、__________、__________、__________、仿生学等多学科而形成的高新技术。

2. 三维打印技术具有__________、__________、__________、快速制造等特点。

3. 将三维打印技术应用于汽车模具制造，可大大缩短汽车模具的开发周期，提高生产效率，还有助于提高精密模具的__________、__________制造水平。

4. 数控又称为计算机数控（CNC），在机床领域指用通用或专用计算机对机床的运动及加工过程进行控制的一种__________。其控制对象一般是__________、__________和速度等机械量，但也有温度、流量和__________等物理量。

5. 汽车发动机的活塞、变速箱的轴和齿轮等复杂的零件都可以在多轴数控机床上进行加工。多轴数控机床能同时控制 4 个及以上坐标轴的联动，将__________、__________和数控钻等功能组合在一起。

二、问答题

1. 简述工业机器人的特点。

2. 简述工业机器人的工作原理。

3. 简述三维打印技术的工作原理。

4. 简述数控加工技术的特点。

5. 举例说明精密与超精密加工技术在汽车智能制造中的应用。

项目五

精益智能制造

项目导读

随着信息技术和智能化技术的快速发展，精益智能制造作为现代制造业的重要发展方向受到了广泛关注。“精益智能制造”是一种结合了精益生产理念和智能制造技术的生产模式。它的目标是通过最大程度地优化资源利用、减少浪费和提高生产效率，从而实现高质量、高效率的生产。精益智能制造借助智能设备、物联网技术、大数据分析和人工智能等先进技术，实现生产过程的智能化、自动化和透明化。精益智能制造模式在当今工业界备受关注，被视为推动制造业升级和转型的重要手段之一。

学习目标

知识目标

1. 了解制造业当前面临的机遇和挑战。
2. 掌握生产管理的先进理念。
3. 了解生产自动化与信息化融合的基本原理。
4. 熟悉精益生产作为智能制造的基础，其原理和应用。
5. 了解制造执行系统（MES）在精益生产中的作用和关键功能。

能力目标

1. 能够运用先进的生产管理理念，优化生产流程，提高效率和质量。
2. 能够设计生产自动化与信息化融合的方案，并实施相关技术应用。
3. 能够应用精益生产原则，优化生产过程，减少浪费，提高生产效率。

素质目标

1. 培养学生对制造业发展动态的关注和敏感度。
2. 培养学生跨学科的综合思维能力，将生产自动化与信息化等不同领域知识相结合。

思政目标

1. 提升解决实际问题的能力，包括对复杂情况的分析和应对能力。
2. 增强团队合作和沟通能力，能够与不同部门协调合作，推动精益智能生产理念的落实。

任务一　制造业的机遇与挑战

任务描述

在汽车制造领域，精益智能制造是通过优化生产流程、提高生产效率和降低成本来实现持续改进的目标。为了加强对精益智能制造理念的理解，全班同学进行一个关于改善生产线效率的实践活动。

任务分析

汽车制造业作为全球经济的重要支柱，始终在不断地演变和革新中寻找新的机遇与应对挑战的策略。随着科技的飞速发展，尤其是电动汽车、自动驾驶和智能网联技术的崛起，这个行业正面临着前所未有的变革。只有不断创新、积极应对，才能在未来的竞争中立于不败之地。这需要汽车制造商、政府、科研机构以及社会各界的共同努力，共同推动汽车制造业的绿色、智能、可持续发展。通过对本任务的学习，学生能够了解制造业的机遇与挑战。

任务重点

在经济全球化与国际产业分工的格局中，我国制造业的工业化与再工业化历程短，基础薄弱，长期处于整个产业链的中低端。面对产业、市场、资源、环境和成本等多重内外压力，依靠资源要素投入和规模扩张的传统粗放经济增长方式难以为继，产品创新、技术创新、管理创新和模式创新成为制造业可持续发展与转型升级的重要途径。

一、技术与服务创新

满足用户需求是企业经营的永恒话题。随着用户需求日趋个性化与品质化，全球化市场与差异化竞争，产品生命周期不断缩短，产品具有高度技术化与服务化、个性化与大众化并存发展的趋势。制造业正逐步从单纯提供产品向提供产品全生命周期价值链服务转变。这种转变主要体现为以产品为中心向以用户为中心转变，从数量扩张向品质提升转变，生产型制造向服务型制造转变。

产品主要通过技术驱动来实现产品价值与服务创新，即提高产品附加值及其全要素生产率。在新产品研发过程中，采用模块化、模型化和软件化的理念，将工业技术体系的隐性知识和经验进行固化，借助计算机仿真和知识工程等手段进行产品创新设计。

当前，我国正成为世界汽车制造工业的集聚中心，产品与服务创新正推动汽车市场和汽车工业的迅速发展。电动化、网络化、智能化、模块化和轻量化成为汽车产业的创新发展方向。新能源、车联网、智能辅助驾驶等技术以及汽车后市场的发展正逐步改变汽车产业生态，汽车正在由单纯的产品实体逐步转变为一种服务载体。

二、智能化定制生产

大批量流水线生产是工业化大生产的主要生产组织方式，在一定程度上解决了消费侧的需求不足和供给侧的生产效率问题。但随着制造业的自动化水平提高，生产产能扩张，以及用户需求的个性化，企业竞争的核心已经由产品增量转移到价值增量。价值增量不仅聚焦传统经济学与生产管理中的功能需求、生产效率、生产成本、交期等概念，更多体现为价值链的延伸。例如，通过定制化满足用户的个性化需求，实现产品价值的最大化。制造企业生产模式进化推移图如图 5–1 所示。

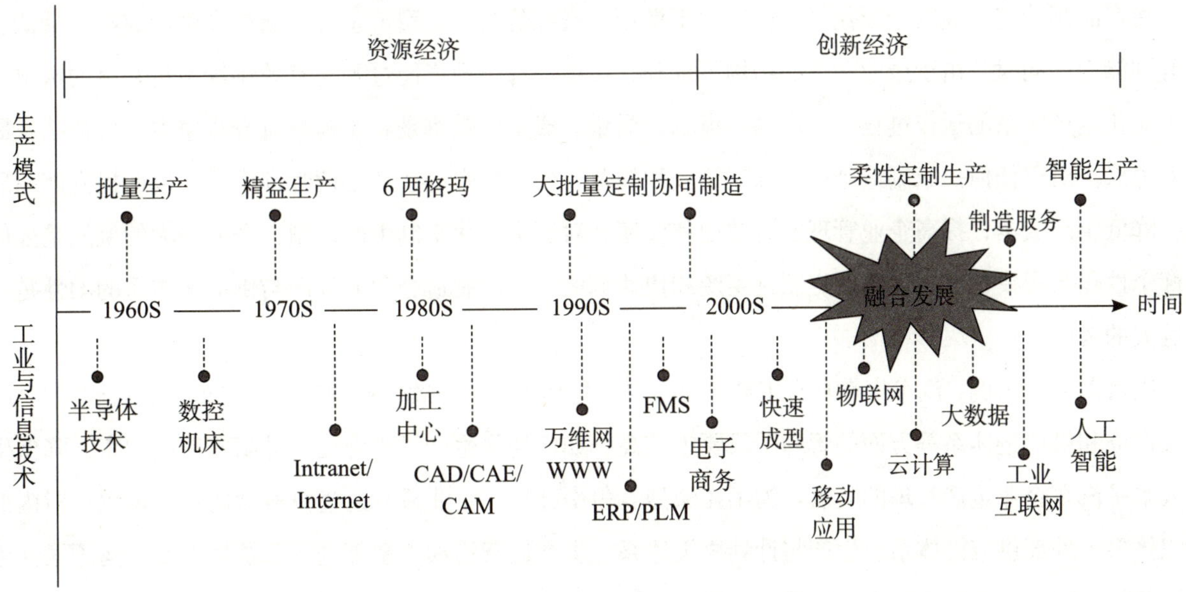

图 5–1　制造企业生产模式进化推移图

在汽车工业的发展过程中，20 世纪初福特公司的流水线生产促进了汽车产品的普及。平台化生产采用平衡共性和个性的开发与生产模式，从而兼顾生产能力与用户需求的差异。平台化生产实现快速生产具有相似底盘、车身结构以及电子系统的车型。平台化生产仅定义动力总成的布局，而车身形式具有较强的衍生性，车辆的轴距、前后悬架、宽度等尺寸都可以改变。平台化生产在提高满足用户个性化需求能力的同时，大幅降低了汽车生产成本。这种生产理念对汽车制造的产品模块化、技术标准化和生产柔性化程度提出更高要求。

直接面向用户已经成为全球汽车制造业新的聚焦点。模块化是低成本满足用户个性化需求的一种重要途径，降低了从设计、采购到生产的复杂程度，其原理如图 5–2 所示。模块化生产进一步聚焦于满足个性化需求的柔性生产模式。在汽车模块化生产过程中，总装模块化是根据汽车各子系统的产品结构，将相关零部件组装为底盘总成、车轮总成、车门总成等总成模块。这种模块化总成组装缩短了总装车间的工位线长度和主线装配工时，提高了装配效率，缩短了生产周期，同时还进一步提高汽车生产线的柔性。

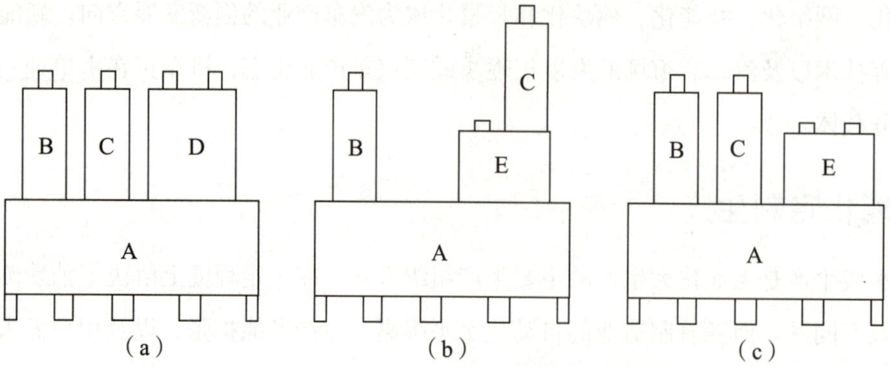

图 5-2　产品模块化原理

三、运营管理模式创新

在产品制造与流通的全球化过程中，人工费用、资源价格、税费汇率等不断拉高生产成本，降低企业盈利能力。同时，由于产业和产品结构不合理，市场极易出现产能过剩与有效供给不足并存的情况。在工业化生产体系的运作过程中，产品、市场、质量、成本和效率是企业提高自身竞争力与可持续发展的着力点。对于任何一家制造企业，都需要一种规范、操作性强的生产运营管理模式，以此提升产品质量，降低生产成本，提高企业管理的有效性和效率。对于个性化定制生产，制造企业最大的挑战是如何平衡个性化与规模化，实现高效定制化生产和快速响应。这对制造企业的生产与供应链体系的柔性是一个巨大的考验。

以汽车行业为例，汽车生产具有工艺复杂、自动化程度高、连续作业的特点。汽车企业对成本管控、品质保证和供应链体系等方面的管理手段要求较高。如何加强生产过程管控，提高资源利用率，降低生产成本是汽车企业生产管理的重点。为了在激烈竞争中胜出，企业只有通过更科学的管理理念，对内部组织体系、外部供应链体系、生产与计划决策体系、生产运营管理体系等进行系统性创新，运用柔性生产、并行工程、精益生产和供应链等生产组织方式，实现全流程的质量、效率与成本领先。

四、信息与制造深度融合

先进制造技术、自动化技术、信息技术、网络技术等已经渗透到传统制造产业链的各个环节，并与传统制造业不断融合发展。尤其是互联网、移动互联网、物联网等新一代信息技术与制造业深度融合，推动着低成本感知、高速移动连接、分布式计算和大数据分析等技术在制造业的深入应用，促进制造业态与生产模式的不断变革，使个性化定制生产与制造服务成为可能。

例如，车联网技术的应用是汽车行业潜力巨大的创新市场。利用全球定位系统（GPS）、无线射频识别（RFID）、传感器、移动图像处理等技术，汽车可以实现对自身状态信息与用户行为数据的自动采集，提供不停车收费系统（electronic toll collection，ETC）、车辆跟踪等初级应用服务。如何利用这些海量数据进行分析和挖掘，提升产品服务和用户个性化服务成为一个重要需求。图 5–3 是汽车大数据解决方案整体架构。其中，大数据在整车厂的角色定位是在智能生产领域。针对生产系统瓶颈、质量缺陷等问题的传统信息分析方法通常需要几个月甚至更长时间，而采用大数据分析预判技术后，通过建立相关统计分析数学模型，此项工作不到 1 周时间即可完成。这种时效上的大幅提升，使得生产流程与管理环节的结合更加紧密，促进了高效、低成本的生产。

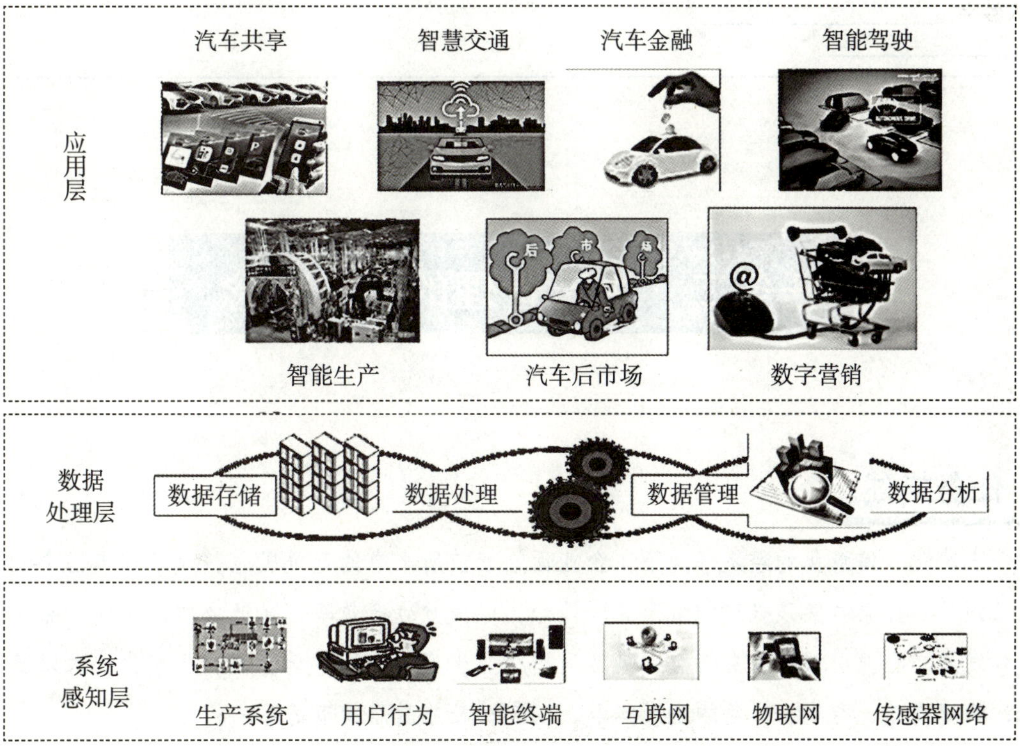

图 5–3 汽车大数据解决方案整体架构

任务实施

（1）全班同学分成若干组，每组 5～6 人，并选出一名小组长。选择某一汽车制造生产线作为改善对象，全班同学前往生产线现场进行调研，记录生产线的整体情况和存在的问题，包括浪费、效率低下的环节等。将本次活动中遇到的问题、得到的经验等填写在下方横线处。

____

____

____

（2）以小组形式进行讨论，提出改善方案并写在下方横线处。

____

____

____

任务工单

报告撰写	1. 分析如何综合运用多种管理模式，实现汽车制造业高效灵活的运营管理。 2. 探讨如何保障制汽车制造业中数据的安全和用户的隐私。
请在任务结束前完成最终报告的撰写和提交。 若遇到问题或需要支持，请及时联系任务负责人或相关专家。 任务负责人签字：____________ 任务审阅人签字：____________ 日期：____________	

任务二　生产管理的先进理念

任务描述

在当今全球化、信息化的经济环境下，企业面临着前所未有的竞争压力。为了在市场中立于不败之地，企业必须不断探索和实践先进的生产管理理念，以提升生产效率，降低成本，保证产品质量，同时实现可持续发展。企业应根据自身特点，灵活运用精益生产、全面质量管理、数字化技术以及可持续生产等理念，构建高效、智能、绿色的生产体系，以应对日益激烈的市场竞争。

任务分析

本任务旨在深入了解生产管理中的五个先进理念：高品质的保证、供应链协同、柔性生产、并行工程和精益生产。通过分析这些理念的核心内容和实施方法，学生将掌握如何将这些先进理念应用于实际生产管理中，以提升生产效率和产品质量。

任务重点

在激烈的市场竞争中，企业需要在产品和服务上不断创新，实现与对手的差异化竞争。对中国制造而言，面对基础薄弱的现状，更需要加强管理创新。通过模块化生产、柔性生产、并行工程、精益生产与精益物流等生产管理方式，持续优化企业内部生产和物流供应的组织架构与管理流程，实现高品质与低成本的行业领先。

一、高品质的保证

质量是产品与企业的生命线，而高标准是质量的保证。2013 年我国正式实施“汽车三包”政策，明确汽车因相关质量问题可以进行召回，这对我国汽车的质量标准提出了更高要求。汽车制造企业必须顺应形势，不断提高自身的产品质量标准，在 ISO/TS16949、QS9000 等标准体系基础上，建立符合自身要求，覆盖产品开发、生产制造和市场营销等全流程的质量保障体系。图 5–4 是丰田汽车的全面品质管理体系。

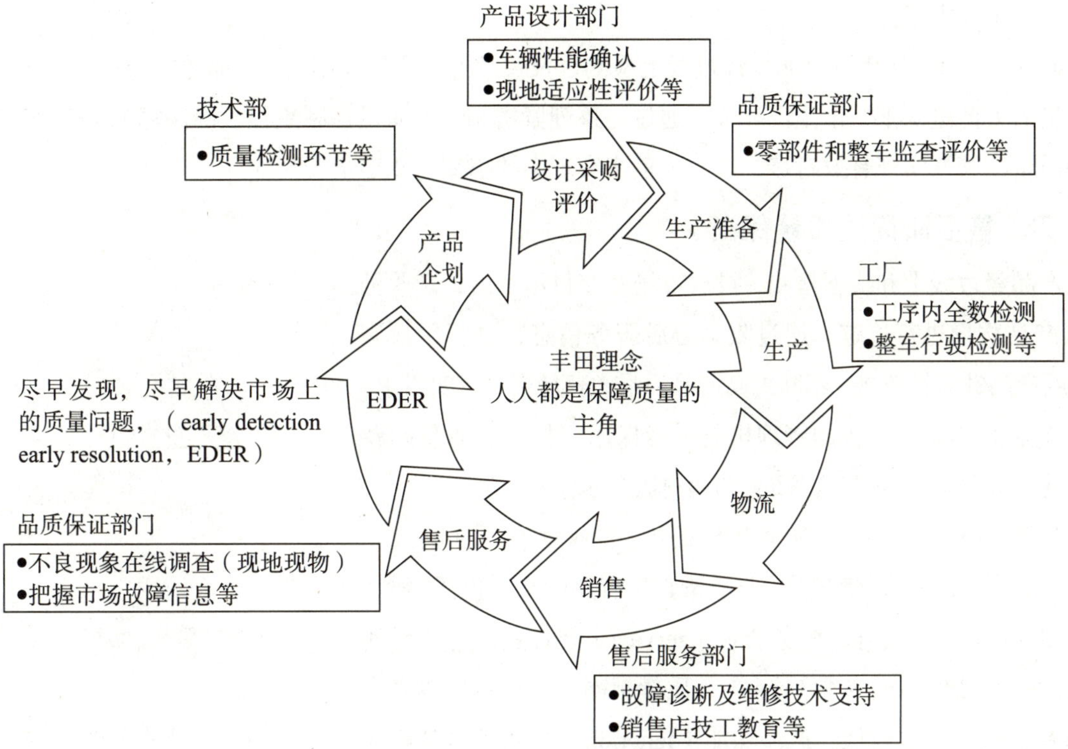

图 5–4　丰田汽车的全面品质管理体系

（一）产品研发阶段的质量保证

产品的质量保证是从产品研发阶段开始。在产品策划设计初期，研发部门需要采用国内外最新的汽车主、被动安全技术，保证产品的高质量与高安全性能。同时，品质保证部门与产品工程部门等核心部门同步开展工作，共同制订产品的质量目标，为后续生产制造明确质量保证的方向和标准。在产品的研发过程中，研发部门需要采用各种试验和测试手段，对产品零部件和整车进行严格的质量认可，验证其是否符合设计要求。

（二）零部件的质量保证

汽车是一个精密、复杂的技术产品，由上万个不可拆解的独立零部件组装而成。汽车供应链体系所涉及的零部件供应商可达数百家。汽车零部件的供应商质量体系是包括质量、服务、技术、价格的一整套严密管理体系。整车厂需要通过供应商质量体系建设、供应商质量监控和全过程供应链质量管理，提升供应商质量保证能力。整车厂必须按照国际标准和国家标准建立相应的质量管理体系，并以过程为导向，对供应商的原材料质量、内部生产过程等建立健全稳定的过程控制机制，确保其产品满足国家法律法规、行业技术标准和产品固有的质量特性要求。

（三）产品制造阶段的质量保证

为确保产品过程质量始终受控，在生产制造过程中进行标准化管理，确定每一工段的质量控制关键点，建立完整的产品检验机制。通过机器人、高自动化的柔性生产线（如焊装、涂装等生产线）等先进设备、快速定位与装夹工艺等先进工艺、先进计量检测系统（如涂胶质量三维视觉检测）、全数检验（如冲压件表面质量检查）和系统防错（如零件错装自动停线报警），确保整车在生产过程中达到设计所要求的各项质量技术指标。

只有在每一个生产环节100%经过线上检测以及关键点的质量控制后，产品才能允许进入报交程序，报交合格后方能进入下一个生产环节。通过一系列紧密相连的质量控制流程，确保每个生产环节均受到严格的质量监管并实现有效对接，从而为整车实现零缺陷交付奠定坚实基础。

（四）售后阶段的质量保证

在产品经过线上和线下检测，投放市场并交付用户后，企业仍需要对产品质量进行追踪。通过收集售后服务信息，进行用户调研，开展产品针对性改进，不断提高产品质量，满足用户真实需求。同时，企业需要建立完善的管理机制，确保用户投诉与质量问题得到快速妥善处理，提升产品质量和用户服务水平。

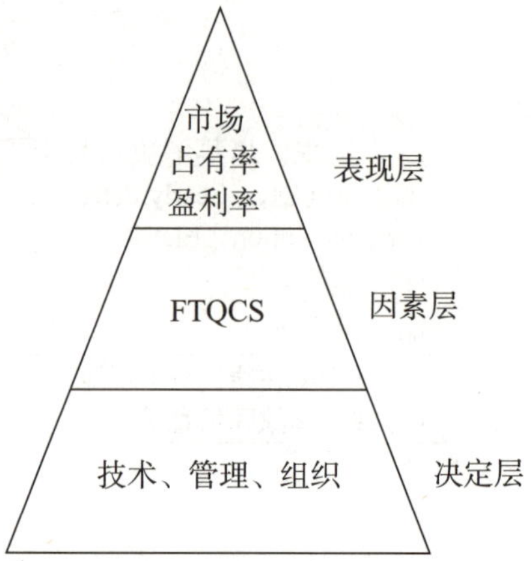

图 5-5　企业竞争力模型

在如图 5-5 所示的企业竞争力模型中，企业竞争力的 F、T、Q、C、S5 个要素均与质量相关。与质量直接有关的要素包括两个：产品质量（quality）要好，服务质量（service）要优良。与质量间接相关的是产品价格或成本（cost），质量越高，则成本也越高，质量越差，则成本也越低。产品功能（function）是产品质量好坏的体现方式。交货期（time to market）是服务质量的体现方式。

二、供应链协同

汽车行业一般采用以销定产的大批量定制生产模式。整车制造涉及零部件企业众多，且汽车生产计划的调整较为频繁。丰田、大众、福特等汽车企业已基本实现在全球范围内开展资源配置，在经营上普遍采取汽车联盟和本土化战略，零部件采购实行全球化、模块化、平准化物流拉动与准时制。

对于供应链管控能力较弱的汽车企业，由于生产与供应链相关单元之间缺乏同步响应机制，无法对计划调整做出及时反应。整个供应链的上下游企业往往采用高库存策略，通过加大零部件库存来保障供应。这种方式导致企业库存成本增加，竞争力下降。因此，汽车供应链要求整车厂和上下游供应商保持高度同步，实现低成本协同。

汽车供应链协同一般包括上游客户与服务协同以及下游供应商协同。

（一）上游客户与服务协同

上游客户与服务协同需要实现整车厂与上游客户在需求预测、销售计划、客户订单、配件、发货等业务环节的协同。例如，对于发货协同，可根据前期订单与客户协同，自动生成发货数据、条码打印、整车物流方式等，并实现与后续物流跟踪、付款、问题处理等业务协同。

（二）下游供应商协同

下游供应商协同的主要目标是与下游零部件供应商开展有效的业务协同，实现供应商与整车厂的生产资源要素集约化。业务协同的主要内容包括需求、预测、计划、订单自动发布、发货、跟踪、付款与绩效考核等。通过以整车厂为核心的各种协同应用，将企业各业务部门、零部件供应商、物流服务商的核心业务流程实现“网络＋协同”。这种协同包括人、设备、车间、部门、系统间的协同。低成本的组织协同是企业达成低成本、短交期、敏捷制造战略的具体方式和方法。

三、柔性生产

柔性生产是提高市场响应速度、降低生产成本、提高产品质量的一种有效方法。柔性生产是实现大批量定制生产的关键。柔性生产包括产品柔性和生产柔性。产品柔性主要通过产品模块化设计技术实现，生产柔性又分为工艺柔性与设备柔性。生产柔性主要通过自动化设备、成组技术与先进的制造系统实现。

20世纪的汽车企业以大批量生产为主，主要采用自动化流水线生产来提高生产效率，减轻劳动强度。生产效率和生产成本是汽车企业管控的重点，所追求的管理目标较为单一。随着当前以用户为中心的理念的深入，如何最大限度地适应快速多变的市场，满足用户的个性化需求成为汽车企业的关注重点。

知识拓展

汽车制造业中的多品种柔性生产线及其管理模式

多品种、变批量的柔性生产线替代大批量自动线成为汽车制造业的一种发展趋势。这种柔性生产线一般由工业机器人、自动化工艺与设备、柔性加工中心、自动检测系统和自动物流仓储系统等组成。采用混线柔性生产，可以有效缩短汽车制造的生产周期，降低生产成本，满足接单式生产的需求。例如，高速柔性化焊装线成为当前焊装生产线的主流发展方向。丰田的全球车身生产系统作为全球第一条标准化的柔性化焊装生产线，用于多平台车型共线生产。其主线由总拼夹具系统和精定位台车等核心设备组成。需要增加新车型时，焊装生产线仅需对工位布局、工装形式等进行少量改造，就能够实现多车型共线生产。这种方式极大降低了分摊到单一车型的焊装工装、设备、人力等综合成本，实现投入与产出比的最大化，提高了丰田的全球竞争力。又如，上海通用在SAP系统的基础上，开发与应用了柔性生产控制系统及其配套的全球物料优化系统，涉及全球供应链体系内的七千多种物料。

汽车柔性生产线可以生产同类但不同型号的车型。生产线的设备根据柔性生产控制系统提供的具体指令，自动进行相应动作，选择对应的零部件和工具，实现了混线生产。SAP物料系统能够将整车订单精确到每一个零部件的采购与配送，实现零部件及时供应。

此外，汽车企业在运用柔性生产方式组织生产时，需要从已有的大批量生产方式转变为按多品种、小批量的柔性化模式来组织生产。相比前者，企业的生产业务流程和产品质量的影响因素更加复杂。例如，面向订单生产的核心是柔性生产，保证与缩短交付周期。对于柔性化生产，需要相应提高操作和生产的灵活性，保证生产过程数据的可采集、准确与及时，以便进行实时的过程监控。这些都需要完善配套的生产管理体系与作业流程，建立辅助的各类生产信息化系统。

为了生产及时，要求提高设备维护的可预见性，减少可预见的停线时间，以及通过设备保全管理来提高生产设备的稼动率。为了增强零件的可追溯性，减少产品质量风险，必须加强过程管理，杜绝生产过程缺陷，提高一次下线合格率（first pass yield，FPY）。

四、并行工程

为了快速响应市场需求与变化，降低产品库存成本，制造企业一般采用接单式生产。这种生产方式往往需要进行重新设计，而且产品批量小、交货期短、非标程度高。传统的串行设计属于设计→制造→修改设计→重新制造的一种翻墙式设计模式。由于在设计过程中无法同步考虑产品的可制造性、可维护性等因素，设计与制造问题隐形化，结构干涉、装配不匹配、功能缺陷等问题往往在设计后期、制造装配，甚至在用户使用阶段才被发现，直接导致产品变更设计任务增大，产品开发周期延长，研发成本居高不下，产品品质无法保障。

并行工程主要是为了提高用户需求响应的及时性，改变传统的串行工程思想，对产品及其相关过程（包括制造和支持过程）进行集成并行设计的系统化模式。并行工程强调过程协同、系统集成和组织一体化。

（一）过程协同

通过过程并发、过程改进等机制进行设计与生产过程重构。在产品设计、加工、组装和使用阶段考虑上下游其他阶段可能遇到的问题与风险，最大限度地做到一次性最优设计。

（二）系统集成

并行工程由于对象复杂、实时通信、数据信息杂乱，如果没有有效的信息支持和管理系统，过程质量、成本与时间将难以控制。因此需要将并行工程所需的数字化设计平台、过程仿真分析系统、网络化协同工作支撑系统等异构系统实现有效集成和数据共享。

（三）组织一体化

通过改变传统的功能部门制或专业组，多功能集成产品开发团队以项目流与产品流的需求为主线进行人员配置，重构扁平化组织，打破由功能部门制所造成的信息流动不畅障碍。

对汽车制造业而言，并行工程主要运用于产品策划、设计、样品试制、小批试制 4 个阶段。例如，在汽车车身的设计阶段，并行工程由车身造型设计工程师、车身产品工程师、车身制造工程师、产品试验工程师、感知质量工程师、客户、经销商、采购人员、供货商、知识法规人员以及其他相关项目人员组成。工艺人员从产品概念设计阶段开始参与工作，而不是像以往等到产品设计完成后再开展工艺工作。在产品的初期方案设计或详细设计阶段，结合现实制造资源、投资、工厂、车间生产能力、设备布局等情况，及时对产品的冲压、焊装、涂装进行可行性评价，并确定制造工艺。在此过程中，可以通过网络化的计算机协同工作系统，提高信息流动与共享的效率，实现设计过程（可靠性设计、有限元分析、动力学分析和尺寸链分析等）和制造过程（冲压、焊接和涂装等）的信息与数据交互过程。

五、精益生产

西方的工业化生产通过不断实践与完善，建立了科学管理的理论体系。20 世纪初福特汽车装配流水线的出现，标志着作坊式的单件生产模式演变为以高效自动化专用设备和流水线生产为特征的大批量生产方式。大批量生产方式缩短了生产周期，提高了生产效率，降低了生产成本，保证了产品质量。然而，大批量生产方式的最大缺陷在于产品单一，定制化程度低，忽视了用户的差异化需求。

精益生产是20世纪70年代初日本丰田公司在对准时化（just in time，JIT）生产方式研究和实践基础上，总结出的一种新的生产模式与思维模式，也被称为丰田生产方式。精益生产将制造业的产品质量水平、生产和物流管理水平提高到一个新的高度，是继泰勒制科学管理和福特流水线生产方式之后又一种重要的生产方式。精益生产的核心思想是在企业生产经营全过程中，产品及时生产，消除设备故障，避免并消除生产中的各种浪费，追求零缺陷、高效率、零库存、高效益，以降低成本、提高产品竞争力为目标。

（一）JIT 生产

JIT 生产是指在必要的时候，生产必要数量的必要合格产品。JIT 的基本原理是以需求决定供给，即上一工程向下一工程提供所需要的型号、种类、样式、颜色等属性的物品。这种方式的好处在于各个环节按需供给，实现物料库存最低；物料供给及时、准确，节约人工、等待、仓储、品质管理的成本；防止不良品流出，每个供给环节都会将好的物品供给到下一个工程。

（二）均衡化生产

均衡化就是平准化。例如，对于汽车混流装配生产，均衡化就是按最优化的车辆投产顺序组织生产，实现生产过程中各资源要素的均衡。均衡化不仅要达到汽车产量上的均衡，还要确保车辆颜色、型号、人工、生产负荷的均衡。此外，均衡化生产的范围是多层次的。基于拉式生产，通过整车组装线的生产平准化，生产流程逐次向前平准化。由于订单是平准化的发布，供应商也是平准化的生产与物流拉动。

均衡化生产的特点如下。

（1）零部件的消耗保持稳定。生产线的零部件需求量是一定的，因此从前一个工序提取零件的数量也是一定的，各工序以及完工计划量也不会有太大差别。

（2）各工序的生产负荷较为均衡、稳定，易于人员与设备的效率化。

（3）成品以及工程间的在制品库存降低。

（4）在生产过程中，仅存在小批量的生产和物流搬运，物流时间缩短，提高了生产线对小幅波动的适应能力。

（三）持续改善

20世纪70年代丰田建立了如图5-6所示的以消除浪费为核心的持续生产改善体系。持续改善的思想基础是生产系统一直存在改进和提高的空间，需要不断进行优化与完善。精益生产是企业整体长期贯彻、全员参加、不断改进的一种管理提升过程。丰田生产方式一直被当作一种动态的自我改善体系存在，表现为能不断克服自我流程上的问题并找到合适的解决办法。持续的创新与改善是推行丰田精益生产的基础，只有确实做到这一点，才会看到丰田生产方式的推行效果，才能不断进步。

精益生产综合了大批量生产方式和单件生产方式的各自优点，追求企业和用户都满意的质量，从减少浪费、价值分析的角度出发，致力于在生产系统的生产流程、组织结构、运行方式、市场供应和需求等方面，尽最大可能消除与优化价值链中一切不增值活动，实现企业在多品种、小批量柔性生产条件下的高质量和低成本，并实现产品质量、生产效率与资源消耗的最优目标。

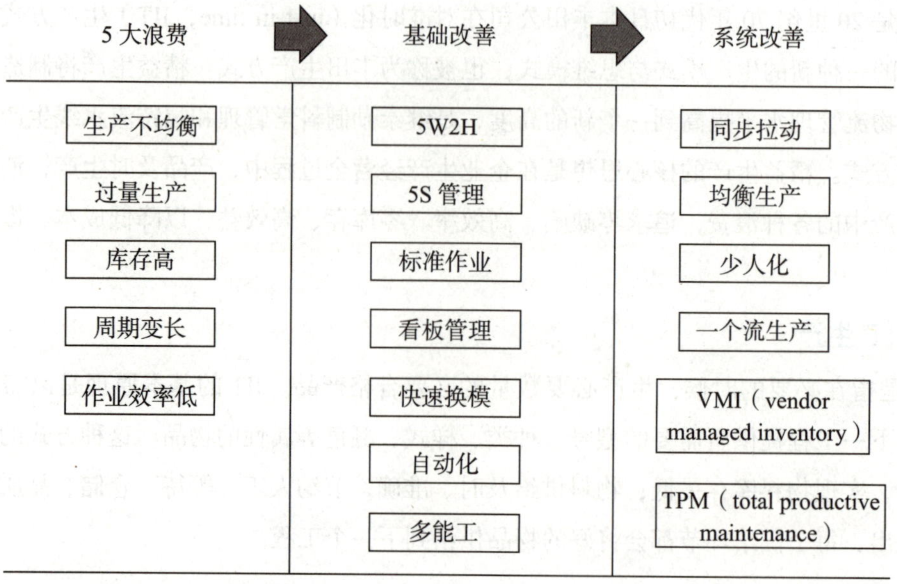

图 5-6　以消除浪费为核心的持续生产改善体系

精益生产将并行工程、准时化生产和柔性生产的优点集于一体。在质量管理上贯彻六西格玛（6σ）的质量管理原则，从产品设计时就考虑到质量问题，确保每一个产品只能严格按照标准程序进行生产。在库存管理方面，体现节约成本原则，在满足用户需求和保持生产线流动的同时，做到成品库存和在制品库存最低。在组织建设方面，精益生产赋予员工极大的权利，真正体现员工当家做主的精神，企业生产组织结构趋于扁平化。

精益生产的方法体系一般是从产品数量分析法（即 PQ 分析）、价值流分析开始，采用约束理论进行现状分析与瓶颈分析。在此基础上，首先从流程优化、连续流的设备产线布局、快速换模、全员生产保全（total productive maintenance，TPM）、生产自动化等方面，实现生产线的柔性配置；其次是从物出发，采用单件流、准时制与看板同步拉动，改善生产物流，降低生产库存，实现物流柔性配置；最后以人为对象，通过制订标准作业，开展工作研究，实施少人化作业，实现生产人员的柔性配置。精益生产发展至今已不仅是一种先进的生产方式，更是一种先进的管理思想与管理原则。工艺系统、物流系统、信息系统与精益生产的融合将会进一步给传统制造业带来巨大、革命性的变化。

对汽车制造企业来说，精益生产可分为以下几个层次。

第一层精益是指精益制造。精益制造是满足生产车间高效生产的要求，具体包括均衡化生产、准时制生产、同步化生产、质量管理、连续流、看板管理、自动化等。

第二层精益是指纵向精益。高效的企业运作能力是企业精益的必要要求。企业内部的流程直接影响企业的运作，企业内部的职能部门必须通过纵向精益来保证企业的整体利益。纵向精益是对企业研发、计划、采购、生产制造、销售、物流、财务、售后等各个部门的业务流程精益化，实现企业纵向业务流程的高效协同。

第三层精益是指横向精益，即精益供应链。企业的资源包括客户、供应商、合作伙伴等内外部资源。精益供应链可以协调企业的所有资源，加速企业上下游的信息沟通，避免信息传递失真，降低时间成本。供应链的高效协同是精益生产的有效方法，可以提高企业的产品质量和柔性化生产能力。

任务实施

结合高品质保证和精益生产的理念，制定一个生产质量提升计划，并制定能够提高生产质量和效率的有效策略。

____

____

____

任务工单

报告撰写	1. 编写汽车制造业高品质保证的重要性及其对企业竞争力的影响。 2. 描述如何在汽车生产现场实施精益生产，并提供成功案例进行说明。
请在任务结束前完成最终报告的撰写和提交。 若遇到问题或需要支持，请及时联系任务负责人或相关专家。 任务负责人签字：__________ 任务审阅人签字：__________ 日期：__________	

任务三　生产自动化与信息化融合

任务描述

在21世纪的科技浪潮中，生产自动化与信息化的深度融合正以前所未有的速度重塑全球制造业的格局。这一趋势，不仅提升了生产效率，优化了资源配置，更在深层次上推动了工业革命的进程，为全球经济的可持续发展注入了新的活力。

在我国，以“中国制造2025”战略为引领，也在积极推动生产自动化与信息化的融合。例如，华为的智能工厂，通过自动化生产线和AI算法，实现了对生产过程的精准控制，大大提高了产品质量和生产效率。生产自动化与信息化的深度融合，是推动工业革命的重要力量，也是全球经济转型升级的关键路径。只有充分把握这一趋势，才能在全球竞争中赢得先机，实现高质量的发展。

任务分析

自动化设备与信息系统的结合可以实现生产过程的全面优化，提高生产线的整体效率。实时数据分析和反馈机制可以及时调整生产参数，保证产品质量的一致性。自动化减少人工干预，信息化优化生产计划和供应链，整体降低生产成本。融合技术使生产系统更具适应性，可以快速调整以应对市场变化和个性化需求。通过对本任务的学习，学生能够了解生产自动化与信息化融合的相关知识。

任务重点

生产自动化与信息化融合

一、生产自动化

工厂自动化，也称车间自动化，是指自动完成产品制造的全部或部分加工过程的技术。工厂自动化就是以生产中各种参数为控制目的，实现各种过程控制，在整个生产中尽量减少人力操作，充分利用人力以外的能源与各种信息进行生产工作。工厂自动化技术促进了工业进步，成为提高产品质量和生产效率的重要手段。

20 世纪 40 年代，分散式测量仪表和控制装置取代了传统的手工操作，实现设备参数自动调节。后续逐步实现了检测仪表化、局部自动化和车间集中控制，检测与控制仪表集中在中央控制室。单元组合仪表的出现进一步提高了工厂自动化程度。微型计算机的应用与自动化仪表的智能化，实现了对整个工厂，乃至整个工艺流程的集中控制。通过计算机系统进行多参数综合控制，生产过程自动化水平得到进一步提高。进入 21 世纪，随着计算机技术、无线技术、现场总线技术、工业以太网技术、IT 技术、机器人技术、传感器技术等的不断发展与创新，工厂自动化在经历单机自动化、车间自动化、全厂集中控制等阶段后，向工厂综合自动化发展，即把过程控制、监督控制、产品设计、质量监测、生产管理等方面融为一体。

（一）过程控制

工业中的过程控制是指以温度、压力、流量、液位和成分等工艺参数作为被控变量的自动控制，过程控制也被称为实时控制。过程控制通过及时采集检测数据，按最佳值迅速地对控制对象进行自动控制和自动调节。过程控制的对象一般包括工厂级、车间级和产线设备级 3 种层级，各个层级有机地联系在一起。过程控制的主要作用是确保产品质量、提高生产效率、发挥设备能力、防止事故发生、降低资源消耗、减轻劳动强度等。过程控制系统的组成如图 5-7 所示。

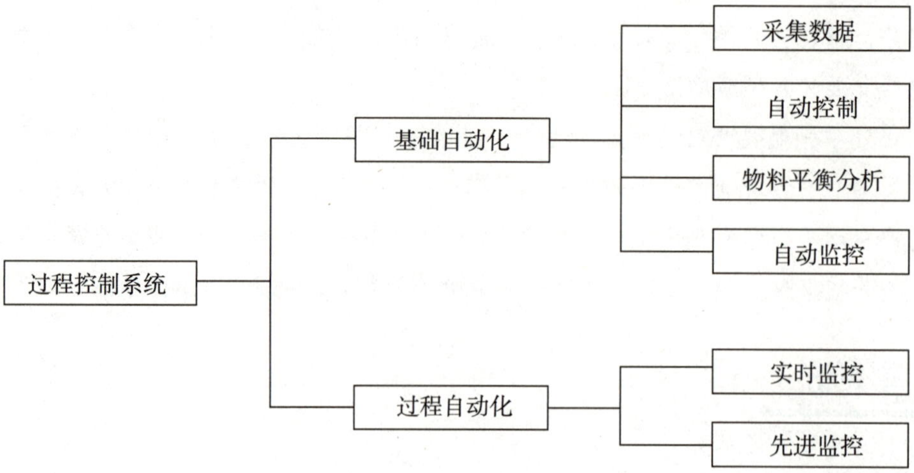

图 5-7　过程控制系统的组成

过程控制不仅能够有效和可靠地完成各种控制任务，覆盖过程控制系统（process control system，PCS）和可编程逻辑控制器（PLC）的所有功能，还能实现任意地点的控制，即用户能够把控制功能下装到现场设备或系统中执行。任意地点的控制是工厂网络结构与现场总线（fieldbus）技术相结合的产物。对于一些基本的控制回路，把控制功能下装到现场变送器或阀门中执行，既能加快回路信号响应，改善调节品质，又能减轻控制系统负担，使其完成较复杂的优化控制等任务。同时，系统分散度的增加提高了系统可靠性。

（二）现场总线技术

现场总线是一种工业数据总线技术，主要用于数字化仪器仪表、控制器、执行机构等工厂底层设备之间以及与上层控制系统之间的数字通信与信息传递。现场总线作为工厂数字通信网络的基础，实现了生产过程现场与控制设备之间，以及与更高控制管理层次之间的联系。现场总线根据传输对象与数据类型一般分为传感器总线、设备总线和现场总线。现场总线的主要特点如下。

1. 增强现场数据采集能力

现场总线可以从现场设备实时获取大量数据信息，满足工厂自动化生产与生产执行系统的信息集成要求。现场总线是数字化的通信网络，可实现设备状态、故障和参数信息传送。系统不但可以完成远程控制，还可完成远程参数化工作。

2. 开放可集成性

系统为开放式，不同厂家产品只要采用同一种总线标准，就具有互操纵性、互换性，因此设备具有很好的可集成性。

3. 系统可靠性与可维护性好

对于大批量过程监控系统，采用总线连接方式替换一对一的 I/O 连线，可以减少由接线点造成的不可靠因素。同时，系统具有底层设备的在线故障诊断、报警和记录功能，可完成现场设备的远程参数设定、参数修改等工作，增强了系统的可靠性。

（三）仪器仪表与检测

在过程控制系统中，仪器仪表作为其构成元素，其技术进展跟随控制系统技术而发展。仪器仪表的智能化主要归结于微处理器和人工智能技术的发展与应用。例如，运用神经网络、遗传算法、进化计算、混沌控制等智能技术，使仪器仪表实现高速、高效、多功能、高机动灵活等性能。

智能仪器仪表一般包括智能压力、温度、流量等多参数变送器、智能分析仪，以及具有预测性维护和诊断能力的阀门等。工业控制系统是计算机技术与自动控制技术结合的产物，不仅是计算机的重要门类，还是实现工业生产自动化，优质、高产、低耗，提高工业企业经济效益的重要技术手段。

此外，随着现代质量控制方式的演变，在线检测与监测呈现智能化的趋势。例如，对于曲轴生产线，在主轴颈和连杆轴颈精加工时，将坐标测量机串接于生产线中，使之成为其中一个工位。在生产过程中，对工件的圆度、轮廓等主要几何参数进行自动测量。检测结果实时反馈给数控磨床，数控磨床通过自动控制程序实现高速、高效随动与跟踪修正，仅需要通过一次装夹完成全部的磨削加工。

二、生产信息化

生产信息化实质上是将企业的计划调度、加工组装、品质保证、物料供应、部门协同等业务过程数字化。通过各种数据采集、信息系统、网络系统形成生产过程数据，提供给与生产相关的各个部门，便于企业生产资源要素配置的优化决策，帮助企业应对动态的内部波动以及外部市场的不确定性。

企业可持续发展的关键在于创新与技术。信息技术与信息系统对制造企业的发展战略、组织建设、流程变革、辅助和支持企业生产管理具有不可低估的作用。信息技术有助于提高企业组织变革和业务流程的整合能力，实现市场快速响应与柔性生产。

信息化是以先进的生产管理思想为基础，以信息技术和信息系统为工具手段，对生产运作流程进行优化、标准化与固化的过程。它将传统的人工、封闭、基于经验的垂直管理体系转化为信息驱动、动态闭环、系统协同控制的管理体系，实现企业业务流程的系统集成。信息化系统包括基础网络、系统平台、数据库平台、应用软件、终端设备等。

（一）体系架构

企业信息化的体系结构自上而下可以分为 3 层：企业应用层、业务模型层和基础架构层，如图 5-8 所示。这种层次化体系架构的核心目标包括：一是围绕企业价值链和运营核心业务进行模块化的体系功能设计，满足不同企业的设计、制造与销售活动，提高企业的资源利用能力、应变能力和竞争力；二是通过对企业业务流程进行分析，特别是对企业关键流程的分析，整合企业内部与外部的各种相关信息，实现业务流程与信息流程的合理化耦合；三是为企业高效运营提供一个支撑环境，实现高效的数据传输与业务交互。图 5-8 中 3 个层次功能不是相互孤立的，而是有着内在的联系，需要对这些不同作用的分层进行综合分析，才能把握企业信息化建设的方向。

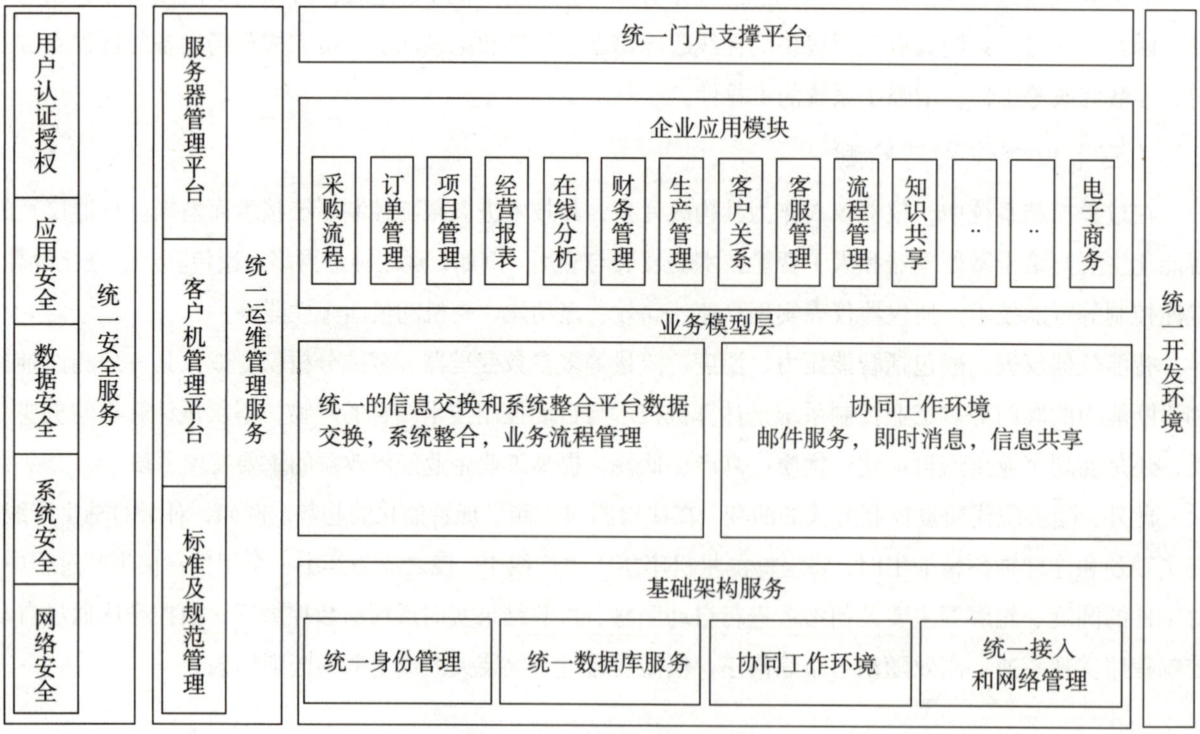

图 5-8　企业信息化的体系架构

（二）企业资源计划

物料需求计划（material requirement planning，MRP）经过不断发展完善后，形成了 ERP 系统。ERP 系统是建立在信息技术基础上，利用现代企业的先进管理思想，将企业的整个生产过程和所有资源有机结合在一起，为企业提供决策、计划、控制与经营业绩评估的全方位和系统化管理平台。ERP 系统目前在企业管理中得到广泛应用。ERP 系统的主要功能特点如下。

（1）ERP 系统是一个以计划为导向的生产与管理系统，可以满足 MRP 与 JIT 的混合管理模式。对于离散型制造、流程型制造等多种生产模式，ERP 系统通过对采购、生产、成本、库存、销售、运输、财务、人力资源进行合理计划与优化，达到最佳资源组合，降低库存，提高效率。

（2）ERP 系统对企业的内部业务流程和管理过程进行优化与规范，使原本分散的生产流程能够有效衔接。通过工作流实现企业人员、财务、制造与分销的集成，支持企业过程重组。

（3）ERP 系统具有较完善的财务管理和成本分析体系，价值管理概念得以实施，实现资金流、物流与信息流有机结合。

（4）ERP 系统是一个在企业内部应用的高度集成化系统，保证系统运行数据的一致性，数据在各业务系统之间高度共享。

（三）生产自动化与信息化融合

1. 工厂自动化系统

工厂自动化系统通常分为 5 种管理层级：企业管理级、生产管理级、过程控制级、设备控制级和检测驱动级。前两种管理层级主要涉及计算机技术、软件技术、网络技术和信息技术；过程控制级主要涉及智能控制技术和工程方法；设备控制级和检测驱动级主要涉及的机电一体化技术、现场总线技术和交流数字变频调速技术。工厂自动化系统的管理层次及其技术体系如图 5-9 所示。

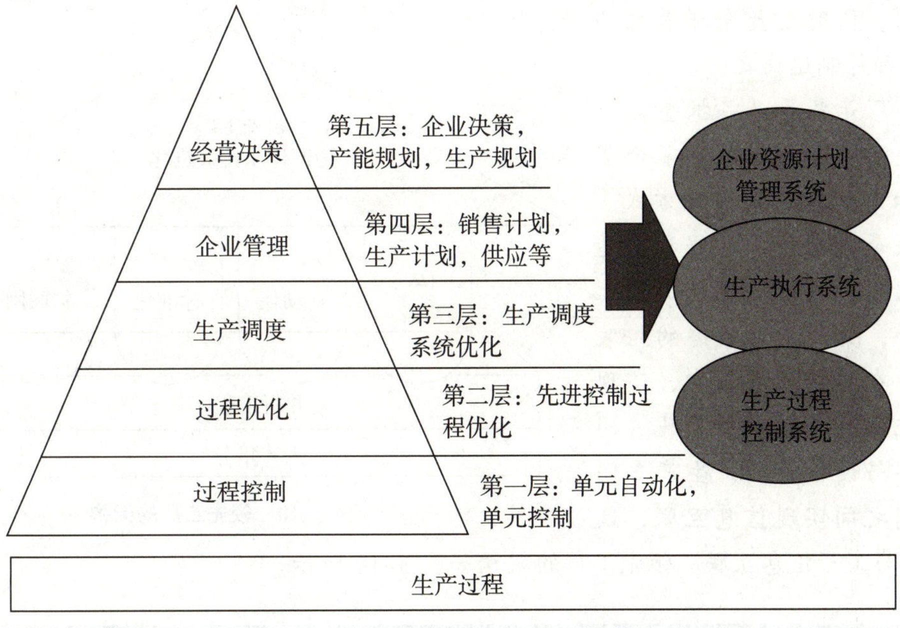

图 5-9　工厂自动化系统的管理层次及其技术体系

上述五级分层也可归纳为企业管理决策系统层（ERP）、生产执行系统层（MES）和过程控制系统层（PCS）3 层结构，采用计算机支撑系统（企业网络、数据库）进行系统集成。其中，ERP 和 MES 必须建立在设备自动化和过程自动化基础之上。

2. 工厂自动化与信息化是有机融合、不可分割的整体

采用现代信息技术，可以降低消耗，提高生产率，提升企业产品质量。将先进的制造工艺技术、现代管理技术与先进的信息技术相结合，实现以提高总体经济效益为目标的传统工业技术改造。把现代信息技术融入到传统制造产业中，能够促进传统制造产业向智能化、数字化、网络化、虚拟化、敏捷化的方向发展。此外，企业自动化离不开企业信息化。信息化需要与自动化融合，在实现自动化的过程中，充分发挥信息化的作用，实现两者协调发展。

总之，在企业系统规划与实施过程中，必须明确工厂自动化系统的基础地位，加大对工厂自动化基础建设投入，运用计算机集成制造系统（computer integrated manufactuirng system，CIMS）的思想，以信息集成和协同运行为目标，做好统一规划和设计，实现生产自动化系统与企业管理信息系统的快速、协调发展。围绕产品设计研发、流程控制、企业管理、市场营销等环节，提升自动化、智能化和管理现代化水平，促进传统制造业的结构调整和改造升级。

但同时需要注意的是，生产的自动化与信息化融合不能简单等同于传统的 CIMS。传统的 CIMS 更多聚焦于 MRP 的生产管理系统，并不能直接提高生产运行效率。因此，生产的自动化与信息化的融合不能简单理解为借助信息化技术手段实现制造自动化，只有与生产管理方式相辅相成，才能够发挥最大效能。

知识拓展

日本电装的领先工厂

领先工厂是日本电装公司 2015 年提出的一个概念。电装公司是日本汽车产业最大的系统零部件制造商，同时也是全球最大的汽车系统零部件制造商之一。

领先工厂是基于产品批量减少而成本不变的思想提出的，融合了精益生产和大批量定制生产方式。其具体做法是先对生产流程和制造设备进行改造，将原有生产工艺上的装备缩小，并集中到最终的组装车间安放。在改造的过程中，实现设备自动化和生产流程标准化。同时，在设备与设备之间、生产车间与生产车间之间实现信息互联，最后实现工厂与工厂信息互联。领先工厂的架构如图 5-10 所示。

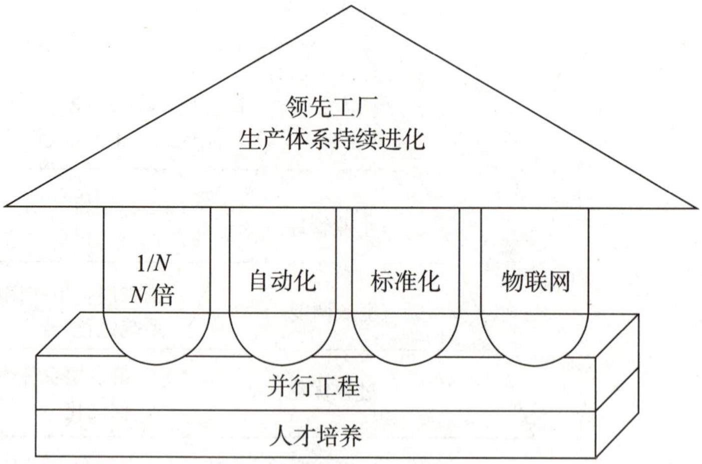

图 5-10　领先工厂的架构

领先工厂的架构设计主要是从生产工艺流程角度，采用 ECRS 原则，即取消（eliminate）、合并（combine）、调整顺序（rearrange）、简化（simplify），将生产工艺流程中的不同工序、作业、动作

等进行整合，并进行必要的工位调整，重新对工厂车间布局、物流路线与工位布置进行精益规划，实现连续流生产。

在领先工厂的实际导入过程中，日本电装公司对生产设备同步进行了小型化、自动化、信息化改造。在设备实现灵巧化的基础上，对生产工艺流程与工序进行优化重组。组装车间实现生产工位与设备的集中布置。按照工艺顺序形成连续流生产，在制品库存大幅降低，节约生产与物流仓储面积。在上下料和换模过程中，采用机器人替代人工，实现整个生产过程自动化。

从日本电装公司的领先工厂案例可以看出，电装公司的生产模式创新是独具特色的。不断运用业务流程重组和 ECRS 原则，持续对企业流程进行优化、重组与集成。更为重要的是，将生产管理创新与生产自动化、信息化举措并行发展，实现生产流程、制造工艺、设备工装的迭代创新，提升企业生产水平。

任务实施

观摩一家汽车生产线中自动化技术与信息化系统的融合效果，编写详细的实践报告，记录系统实施过程中的经验、发现的问题和改进措施。

____

____

____

任务工单

报告撰写	1. 总结生产自动化的主要优势。 2. 提供汽车生产企业在自动化与信息化融合方面的案例，分析其实施效果、面临的挑战及解决方案。
请在任务结束前完成最终报告的撰写和提交。 若遇到问题或需要支持，请及时联系任务负责人或相关专家。 任务负责人签字：____________ 任务审阅人签字：____________ 日期：____________	

任务四　精益生产是智能制造的基础

任务描述

精益生产强调的是以客户需求为导向，通过拉动生产系统，只在需要的时候，按照需要的数量生产所需的产品，从而避免过度生产、库存积压等常见问题。此外，它还倡导通过工作流程的优化，减少不必要的移动和等待，提高生产过程的流畅性。例如，丰田的“看板系统”就是精益生产中的经典应用，它通过看板传递信息，指示何时、何地以及生产多少产品，有效地实现了生产过程的精细化管理。

任务分析

本任务旨在探讨精益生产与智能制造的关系，分析它们的融合方式以及信息化对精益生产的支持，并深入研究这些理念对中国制造业的启示。通过学习精益生产和智能制造的结合点，学生能够了解信息化对生产方式的影响，并提出精益生产在中国制造业中的应用建议。

任务重点

一、精益生产与智能制造的融合

自20世纪以来，制造技术的重要发明与主要管理思想发展相辅相成。伴随流水自动线、数控技术、高速加工制造、柔性自动化技术等先进制造技术在汽车业的广泛应用，工业工程、丰田生产方式、敏捷制造、同步生产等先进生产管理方式应运而生。

智能制造是从制造技术的角度，运用现代化的信息技术、新材料技术、柔性制造技术、物流技术、自动化技术与先进管理技术等，对产品结构和制造流程进行重构，把产品生产全部或者部分转化为批量生产，以大批量生产的成本和速度，为单个客户或小批量、多品种市场定制任意数量的产品。

智能制造与精益生产二者的融合如图5-11所示。

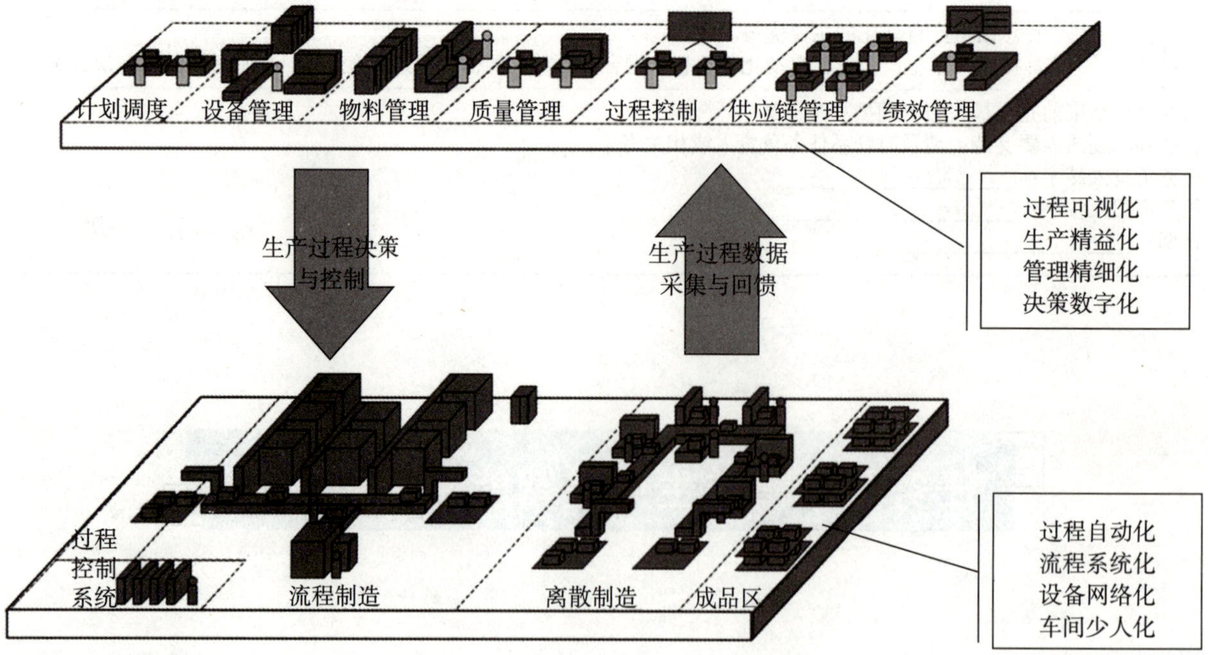

图5-11 智能制造与精益生产的融合

知识拓展

智能制造与精益生产

1. 目标一致

精益生产的本质是消除生产过程中非增值的活动，而智能制造是使增值活动柔性化、智能化。精益生产与智能制造的目标一致，均强调多品种、小批量的柔性生产。因此，精益生产和智能制造的关系首先是相互融合与渗透，智能制造以技术应用为主，而精益生产以管理手段为主。

2. 智能制造是精益生产的应用系统实现

精益生产是精益管理在生产过程的具体应用，包括 JIT、约束理论、安灯（Andon）、看板（Kanban）等工具。在传统生产过程中，精益生产理论及其工具基本都是各自独立的系统，但是在智能制造环境中，精益生产的管理逻辑作为智能制造的系统逻辑基础，用于智能制造的计划、质量、物料、物流等环节的流程、功能与指标设计。

3. 精益理念是智能生产的基石

在对制造流程进行重构时，智能制造需要以精益生产管理思想为目标，从质量、成本、交期的角度，对产品设计与制造流程进行合理化。将精益优化后的生产组织模式、业务流程和生产物流布局运作方式相结合，实现人机结合的自动化应用。精益被德国列入构成未来智能工厂的 4 大模块之一，这 4 大模块分别是精益、高技术、模块化及领导力。

（一）一个流生产

个性化定制生产需要实现变种变量的混流生产。对精益生产而言，混流生产的目标模式是一个流生产、单元式（模组化）生产、批次管理与单品管理同时兼容。一个流生产使生产线的每个产品从进线到出线的加工周期明显缩短，减少搬运次数，提高生产效率，节省生产占地面积和大量的工位器具。同时，一个流生产能够及时发现问题，减少批量质量事故的发生。

（二）全过程协同

在全球化制造的大背景下，为了快速响应市场需求，制造企业更加关注核心竞争力，制造合作成为企业快速发展的一种有效途径。随着制造合作的广度与深度发展，企业供应链的组织结构与业务流程愈加复杂。企业间、部门间的流程运作效率高低直接决定了协作效果和生产效率。此外，随着制造业信息化程度的提高，存在大量的异构信息系统，协作组织间的信息与流程不畅进一步加剧。

管理基础的优化是精益生产的第一步。其内容包括组织流程合理，设备物流匹配，流转切换顺畅。精益生产强调对组织流程的持续优化。运用业务流程重组对企业流程进行优化、重组与集成。信息是精益生产持续改善的有效工具。

通过对内部流程的优化与信息化，实现管理体系智能化、数字化和可视化。通过高度协同的生产物流组织架构及流程，实现计划生产物流组织的高度协同。同时，新的物流体系、品种切换体系可适应市场需求的频繁变化。例如，通过 MES 将生产线管理、物流管理、设备管理、质量管理与现场作业团队进行系统集成，实现工厂车间级的智能化协同；通过 ERP 系统实现部门间的系统协同和账务流转。这样，工厂的生产节奏和管理业务流程能够协同高效，产品从投入到产出的时间才会明显缩短，面向市场的敏捷反应体系才能构建，企业也才能拥有快速响应、低成本与高品质的竞争优势。

（三）拉动式生产

对大批量定制生产而言，生产线较多采用传统的流水线批量生产模式。由于品种和批次多，生产过程中的工装切换较为频繁，传统大批量生产存在生产效率较低、生产进度不易保证、在制品库存高、物料供应复杂等问题。

精益生产主要采用均衡化、同步化和一个流的生产模式，实现节拍化、低库存的拉动式生产。在一个流的混流拉动生产过程中，基本上只有一个产品在各工序之间流动，整个生产过程随着单件产品的生产进行而保持流动，并使每个工序、每项操作与生产线的单件产品生产工时相匹配，物料实行同步排序供应。丰田在具体实现方式时，生产的计划与调度实质上并不采用集中计划形式，而是依靠一种低成本的看板方式来传递生产过程的各种信息。生产线采用管理看板及时监控生产线节奏，追踪工单 / 指令执行的实时状况，如投入状况、产出状况、在制品数量、不良数量、报废记录等信息。各生产单元通过看板完成计划决策与组织调度。因此，精益生产的信息传递与利用模式本质上与智能制造是相同的。

（四）可视化管理

可视化的看板管理是精益生产的重要内容。看板是被广泛应用于工序、车间、工厂之间传递生产相关信息的一种可视化工具。通过可视化看板，及时发现生产过程中的各种问题，减少生产的盲目性和生产秩序的混乱，以便立即采取措施解决问题、改善质量和提高生产效率。因此，可视化管理的需求在制造业普遍存在。智能生产系统作为软件系统，可视化电子看板是其重要的系统输出方式之一。

如图 5-12 所示，车间可视化电子看板系统是精益生产管理体系中的一个重要组成部分。在车间实际生产过程中，过程信息可视化、信息传递快捷化、生产过程透明化是提高生产组织效率的一种手段。通过数字化管理，使生产、品质、物料、异常等状况完全处于可视状态，为相关人员提供及时化信息，提高生产管控

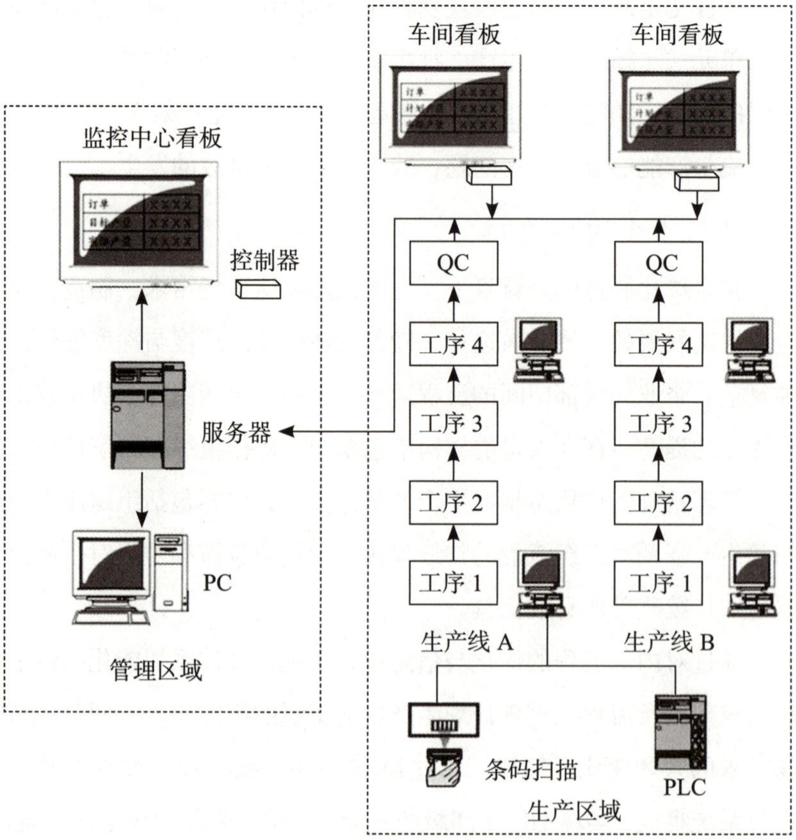

图 5-12　车间电子看板的可视化应用

能力，帮助企业实现 JIT 生产。

电子看板系统的主要功能包括以下几点。

1. 生产管理信息共享机制和平台

通过生产计划信息共享，使信息快速传递至企业相关生产部门，实现生产资源和生产过程的数字化管理与控制。例如，生产车间的前后工程同步拉动生产、物流部门的准时化物料配送等，从而避免在生产现场出现在制品过多、缺料等现象。

2. 计划与资源调度平台

计划与资源调度平台将生产任务、人员和设备进行分配与系统下达，生产现场及时接收任务指令，实现信息化派工。

3. 全程数据采集与分析平台

全程数据采集与分析平台实现生产进度、设备状态、物料消耗、产品质量等信息的实时采集与反馈。通过实时显示各种数据，建立详细的生产记录，为进一步优化生产提供基础数据。

（五）运营分析与优化决策

智能制造定义中的智能包括决策智能和执行智能。智能决策和智能执行是实现智能制造不可或缺的两个重要方面。智能工厂的支撑体系如图 5-13 所示，具体内容包括以下几个方面。

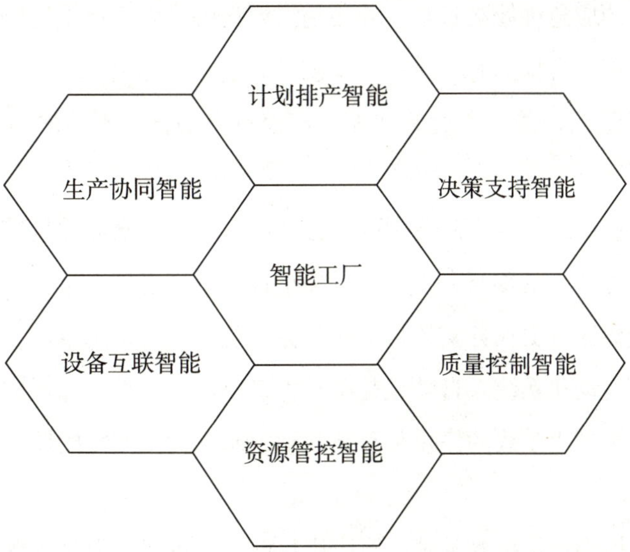

图 5-13 智能工厂的支撑体系

1. 智能计划排产

智能计划排产从计划源头集成 ERP，进行高级计划与排产（advanced planning and scheduling，APS）。

2. 智能生产资源协同

智能生产资源协同通过资源互联互通，实现数字化的生产设备、物料、工站的分布式网络化通信与资源集中协同管理。

3. 智能质量过程管控

精益生产的一大优势就是质量管理。对于质量管理，智能制造系统对影响产品质量的生产工艺参数进行实时采集，提供统计过程控制（statistical process control，SPC）、质量追踪、质量追溯、趋势分析等生产全过程多维度的产品改进和质量保证服务。例如，将对不合格数据统计的质量报告与员工绩效相关联；对生产数据进行试验设计分析（design of experiments，DOE），优化生产工艺参数，实现数据增值。通过多维度数据关联，实现数据的复杂追溯与趋势分析。

4. 智能决策支持

智能生产的关键是整个生产过程的分析与决策优化。智能决策支持是基于大数据分析的决策支持，形成管理的闭环，实现数字化、网络化、智能化的高效生产模式。这种分析决策一般是从 5M1E 出发，即收集生产过程中的设备（machine）、工艺（methood）、材料（material）、人员（man）、检验（measure）、环境（environment）等大量数据，采用质量管理手法、SPC、效率分析等精益生产工具进行产品生产过程数据的处理与分析，在对制造系统的计划和进度开展系统化安排、追踪、监视、控制的基础上，实现物料流动、质量管理、设备控制和系统集成的一体化管理，最终达成制造精益化目标。

（六）人机协作

生产自动化系统具有车间设备状态跟踪、质量监测等功能。在设备出现异常后，控制系统会自动停止设备运行。但是，设备的应急维修与日常保养还是需要设备维修人员根据经验进行现场作业。同时，在正常生产过程中自动发现不合格品时，质检、工艺、制造等各部门需要根据不合格信息，及时进行分析判断，发现问题原因并进行决策。因此，智能生产仅有自动化是不够的，人仍然是生产的第一核心要素。

精益生产强调人在企业组织与生产制造中的核心地位。例如，全面质量控制（total quality control，TQC）、TPM、自动化均强调人的参与，重视人的能动性对生产管理水平的提升。精益生产并不要求彻底的生产自动化，而是希望通过更加务实的自动化与标准化，间接达到生产自动化的结果。自动化可以看作一种人机结合的简易自动化系统。自动化是精益生产中保证质量、降低成本的一种重要手段。它要求每个操作员工都能自主控制生产线的停止和重新起动，起到对生产线的监视与管理作用。这与智能生产强调人机协作的思想相吻合。

机器人、加工中心、检测计量技术及其实际应用目前发展迅速，但是受到生产工艺和成本制约，相当多的产业尚未大量导入全自动化生产方式。一方面，通过自动化可以减少设备调整、人员操作等导致的效率与质量问题，降低生产成本；另一方面，由于自动化设备并非无限制的柔性，设备柔性与设备成本一般成正比。高昂的设备投入需要考虑设备维护、产品更新带来的一系列新问题。因此，柔性生产是否适合采用全自动化生产方式，需要综合考虑生产效率与投入产出的成本分析。

对大多数制造企业而言，简单、重复、繁重、单调的作业环节较容易实现自动化。需要复杂判断和非常频繁切换品种的环节对智能化要求过高，投入产出并不一定合理。在企业导入自动化生产的过程中，智能人机结合的方案更加灵活，兼顾高效率和低成本。

知识拓展

宝马非接触式手势检测系统

宝马兰茨胡特工厂在汽车保险杠生产中采用了非接触式手势识别系统，这种系统可以作为一种智能人机交互的范例。

非接触式手势识别系统由安装在产品检验区上方的两台三维摄像机、红外传感器、后台服务器组成。后台数据处理服务器负责获取与存储保险杠三维实体模型，并在后台分析系统中建立检验区域三维空间扫描坐标系。

工件在检验区进行人工质检时，检验人员通过手势开展检验工作。例如，检验人员通过手势指示缺陷所在的具体部位时，图像识别系统可以精确记录该手势及其指示位置，并在后台系统自动分析手势含义，自动标识缺陷具体位置以及偏差数据。当零件合格时，检验人员只需滑动手指，就可以指示系统该零件通过检验。在这套质量检验创新系统的支持下，不但能够加速检测过程，检验精度和零件偏差的定位精度也大幅提升。同时，因无需配备护目镜、麦克风等装备，提升了检验人员工作的舒适度与工作效率。

因此，工业 4.0 并非一味追求自动化，排斥人参与生产的全过程；与之相反，未来的智能制造应着眼于更高层次的人机交互领域，在制造过程中实现人机间的紧密高效协作。

（七）作业标准化

标准作业是车间实现精益生产的前提条件。智能生产对标准作业的作用主要体现在标准作业与流程优化两个方面。

1. 标准作业

首先，精益生产需要逐步建立起基于标准的数据技术基础设施，从而帮助企业在生产技术层面实现内外部的连接、集成和协作。其次，生产数据分析模块可以提供完成产品各道工序加工的标准工时以及不合格品统计功能。标准工时的制订与作业人员每天工作量有着重要关系。标准工时的数据来源是由原始数据以及数据采集模块提供，通过公式计算得出各工序加工的标准工时。此外，操作人员还可以通过现场信息系统查看标准作业指导书。

2. 流程优化

智能生产是在持续精益改善的基础上，将优化后的管理流程、生产物流布局和运作方式辅以必要的生产自动化与信息化系统，让智能工厂高效、低成本且更加灵活。

二、信息化与精益生产方式密不可分

相比与大批量生产方式，以 JIT 为特征的精益生产更关注于混线生产方式。由于人们理解的不全面以及当时的技术背景，对于日本丰田提出的丰田生产系统（Toyota production system，TPS），通常被简单地认为比较强调消除浪费、人的主观能动性、组织机制建设和低成本现场改善等方面。但实际上，从福特流水线、丰田 TPS 到精益生产，实质上都十分注重生产的流动性。在从原材料到产品交付这一过程中，福特采用一种自动流水线取代传统的分段式生产，提高生产流动性。而丰田在其流水线生产基础上，采用连续流、JIT 拉动等理念，进一步提高了生产的流动性，实现降本增效的目标。受限于当时的技术和低成本理念，丰田采用传统看板作为提高生产流动性的主要手段之一。看板作为一种信息指示，用于实现对生产流程的拉动。

随着市场需求的进一步多样化、定制化和短交期，制造企业需要采用柔性生产方式予以应对。柔性生产方式的生产流动性要求更高。这种生产流动性体现为计划、生产、库存、物流和供应链的系统性整体流动，而脱离信息技术的传统精益生产手法已很难应对这一变化。在实现精益生产方式的生产组织上，企业信息化系统和电子数据交换技术至关重要。信息化系统可以满足生产柔性和组织多样化的应用需求，通过数据有效采集和信息有序流动，实现生产计划、组织与流程的高效运作与动态调整。

首先，没有信息化系统的支持，传统拉动生产看板的定义、投放、管理、维护难以有效保证。生产管理者难以确定最佳的看板数量并保证看板的及时性，人工运作看板信息容易造成内部看板流转时信息经常丢失。因此在实际应用看板时，必须根据需求数据制订详细的生产计划，而计划的决策制订过程必须依靠信息化系统的存储、计算和传输能力。

其次，由于没有与业务系统相连，生产现场与供应链缺乏必要的可视化管理，生产沟通成本增加，沟通的及时性无法保证。生产过程一旦发生变动，由于生产与供应链的流程衔接不畅，进而影响整体生产体系的正常运作。这个问题在汽车行业中更加突出。

汽车制造是一种复杂的生产制造过程，它既属于大批量生产模式，同时又属于个性化定制生产模式。用户需求不断变化，市场需求波动加大，产品定制化和混合程度高，工艺技术变化频繁，这些挑战需要先进的生产和供应链系统作为辅助工具，同时对整车厂及其供应链提出更高的管理要求。

（一）数据采集与流动

1. 基础数据的采集和分析

在混流生产情况下，生产管理决策更为复杂，需要采集大量的生产数据用于决策分析。如零部件库存量、在制品量、成品量、出库量、生产线机状等。在丰田连续流生产与准时化物流体系中，上述数据的采集一般采用电子看板来进行读取与转换。在电子看板中包括物料的料号、库位代码、包装标准收容数（standard number of package，SNP）、盛具数量、盛具类型、供应商代码、物流路线代码等信息。电子看板的具体显示信息会根据使用地点、方式、使用目的的不同而有所不同。通过读取看板信息，系统可以对上述数据进行自动抽取与分析，进行系统辅助决策，确定物料合理库存、生产数量与时间、物料领取或配送数量与路线，甚至进行缺货或溢出预测等。

2. 生产指示的按需传送

混流生产线的产品规格多样，每种产品的生产工艺和参数都存在差异可能。在产品单件流动过程中，要求生产指令能够以恰当的形式及时、正确传送给对应生产区域、工序、工位的作业人员或设备。

当汽车混流生产时，不同车型是根据一定生产顺序来组织生产的。各工序的信息数据流是实现汽车混流生产的前提。每台车辆的相关车型信息在汽车生产线上具有唯一的流水号。当车辆以流水线方式运行到某一工序固定管理点时，系统自动从车辆管理卡或其他信息载体读取流水号，通过电子数据交换（electronic data interchange，EDI）方式，自动从后台数据库系统提取和发送关联设备或系统终端需要的生产指示信息，指示操作人员、机器人、机器人、自动输送线均按照生产指示信息执行相应的动作，同时将该流水号所对应的生产过程数据集中回传至后台数据库。

例如，当车辆经喷涂车间进入总装工序时，系统自动读取固定在车身的电子条码，将车型信息回传至后台生产管理系统，系统自动下达总装工序设备控制参数或品质管理确认参数，这在一定程度上简化了生产工序，规范了总装作业人员的作业标准，从而形成自动化的汽车精益生产体系。同时，车身条码信息还会自动触发该车型所对应零部件的准时制分拣与物流配送，体现了精益生产中的 JIT 特色。

（二）生产计划管理

在 TPS 体系中，生产管理（以下简称生管）是除直接生产单位以外最重要的职能部门。生管的主要管理对象包括采购进度、生产进度和交货进度。这在很大程度上区别于一般意义上生管的生产计划制订和监督。从工作内容上讲，TPS 的生管是企业生产与物流的控制和监督者，需要和企业内部所有职能部门、供应商以及客户进行最直接的接触和工作的协调，这就要求生管必须在第一时间掌握生产与物流的准确数据，以应对和协调各方面的需求。

1. 生产计划与调度

对精益生产体系而言，着眼于多品种、小批量的定制生产，但实际生产过程存在很多不确定性影响因素，如缺料、设备故障、质量异常、人员请假、订单变更等。为了实现及时、动态的生产排程和调整，使生产具有一定的柔性，对整个生产线上的产品生产状态信息的跟踪、计划与决策显得尤为重要。对制造业而言，可采用条码、RFID、自动采集、人工采集等方式对生产过程中各个工序进行工艺、品质和物料追踪。

2. 生产预测与决策

通过对生产计划和生产实绩数据的集中分析，可以准确把握工序间的生产周期。在此基础上，可以预测一定周期内的产品生产时间，用于准时化物流系统的调度。以看板拉动为例，可以确定一定时间后的每一台生产车辆通过各工序的具体时间，从而计算出对应时点所需要的零部件订货看板数量，实现 JIT 供应。

（三）基于数据的用户服务与生产改善

由于信息系统可以监控生产的全过程，可以随时按订单跟踪产品的生产过程，让用户明确知道订单的生产与物流状态。同时，系统自动保存产品生产的历史数据，当产品出现品质缺陷时，可以快速查明缺陷对象产品的范围，便于召回和汽车售后服务。信息系统还可以自动更新生产相关信息并进行预测，为准时交付提供了有利保证，最大限度上赢得用户信任。

通过对一定时间内特定产品生产过程的集中分析，结合生产现场人员、设备等因素，针对产品缺陷或产品某一阶段生产周期为调查对象，通过大量集中数据反映可以调查出生产过程存在的主要问题，获取生产改善的准确资料，从而制订相应的改善手段措施，优化生产过程中的各种问题。

三、对中国制造的启示

我国自 20 世纪 80 年代初便引入精益生产理论，90 年代开始开展了双甩（甩图纸和甩账本）工程、CIMS、两化（工业化与信息化）融合等信息化战略工程。在不断的应用实践过程中，精益生产方式与信息化系统的融合是传统制造企业提升核心竞争力的重要手段。遵从大批量定制的理念，基于汽车制造业长期实践的精益生产拉动生产模式，智能生产的未来发展模式将是一种针对更小批量、更多品种的混线生产模式。这种精益智能生产模式是以信息物理系统（cyber physical systems，CPS）技术以及系统集成等信息技术为基础，将准时制生产模式向供应链前端推广，直接延伸至用户，如图 5-14 所示。

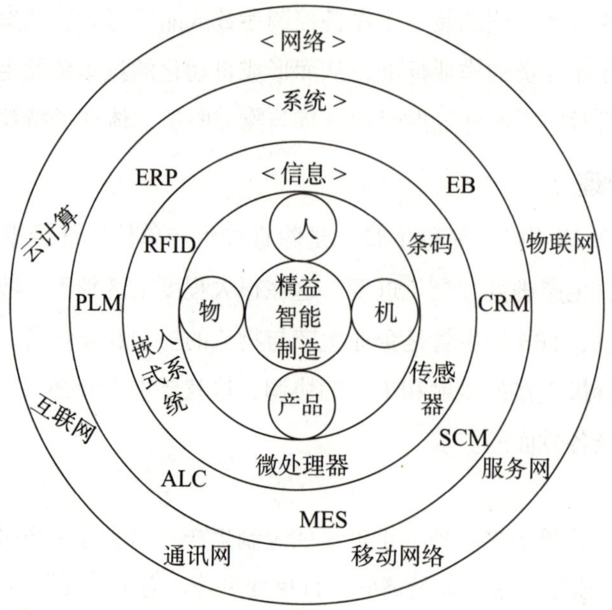

图 5-14　以精益为核心的智能制造

智能生产实现计划、生产和控制的智能化管理。智能计划实现接到订单后的生产科学排程，也包括应对设备故障、人员缺岗等临时性问题的现场动态调度。智能生产实现人机结合有效的生产执行过程。智能控制通过控制物料、设备、人员、流程指令和设施在内的所有制造资源，实现资源的有序供应与使用。在智能计划、智能生产和智能控制的基础上，搭建企业实时化的计划管理、制造执行与生产控制 3 层体系结构，在实现个性化的大批量定制生产的同时，缩短生产周期、减少在制品数量、缩短生产提前期，提高产品质量，降低人力资源消耗。

我国制造业的整体管理水平相对落后，相当一部分企业的生产过程管理、绩效考核、流程约束相对比较松散，工厂与设备布局相对落后，物流体系、品种切换体系缺失，信息化与自动化应用层次整体尚处于初级阶段。制造企业对智能生产的认知存在一定误区：将智能化等同于信息化、自动化；将智能生产简单地认为是软硬件系统建设；对信息化与自动化期望值过高，而忽视人、组织与流程等软性因素对生产的促进作用；系统建设的连续性与系统性不足，缺乏科学合理的规划；过于乐观，期望一步到位。

因此，考虑到我国制造业的实际现状，我国制造企业在开展智能生产时，需要首先构建精益体系这一基础环节。通过对精益生产理念的倡导与实践，从生产工艺的改进出发，有步骤和目的性地提高生产自动化水平，循序渐进地开展自动化和信息化融合，最终实现制造业的全面升级。

任务实施

研究一些成功将精益生产和汽车智能制造相结合的企业案例，分析其实施策略、技术应用和取得的成效。

任务工单

报告撰写	1. 分析精益生产与智能制造的融合机制，如何通过精益管理提升智能制造的效率。 2. 提供成功将信息化与精益生产结合的企业案例，展示信息化如何增强精益生产的效果和实施过程中的实际挑战。 3. 提出针对中国制造业的政策和实践建议，帮助企业更好地实施精益生产与智能制造的融合，提升全球竞争力。
请在任务结束前完成最终报告的撰写和提交。 若遇到问题或需要支持，请及时联系任务负责人或相关专家。 任务负责人签字：____________ 任务审阅人签字：____________ 日期：____________	

任务五　精益智能生产的核心系统——MES

任务描述

MES 是连接企业资源规划（ERP）系统与生产现场的桥梁，它实现了生产过程的实时监控、优化调度和资源集成。在复杂的生产环境中，MES 能够提供精确的生产指令，确保生产活动按照预定的计划和标准进行，从而提高生产效率，降低运营成本。以汽车制造业为例，MES 可以追踪每一颗螺丝、每一片车身面板的来源和去向，确保零部件的质量和追溯性。在生产过程中，如果 MES 检测到某一道工序的效率下降，它可以立即调整后续工序的生产节奏，避免产生大量的在制品库存。据统计，实施 MES 的汽车制造商能够将生产效率提高 20% 以上，同时减少 15% 的物料浪费。

任务分析

本任务旨在深入了解制造执行系统（MES）的核心内容，包括 MES 的信息模型、功能模型以及其内涵。通过对 MES 的详细分析，学生将掌握 MES 在精益智能生产中的重要作用，理解其如何支持生产管理、优化生产过程、提升生产效率。

任务重点

一、MES 信息模型

智能制造涉及信息技术、自动化技术和生产管理技术。对智能工厂而言，智能制造的核心体系包括 ERP、MES 和 PCS。在基于 ERP/MES/PCS 的 3 层系统体系结构中，PCS 是控制系统的执行层，实现设备和生产线的自动控制。ERP 是业务管理系统的计划层，负责完成从销售订单到生产订单的转化。而从生产订单投入到产品完成的整个生产过程中生产订单信息在各级系统中流动，经各级系统的不同处理，直到产品完成的整个订单在制造执行阶段的管理任务由 MES 实现。

上层 ERP 业务计划指令通过 MES 传达到生产现场底层的生产设备控制系统。同时，生产现场的信息又通过 MES 及时收集、上传和处理，并将数据处理结果返回 ERP。MES 是 ERP 的数据基础和保证。因此，MES 介于 ERP 与底层控制和自动化系统之间，是位于计划层和控制层中间位置的功能执行层，连接生产现场和企业经营，起着承上启下的作用。

美国先进制造研究机构（Advanced Manufacturing Research，AMR）将 MES 定义为位于上层的计划管理系统与底层的工业控制之间的面向车间层的管理信息系统。MES 作为联系 ERP 与 PCS 的纽带，为企业管理层与车间执行层提供一个双向的生产信息流，MES 的信息模型如图 5-15 所示。

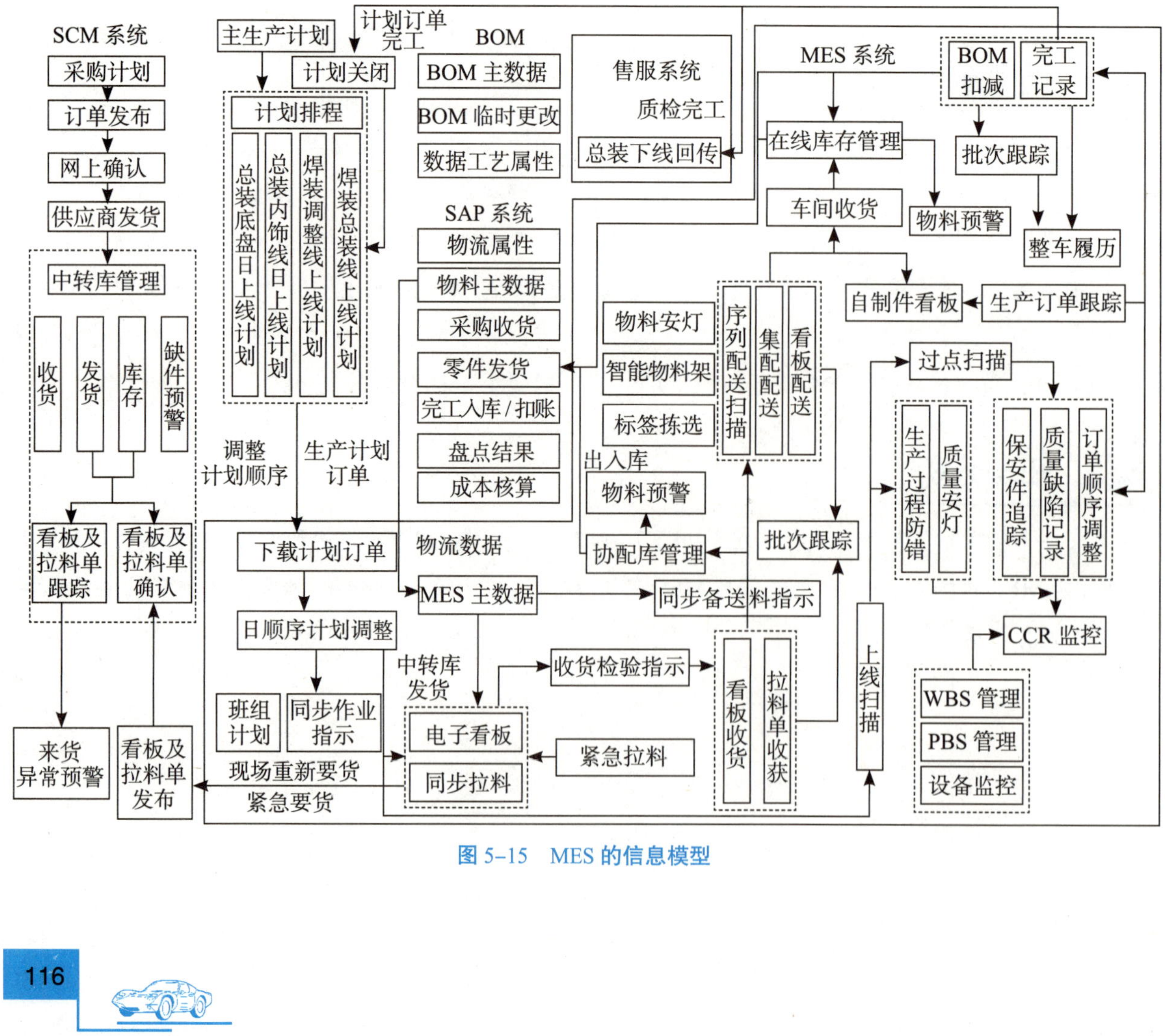

图 5-15　MES 的信息模型

MES 以订单数据管理为核心，实现如下业务流程。

（1）生产线现场数据采集。

（2）现场生产流程操作与监控。

（3）车间物料与物流操控。

（4）车间管理报表统计。

（5）车间质量（缺陷）管理。

（6）外围系统 / 设备的实时数据交互。

ERP、MES 与 PCS 的业务流与信息流模式如图 5–16 所示。ERP（计划层）将实时的库存数据、订单信息与物料需求等信息传送至 MES。MES 进行生产排程和生产组织，以此满足订单需求。MES 作为中间层，负责将订单、配方等进行数据处理，转化为相应的作业程序或作业指示，用于驱动生产设备的控制系统或作为生产现场人员的作业指示。当作业程序、相关流程、文件及其他相关生产需求准备就绪，底层的控制系统便运用所有工厂内相关资源（软、硬件及人员）进行生产制造过程，达成产品生产目标。

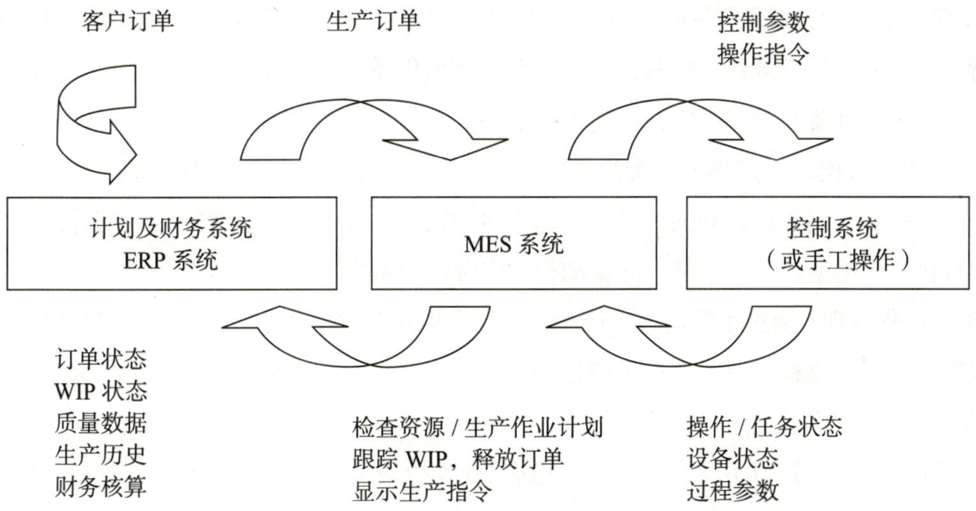

图 5–16　ERP、MES 与 PCS 的业务流与信息流模式

二、MES 功能模型

在 AMR 三层结构的基础上，MES 划分为车间管理、工艺管理、质量管理和过程管理等 11 项功能的框架模型。该模型强调 MES 是一个与其他系统高度集成的生产系统功能平台，在功能上可以根据不同行业和企业的具体需要与其他系统集成。其集成功能模型如图 5–17 所示。

MES 的主要功能包括以下方面。

（1）资源分配及状态管理。资源分配及状态管理主要用于管理设备、工具、人员、物料、能耗以及其他生产资源，满足生产计划和调度的要求，提供资源使用情况的历史记录和实时状态信息，保证生产正常进行。

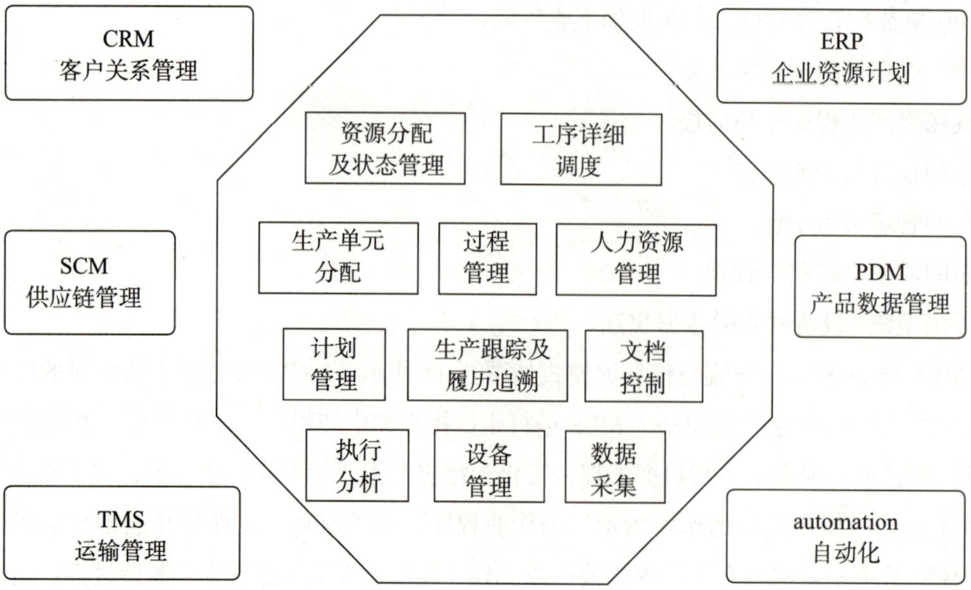

图 5-17　MES 应用功能模型

（2）工序详细调度。基于资源有限能力原则，根据生产工序的优先级、属性、特征等，采用交错、重叠和并行等方式确定设备开停、物料供应以及其他辅助作业时间，实现最优的生产作业顺序，最大限度减少生产过程中的准备与等待时间，提高生产效率。

（3）生产单元分配。生产单元分配是指以订单、工单、批量和作业等形式管理生产单元间的工艺流与业务流。可提供车间生产计划的优化，如基于缓冲机制的在制品数量管理等。同时，在发生生产异常时，能够提供相应的生产调度信息，并驱动相关资源进行响应。

（4）生产过程管理。通过系统监控生产全过程，采集并及时反馈生产异常，提供相应的决策支持。通过实时跟踪生产作业流程，及时发现生产过程中的各种异常，并进行相应的异常报警与处理作业；通过数据采集接口，实现底层生产控制设备与 MES 之间的数据交换。

（5）人力资源管理。针对不同生产岗位，实时采集作业岗位的人员作业状态，进行工时统计与分析，可提供人员出勤率、效率、工作负荷、工时成本等分析报表，实现对人力资源的间接跟踪能力。

（6）设备管理。采集生产设备的各种状态数据与维修保全信息，为设备生产、日程管理和维修行为提供指示和监控，进行设备性能、产能统计和分析，提供设备稼动率、产能等分析报表，提高设备利用效率。

（7）计划管理。计划管理是指以物料计划、工单计划、设备计划、人员计划等为对象，实时监控生产过程中各项资源要素的具体活动，为生产计划管理提供辅助决策。

（8）文档管理。文档管理主要用于控制、管理并传递与生产过程有关的工单指令、生产配方、工程图纸、标准工艺规程、自动控制程序、生产过程记录、品质检验记录、工程更改通知以及工序转换操作时的通信记录，并提供重要数据编辑、存储与完整性维护等功能。

（9）生产追踪与追溯。根据生产批次与原料批次等信息，提供生产过程相关数据的实时查询和正反向追溯。通过批次信息追踪原物料流转过程、关键生产工艺参数、质量检验数据、周边生产条件、警报状态等内容。

（10）生产绩效分析。生产绩效分析是指以日、小时、分钟等为时间基准，针对质量符合性、资源可用性、资源使用效率、计划达成情况等内容，对生产过程的相关数据进行处理，提供生产消耗与产出的各种量化评价指标及其趋势分析。

（11）数据采集。数据采集是把生产过程数据、品质信息、物料数据、设备状态、装配线数据等，通过传感器转换为信号，然后进行编码转换与数据接口传输到上位机系统，进行存储与数据处理，为生产管理提供信息和数据。MES 的数据采集方式主要包括人工、条码扫描和 RFID 自动识别等方式。

需要说明的是，企业的实际生产过程中会产生大量、复杂的数据信息，MES 处于企业信息系统的计划层和车间控制层之间，需要进行上下层各种信息数据的交互与实时采集。通过对这些数据进行分析处理，并将处理后的结果以适合形式提供给企业各个层级，满足具体业务需求。随着设备互联、集中管理、远程监控等数据处理需求愈加明显。数据管理的规范化、安全化及大数据分析已经成为MES的必要条件。

三、MES 的内涵

MES 不是工厂的单一信息系统，而是横向集成、纵向集成、端到端集成的一个复杂集成系统，同时也是构成企业经营系统闭环回路中的一部分。MES 针对从订单到产品完成的全部生产活动，实时采集现场数据，经过分析与处理，实现对生产活动的计划、组织、指示、控制、调度、执行、报告和决策。通过对生产异常情况的快速反应，减少无附加值行为，提高工厂运行和生产效率。MES 的内涵概括如下。

（1）MES 可以控制物料、设备、人员、检验、工艺流程指令和环境在内的所有工厂资源，实现闭环反馈的生产管理。MES 关注从生产计划下达到成品产出的生产过程优化信息。对上层 ERP 系统的计划决策而言，MES 属于执行层；而对下层生产自动化系统则属于计划决策层，MES 处于中间层。

（2）MES 对各底层控制系统、仓储系统、动力能源系统等进行在线、实时数据采集，并对采集的数据进行分析处理，在此基础上，进行快速响应、在线生产调度、预测预警等。及时将生产现场的各类事件向上级管理部门汇报，为企业经营决策提供支持。

（3）MES 能够按照精益生产的思想，提供高效的生产管理功能，以此快速响应用户需求和生产条件的动态变化，减少生产过程中无价值活动，提高生产效率；提高工厂运行和事件处理的效率；提高设备利用率，降低库存和生产成本。

（4）MES 是一个分布式系统，横跨企业的部门、车间、班组和工位，对生产全过程相关的人、物料、设备和在制品实现企业横向集成。

（5）MES 通过对计划执行和对资源的控制与监视、质量流和工艺系统的跟踪，实现企业纵向集成。因此，MES 作为一种新的生产模式，把制造系统的计划与进度安排、追踪、监视与控制、物料流动、质量管理、设备控制等进行一体化考虑，从而实现数字化与智能化工厂。

（6）用户需求的变化导致产品、订单、工艺、技术日趋变化，仅仅依靠人工和经验进行生产调整的效率低、响应慢、缺乏竞争力。MES 的信息及时性要求以分钟，甚至秒级速度进行反应。采用 MES 解决管理与生产控制之间的断层是必然的。

图 5-18 反映了 MES 与其他系统之间数据流的对比情况。通常，如果设置系统现场的自动设备

时间延时是 1，MES 的延时等待时间是 10，而其他系统最快也要到 100，这是 MES 最大的优点和功能。

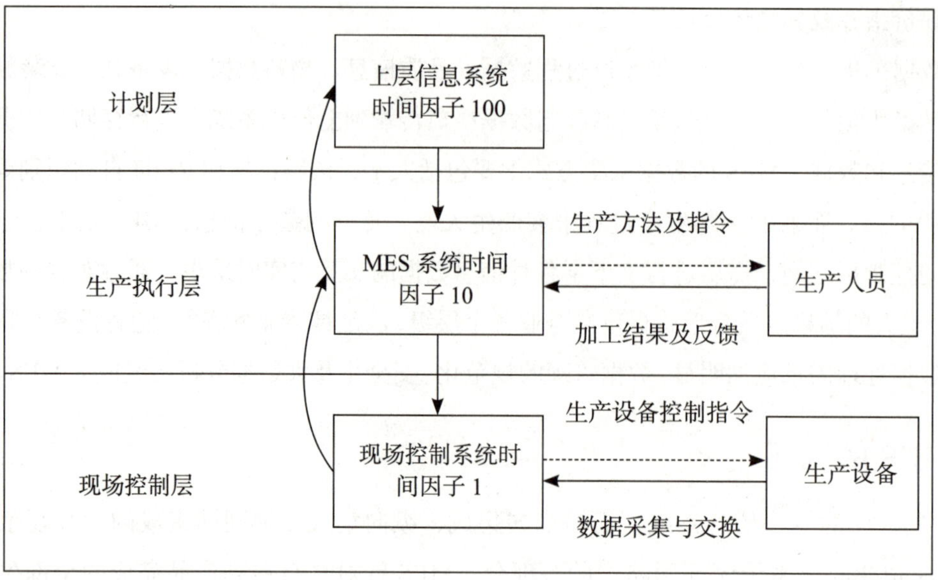

图 5-18　MES 时效粒度

MES 主要负责生产管理和调度执行。MES 关注整个工厂的生产过程，主要是通过生产调度、生产统计、成本控制、物料平衡和能源管理过程组织生产，并将信息加以采集、传递和加工处理，及时呈报企业管理信息系统，从而实现企业管理信息系统与过程控制系统之间数据的无缝连接与共享，实现产品与质量设计、统一计划与物流调度在生产全过程中的一体化。

此外，MES 作为车间作业现场管理、监测与控制的一体化平台，是精益生产思想在信息化时代制造业现场的落地与实践。MES 不仅要解决企业的实际问题，更要体现企业先进的管理理念，绝非简单的一个软件系统。对制造行业而言，精益生产是生产管理的灵魂，MES 应该体现精益生产思想，是帮助企业进一步实现精益生产的有效途径与软件载体。

任务实施

设计一个 MES 系统的信息模型。任务包括定义和建模生产过程中涉及的数据结构，确保数据的组织、流动和存储符合实际生产需求，并能够支持后续的生产调度和优化。

任务工单

报告撰写	1. 描述 MES 在智能制造中的角色。 2. 研究 MES 系统的发展趋势及对未来汽车制造业的影响。
请在任务结束前完成最终报告的撰写和提交。 若遇到问题或需要支持，请及时联系任务负责人或相关专家。 任务负责人签字：____________ 任务审阅人签字：____________ 日期：____________	

思政链接

格陆博科技：攻关中国智能汽车制造“阿喀琉斯之踵”

作为全球汽车生产第一大国，中国制造者的角色正向“智造者“转变。特别在新能源汽车、智能汽车领域，中国汽车品牌弯道超车，跻身世界领先者行列。然而，作为后发，国产汽车品牌在一些关键性技术上长期依赖国际巨头，不仅采购成本高，“阿喀琉斯之踵”的存在也将极大限制中国汽车行业未来发展空间。

格陆博科技有限公司是线控制动系统领域优秀企业，是集研发、设计、生产、销售、服务于一体的高科技企业。格陆博自 2016 年创立以来，深耕线控底盘系统中的线控制动技术。线控底盘扮演着“虚拟驾驶员”手和脚的角色，是自动驾驶的关键性技术之一。简单来说，自动驾驶的实现首先需要通过摄像头、激光雷达等感知系统搜集数据，汇总到作为“大脑”的主机系统，进行计算。“大脑”规划路线，提出行动方案，发指令给线控底盘，在接到指令后，底盘通过电信号由网络传递给电子控制器，最终实现转向、后退、加速、刹车等操作。线控底盘又可以分为线控油门，线控转向，线控制动三个系统，其中线控制动技术门槛最高，自主研发难度最大。

格陆博提供性能优异的 EPB、ABS、ESC、GDBC（two-box）、GIBC（one-box）、EMB（干式全电制动）、GASC（闭式线控悬架）、iCDS（底盘域控制器）等产品及软件服务。公司在南通拥有 53 亩生产及试验基地，建有研发、生产大楼及验证跑道，配备世界先进的电子总成测试、EMC 测试、无尘自动化组装流水线，并通过多个体系审核，拥有包括 IATF16949、CNAS、ISO26262 ASIL-D、ASPICE、SA8000、ISO14001 等多个证书，线控制动相关产品年产能均能达到 100 万件（套），自产自研电磁阀，年产能达 1000 万只。

格陆博的目标不仅仅限于线控底盘产品的供应商，而是成为集研发、设计、生产、销售、服务为一体的高科技企业。技术研发实力，结合综合产品实力，定制化、高质量服务客户的能力将成为格陆博着力打造的独家优势。

作为高科技初创企业和中国智造的新兴力量，格陆博攻坚线控底盘的核心技术领域，力求打破中国自动驾驶汽车制造业的“阿喀琉斯之踵”，体现了 30 年间中国汽车制造技术水平的积累和提高，也体现了新一代企业家和工程师开拓创新的勇气和担当。

项目小结

本项目主要介绍了精益智能制造的实施过程与核心要素。首先介绍了制造业在当前环境下所面临的机遇与生产管理的先进理念；其次介绍了生产自动化与信息化的融合，了解了如何通过集成先进的信息技术与自动化设备，提高生产效率和柔性；再次强调了精益生产作为智能制造的基础，展示了精益生产在减少浪费、提升生产效率方面的核心作用；最后介绍了精益智能生产的核心系统——MES 在生产调度、实时监控和数据管理中的关键作用，确保了生产过程的高效、精准和可控。通过本项目的学习，读者能了解先进理念和技术如何共同推动制造业向更高效、更智能的方向发展，为企业提升竞争力和实现持续改进提供了有力支持。

课后练习

一、填空题

1. 汽车零部件的供应商质量体系是包括__________、__________、__________、价格的一整套严密管理体系。

2. 汽车供应链协同一般包括上游客户与服务协同以及__________。

3. 对汽车制造业而言，并行工程主要运用于__________、__________、__________、小批试制等四个阶段。

4. 精益生产的核心思想是在企业生产经营全过程中，产品及时生产，消除设备故障，避免并消除生产中的各种浪费，追求__________、__________、__________、__________，以降低成本、提高产品竞争力为目标。

5. 智能生产对标准作业的作用主要体现在__________与__________两个方面。

二、问答题

1. 精益生产的核心思想是什么？

2. ERP 系统的主要功能特点有哪些？

3. 简述 MES 的主要功能。

项目六 汽车精益智能生产系统

项目导读

汽车精益智能生产系统是指在汽车制造领域应用精益生产理念和智能制造技术的生产系统。它旨在通过最小化浪费、提高生产效率和质量，并实现生产过程的智能化和自动化，以满足日益增长的市场需求和个性化要求。

在汽车精益智能生产系统中，智能设备、物联网技术、大数据分析和人工智能等先进技术被广泛应用。这些技术可以帮助优化生产线布局、实现自动化装配、提升零部件供应链管理、优化生产调度等。通过实时监测和分析生产数据，系统可以进行故障预警、质量控制和设备维护，从而提高生产效率和产品质量。

汽车精益智能生产系统的优势在于能够实现生产过程的高度灵活性和个性化定制能力，满足消费者不断变化的需求。同时，它还可以帮助企业降低生产成本、提高资源利用效率，并缩短产品开发和上市周期。

学习目标

知识目标

1. 理解汽车制造中信息化与自动化。
2. 掌握汽车生产信息系统。
3. 熟悉汽车 MES 架构。
4. 了解 MES 在 TPS 中的应用。

能力目标

1. 能够分析汽车制造企业信息化与自动化的需求，提出相应的解决方案。
2. 能够设计和实施汽车生产信息系统，满足汽车制造企业的生产管理需求。
3. 能够建立汽车制造企业的 MES 架构，并进行相关系统的集成和优化。
4. 能够应用 MES 系统优化生产流程，提高生产效率和质量。

素质目标

1. 增强学生解决汽车制造业信息化与自动化问题的能力，包括需求分析、方案设计和实施能力。
2. 提升学生对国内整车厂的案例分析和实际应用的研究能力，为本土化解决方案的落地提供支持。

思政目标

1. 培养学生对信息化与自动化技术的敏感度和前瞻性，关注行业技术发展动态。
2. 培养学生具有创新意识、实践能力和社会责任感。

任务一　汽车制造的信息化与自动化

任务描述

随着科学技术的发展，车企用到的 ERP 系统、MES 系统、ALC 系统所搭载的软件也在不断更新。为了更深入地了解当前车企用到的精益智能生产系统，全班同学分组开展“调查研究”活动。每个小组通过网络或纸质材料，了解一些车企用到的管理软件，并将相关内容汇总成表格，选派代表进行讲解，每组讲解时间不超过 10 分钟。

任务分析

汽车制造的信息化与自动化技术的融合代表了现代制造业的发展方向，通过深入分析汽车生产模式的演变和技术的应用情况，学生可以全面了解这些技术的实际效果和面临的挑战，为汽车生产的未来发展提供指导和建议。

任务重点

一、汽车生产模式的发展

汽车行业市场需求变化影响了汽车生产方式的发展。工业工程、自动化流水生产线、数控技术、精益生产、敏捷制造、高速加工制造以及柔性自动化技术等主要工业技术革命，都起源并广泛应用于汽车业。当前，汽车消费日趋个性化、多样化和品质化，如何快速响应市场变化与客户需求，加快车型更新换代节奏，缩短订单到货时间（order to delivery，OTD），实现面向订单生产的敏捷生产运作模式成为汽车制造企业的关注重点。

（一）面向订单的生产

汽车制造业具有典型的离散性特点，其生产运作的流程如图 6–1 所示。汽车企业生产以订单为导向，具有多品种、少量、多批次的特点。OTD 改变了库存加计划推动的传统生产模式，建立订单式生成（build to order，BTO）新模式。OTD 天数包括订单处理天数、生产准备天数、生产天数、库存天数和在途天数。OTD 对汽车供应链体系的生产制造与物流保证能力提出较高要求，要求从客户销售订单到车辆下线交付的整个价值链过程中，企业采用核心精益思想的生产拉动逻辑予以满足。

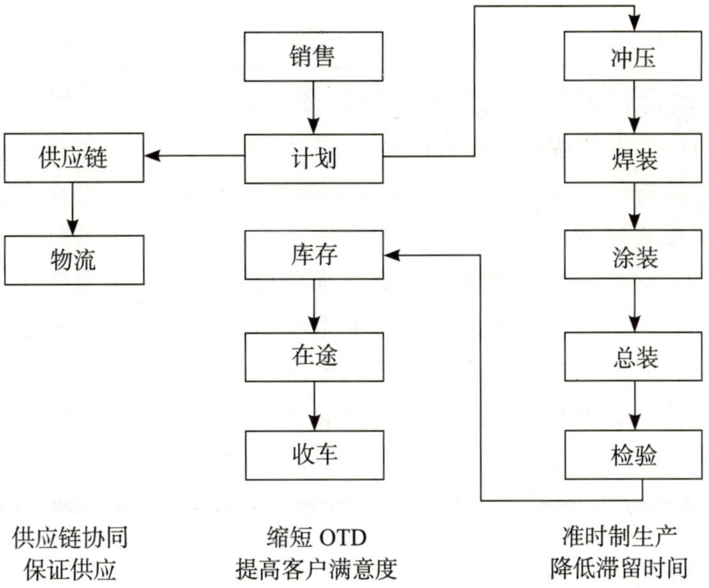

图 6–1　汽车生产的运作流程

（二）柔性生产

随着产品的系列化与生产产量的提升，汽车零部件品种和数量也急速增加，汽车生产管理的繁重性、复杂性和组织难度大幅提高，给生产排程、生产线平衡、物料供货模式、零件包装、运输和管理控制模式带来严峻考验。汽车企业需要通过提高汽车生产的柔性和标准化程度，满足产品与产能需求，降低生产成本，满足订单交付要求。

汽车柔性生产的能力主要体现在工艺柔性、设备柔性与组织柔性。工艺柔性以产品模块化为基础。设备柔性以生产与物流的自动化设备为基础。组织柔性以精益思想为主导的混流均衡化生产为基础。此外，柔性生产对车间产线布局和生产自动化控制提出更高要求。

（三）物流与供应链协同

汽车生产过程涉及的产品零部件可达上万种。面向订单的柔性生产，不但要求汽车企业在成本、品质和供应链管理方面具有很好的管控能力，同时也要求零部件配套供应商具有同样的生产、交付、成本管控能力。缺料、错料会对生产效率、质量保证、产品交期等产生致命影响。因此，汽车企业的物料与物流管理非常重要，如何提高供料准确性、物流及时性是重中之重。此外，对整个供应链体系而言，需要及时了解整个供应链的实时信息。在供应链的运作过程中，需要实现供应网络的透明度与高效运作，一旦出现问题，零部件供应单元能够予以快速响应。

（四）自动化与信息化融合

随着信息技术、自动化技术、机器人技术等先进制造技术的应用，汽车生产线不再是简单的人机配合生产，而是人、机器、信息系统和各种相关设备紧密连接在一起，自动化与信息化深度融合。

先进数控设备促进汽车生产整体进入柔性化时代。汽车工业的发展，对冲压自动线、精密铸件自动线、机器人焊装自动化成套装备、激光切割和焊接设备、机器人喷涂成套装备、总装自动化成套设备、数控刀具系统、测试设备等提出更高要求。

知识拓展

自动化和信息化成为现代化汽车企业的重要标志性技术

汽车制造对自动化技术的需求体现在高质量、少人化、柔性化、可追溯和透明化等方面。例如，企业为降低成本不断提高对劳动生产率的要求，少人化将成为重要发展趋势，相应带动机器人、自动检测、自动输送等系统的应用。此外，由于用户需求趋于多样化和个性化，订单式生产已成为不可回避的趋势，这就要求生产线可以提供多种选择。在实际生产时，需要多种车型、不同配置的车辆共线生产，这对生产柔性的能力要求提高，如自动识别车型、自动更换夹具、自动选择程序等。因此，自动化和信息化成为现代化汽车企业的重要标志性技术，一般在建设规划时都要给予充分考虑，需要从发展规划、生产管理、信息技术、自动化技术、综合成本等多个专业领域进行统筹。

二、汽车生产自动化与信息化技术

汽车制造是典型的多工种、多工艺、多物料的大批量生产过程。在汽车整车厂的车型增加、多车型混线生产、人力成本攀升和生产交货期缩短的大背景下，汽车的生产工艺与设备自动化程度不断提高。在冲压、焊装、涂装和总装等汽车 4 大生产工艺中，焊装和涂装是自动化水平要求较高的两个工艺流程，其生产任务主要通过工业自动化来完成。

（一）汽车生产的自动化技术应用

由于汽车的生产规模化和生产工艺的复杂性，对生产的自动化及其控制系统的要求高。自动化系统是提高生产效率、降低生产成本、提高生产管理水平的重要手段。自动化系统涉及的不仅是继电器回路的控制，还包括网络架构、路由决策、现场人机交互界面、远程监控、机器人的控制、远程的智能终端、系统的集成等多个方面，同时还要考虑网络的性能、稳定性及网络多种控制器件和单元，任何一个单元的故障都可能会造成整个生产线的停产。

1. 工业机器人

自动化设备可以显著提高和保证产品质量。工业自动化的核心装备之一是工业机器人。受到人力成本攀升及制造节拍的影响，整车厂对机器人的需求日益明显。在汽车行业，较为典型的工业机器人应用包括以下方面。

（1）焊接机器人

焊接机器人在白车身焊接过程中应用广泛，如点焊焊接、螺柱焊焊接、CO_2 焊。焊接机器人的焊点数量决定着生产线自动化率，焊点质量决定着整个车身质量水平。

（2）检测机器人

机器人在线激光检测主要用于确保车身尺寸，实现 100% 检测和失效立即控制。系统一般由机器人系统、检测报警控制系统、激光测量系统、数据分析系统和远程监控系统等部分组成。

（3）物流机器人

物流机器人是自动化生产线最基础的自动化工艺，具体包括搬运机器人、AGV 等。物流机器人通常会结合生产计划指令自动下达、自动化存储、差异防错等自动化技术，实现指令下达、接收、存储、识别、搬运等物流作业。

在汽车焊装、涂装与总装车间，上述机器人综合构成自动化生产线，实现汽车制造的自动化生产。例如，在白车身制造过程中，搬运、焊接、激光在线检测、在线冲孔和门盖包边等工位大量采用工业机器人技术，提高了生产的自动化程度，车身的焊接质量与生产效率得到同步提升。同时，在劳动强度大、环境差的工位全部采用机器人，大幅度减少生产人员数量。

2. 模块化自动组装

在汽车制造过程中，由于产品采用模块化结构设计，通常把汽车各子系统的产品结构与相互零部件组装集成为大总成模块。这样可以减少组装线长度和生产线组装工时，提高装配效率，提高生产节拍（tact time，T/T），并扩展装配线的柔性化程度，缩短产品生产周期。

例如，总装车间的底盘合车采用 AGV 自动导引小车，利用电磁或光学等自动导引装置，实现路径自动跟踪、转向同步行驶，并且具有障碍物识别、停车、自动调速和无线通信等功能，实现底盘合车无人化、自动化装配。

因此，汽车整车制造作为高度自动化的行业，柔性化、智能化的机器人是实现汽车智能制造的关键。

（二）汽车生产中的信息化技术应用

生产自动化程度对车间管理水平的要求高。由于对制造技术的关注更侧重于制造过程的设备自动化，在设备自动化程度不断提高的同时，生产管理效率反而提高缓慢。在汽车多车型混线生产过程中，物料准备、设备分配、流程控制和质量检验等管理的复杂程度、时效性要求和工作量大幅增加。单一的设备自动化难以提高生产组织的效率和物料的流动性，导致自动化设备难以得到高效利用。

1. 物流信息化

在汽车的大批量定制生产过程中，用户可以从上万种内部和外部选项中选定所需要的颜色、发动机型号等。汽车生产企业如果完全根据订单组织生产，汽车装配流水线上可能存在上百种样式的汽车。自动化的物流跟踪是顺利生产的前提条件。对于每道生产工序，必须要对汽车进行明确识别，以避免出现选配件错误安装、调漆颜色不对等问题。例如，在装配流水线上应用 RFID 技术以尽可能大量地生产用户定制的汽车。在装配流水线上配有 RFID 系统，电子标签上包含汽车组装所需的所有信息，在每个工作点都有 RFID 读写器，这样保证流水线各个工位处能够毫不出错地完成装配任务。

2. 质量信息化

质量管理是一个发现问题和解决问题的持续过程。在质量管理的信息化过程中，质量信息化形成了一个缺乏统一标准的多平台体系。通常是针对具体问题，采用信息化途径逐个予以解决。例如，丰田汽车秉承“绝不让不合操作标准的产品进入下一道工序”的理念，运用了 Andon 系统。通用汽车为了对装配过程中的安装力矩进行管理，导入质量检查操作单（quality check operation sheet，QCOS）系统等。这些系统需要通过整体架构使其便于系统扩展与集成。

3. 管理智能化

上述问题的最终决策或解决在很大程度上仍依赖于人的智慧。随着市场竞争的加剧和信息量的增加，这种依赖程度将越来越大。这就要求汽车生产系统具有一定的信息加工能力，特别是对信息的智能加工能力。通过数字化智能生产，实现生产过程的自动化和管理决策的信息化。

汽车制造自动化技术目前已经实现了 PLC、变频器、机器人、图像识别、数字控制等控制技术的一般应用。今后的需求主要体现在信息技术的标准化整合、智能设备的使用以及综合管理平台的搭建。标准化是降低信息系统开发与集成难度的重要措施。智能设备的主要作用是进行高速柔性生产。汽车制造业经过长期的信息化建设，开发和积累了大量的系统工具和过程数据，应该实现这些系统工具、数据的深度集成共享。因此，在汽车生产的自动化与信息化建设过程中，需要整体考虑，建构一个理念先进、技术合理、结构统一、功能完整、易维护和可扩展的生产管理信息综合平台。

知识拓展

德国奥迪的未来工厂

对汽车行业而言，汽车柔性制造数字化车间就是通过自动化传输设备，将生产线上各工序主要生产设备连接成一条数字化的全自动生产线，在 MES 的控制调度下，自动实现各生产线生产计划的优化编制、计划下达、计划修改及零件工艺路线设定、加工程序选择等作业；系统控制物料自动输送执行机构，进行生产线物料的自动分配、跨线调运、准时供应等；通过网络通信系统，控制生产线加工设备，自动调用加工程序，对来料进行加工，实现生产线全自动连线生产，达到生产线无人或少人化作业的目的。

2016 年德国奥迪公司提出未来智能工厂概念。在未来智能工厂中，传统的装配流水生产线消失不见，通过 AGV 实现产品的流动，零件运输由 AGV 甚至无人机完成。工站由独立智能工作岛（competence islands）组成。在独立智能岛，工人和机器人协作将电动机、燃料电池系统和内燃机等动力系统搭载到车身。焊接、组装、物流机器人遵循更高层次的逻辑，实现有序运行，使生产更加具有柔性。

奥迪智能工厂的核心技术主要包括以下方面。

1. 智能物流系统

零件物流是保障整个工厂高效生产的关键，在奥迪智能工厂中，零件物流运输全部由无人驾驶系统完成。转移物资的叉车也实现自动驾驶，实现真正的自动化工厂。

2. 智能机器人

在奥迪智能工厂中，小型化、轻型化的机器人将取代人工来实现琐碎零件的安装固定。柔性装配车将取代人工进行螺钉拧紧。在装配小车中布置有若干机械臂，这些机械臂可以按照既定程序进行位置识别、螺钉拧紧等。柔性抓取机器人不同于现阶段的抓取机器人，该机器人最大特点在于柔性触手，这种结构类似于变色龙舌头，抓取零件更加灵活。除了抓取普通零件外，柔性抓取机器人还可以抓取螺母、垫片等细微零件。

3. 智能装配系统

未来奥迪智能工厂将借助虚拟现实技术（virtual reality，VR）来实现虚拟装配，以发现研发阶段出现的问题。借助 VR 设备，设计人员可以对零件进行预装配，以观测未来实际装配效果。在一些线束装配任务中还需要人工的参与，装配辅助系统可以提示工人哪些位置需要人工装配，并在显示屏上显示最终装配是否合格，防止出现残次品。

4. 智能品质保证系统

数据眼镜类似装配辅助系统，数据眼镜可以对看到的零件进行分析，发现缺陷与问题。数据眼镜可以对员工或者工程师进行针对性支持。

任务实施

（1）全班同学分成若干组，每组 5～6 个人，分别查找车企用到的管理软件，并选出一名小组长。小组长分配小组成员完成收集资料、制作表格、讲解汇报等任务。具体执行过程可填写在下方横线处。

____

____

____

（2）将本次活动中遇到的问题、得到的经验等填写在下方空白处。

____

____

____

（3）你认为对汽车智能制造影响最大的是哪个管理系统，并说明原因。

____

____

____

任务工单

报告撰写	1. 描述常见的自动化工艺以及这些工艺如何提高生产效率和产品质量。 2. 提供实际汽车制造企业在信息化技术应用方面的成功案例，展示信息化技术的实际效果和应用场景。
请在任务结束前完成最终报告的撰写和提交。 若遇到问题或需要支持，请及时联系任务负责人或相关专家。 任务负责人签字：____________ 任务审阅人签字：____________ 日期：____________	

任务二　汽车生产信息系统

任务描述

汽车生产信息系统的核心是数据的收集、分析和应用。通过传感器和物联网设备，系统可以实时监控生产线上的每一个环节，从原材料的入库到成品的出库，每一项数据都被精确记录和分析。例如，系统可以追踪到每一颗螺丝的安装位置和时间，确保每一辆汽车的组装都符合严格的质量标准。此外，通过大数据和人工智能技术，汽车生产信息系统能够实现预测性维护和智能优化。通过对历史数据的深度学习，系统可以预测可能出现的设备故障，提前进行维修，避免生产线的中断。同时，系统还能根据订单需求、库存状况和生产效率等多维度数据，自动调整生产计划，实现精益生产。

任务分析

本任务旨在深入分析汽车生产信息系统的关键组件，包括整车制造的整体生产流程、汽车生产信息系统的整体模型以及汽车整车厂的 ERP 系统模型。通过对这些内容的研究和理解，学生将掌握如何设计和优化汽车生产的信息系统，以提升生产效率和管理水平。

任务重点

汽车生产信息系统

一、整车制造的整体生产流程分析

整车制造的冲压、焊装、涂装和总装工艺都是建立在汽车生产流水线为前提的基础之上，汽车生产整体流程除去冲压工序以外，从焊装开始就形成了车辆流水线组装的生产模式。

（一）冲压车间

冲压是整车生产工艺流程的第一个环节。冲压车间主要负责将钢板通过不同的车身模具冲压成形。冲压车间的生产特点主要包括以下方面。

1. 生产工艺简单

冲压车间主要包括落料线和冲压生产线。整车厂冲压主线一般采用自动连续冲压的方式，运用机器人抓取搬运，在生产线末端人工品质检查。中小型冲压线不是自动连续冲压的方式，主要采取小批量冲压方式，辅以快速换模、各种简易自动化设备提高生产效率。

2. 换模时间长

不同车型使用不同形状的内外板件，冲压设备需要采用不同的模具。汽车内外板件尺寸较大，使用的冲压设备吨数与模具重量较大，最大型的冲压模具重量在 40 ～ 50 t。换模时可能出现模具安装、固定位置等偏差，在批量生产前需试制与调整。由于换模时间较长，冲压车间的生产排程需考虑换模效率因素。

3. 库存管理

冲压车间库存管理涉及原料库、半成品库和成品库。原料库位于落料线的前端，半成品库位于落料线与冲压线的中间位置，成品库位于冲压线的末端。原材料、半成品以及成品都需要进行出库、入库操作，因此在每个库房出入的两个位置各设有一个信息采集点进行信息收集，后台有库存管理模块对上述 3 个仓库的库存作业进行实时管理。一般在整车厂内，仓库中设定固定的库位来存放冲压零件，采用看板来进行管理。

需要强调的是：由于冲压车间采用批量生产方式，其生产计划、过程控制、库存管理、管理系统和整车生产流水线相对独立。

（二）焊装 / 涂装 / 总装车间

如图 6–2 所示，整车厂的焊装、涂装和总装车间形成的一个有序的链式结构，一般采用传输链连接在一起。焊装车间将冲压好的各种车身板件焊接在一起，形成白车身总成。白车身总成被送入涂装车间进行车身密封和油漆。在总装车间一般采用混流装配线生产模式，完成车身、发动机、变速器、内饰、仪表盘、座椅等零部件的合流组装下线，再经过检测室和路试场的检验调整后成品下线。

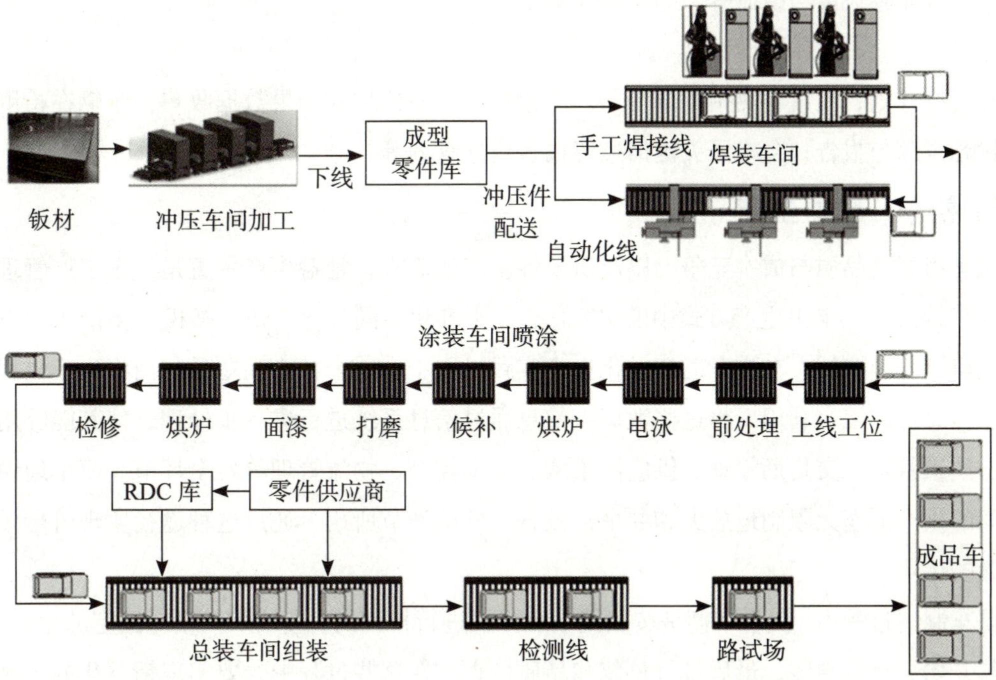

图 6–2　汽车整车厂的业务场景

整车厂的主要业务包括以下方面。

1. 焊接车间

接收日焊装生产计划，固定当天的焊装生产顺序队列，发布当天的焊装生产计划；完成车辆特征代码转化；车辆上线与下线的数据采集；焊接主生产线与子线顺序作业指示单和 MES 流转卡的打印；设备连接指示和结果数据收集；冲压件和焊装件的取货指示；焊装生产线上的车辆状态跟踪；问题车辆的下线和重新上线的处理；基础数据的维护；信息查询等。

2. 涂装车间

接收日涂装生产计划，创建和固定当天的生产顺序计划；车辆上线与下线的数据采集；涂装生产指示单的打印；设备连接指示和结果数据收集；物流指示单；进入空车身存储区（painted body store，PBS）控制指示；涂装生产线上的车辆状态跟踪等。

3. 总装车间

接收日总装生产计划，固定当天总装生产顺序队列；车辆上线与下线的数据采集；设备连接和结果数据收集；物料分拣指示单；亮灯选件指示；拧紧工具控制与数据收集；关键零部件数据采集；总装生产线上的车辆状态跟踪等。

总装车间一方面直接面向用户需求，另一方面同时向涂装和焊装车间发出物料需求。因此，根据生产组织模式的不同，总装车间生产计划的制订方式也有相应变化。整体的生产组织上，总装车间既可以采用以后序车间的需求为基础的拉式生产，也可以采用以库存为基础的推式生产。

4. 物流部 / 生产调度

生产计划接收 / 生产结果传输；确定和发布各车间日生产计划；生产线车辆状态跟踪和生产线运行状态监控；PBS 车辆调度与控制等。

5. 质量部

接收日生产计划；质量检测指示单打印；质量检测设备连接和结果数据收集；车辆在检测线和工艺停车场的状态跟踪与报告；合格证关键信息传输、信息查询等。

（三）整车厂精益生产

随着汽车市场的品质与成本竞争，以及对柔性生产的需求，精益生产一直是汽车生产管理的重要主题，并得到持续推进。丰田生产方式中的 JIT 思想、平准化、同步化、快速换模、多能工、看板拉动等在汽车行业得到普遍应用。在汽车的精益化生产实践过程中，一个核心问题是如何将生产过程中车辆的各种数据、信息加以综合利用，将这些数据、信息通过信息系统进行进一步处理，使其能够用于工厂的自动设备、质量管理、交货期管理、供应链采购、成本控制、物流管理等各个环节。简单地说，就是将车辆在车间的生产形态无限制地放大和共享，被各个外部环节所用，通过这种途径实现管理效率的提高和资源配置的优化。

汽车整车制造过程中，由于车辆是按照流水线方式进行排列的，遵从某一相对固定的生产运行节拍，从车辆焊装开始，经过涂装，最后进行总装和品质检查。在这些过程中，要实现精益化的车辆混流生产体系。如何管理、组织和协调这种多空间、多维度的信息成为汽车企业主要业务需求。

1. 生产计划

一般情况下，通过生产预测进行生产组织与准备。同时，为了快速响应市场需求，越来越多地采用面向订单生产模式。而生产计划的频繁变更，要求整车厂具备从生产计划下达到整车成品产出的生产调度与生产决策优化能力。

2. 质量管理

汽车制造过程所涉及的零部件种类与数量繁多，在生产线中极易出现装配错误，造成质量下降。

3. 生产设备

汽车整车制造采用流水线生产，生产的自动化程度高。车型扩展与产能提升对设备的柔性化生产要求较高。

4. 物流与供应链

混流生产要求物料供货同步，要做到同期计划同步供货，生产物流与供应链极其复杂，对交期管理要求较高。车型扩展与产能进一步提升，对物流与仓储带来极大压力，要求生产物流与零部件采用 JIT 供货模式。

5. 生产过程实时监控

汽车生产工艺涉及物料供应、焊装、涂装、总装、下线库存、车间线体执行，其工艺过程、信息系统与控制系统较为复杂，生产过程信息的数据采集量大，从 ERP 系统到 PCS 的数据交互与信息通信至关重要，要求具有特殊车管理和车辆监控跟踪功能。

二、汽车生产信息系统整体模型

综合交期、成本、生产效率、市场、供应链等因素，按订单排产、单台混流的精益生产方式是目前汽车整车生产追求的一种较为理想的生产组织模式，其整体信息系统的架构如图 6-3 所示。

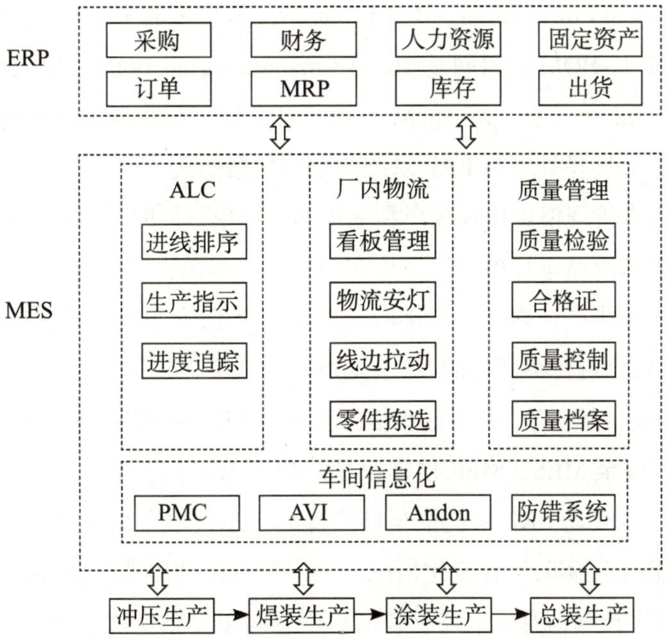

图 6-3　汽车生产信息系统架构

整车厂物流拉动信息集成模型是由 ERP 系统、MES、产品数据管理（production data management，PDM）系统、仓储管理系统（warehouse management system，WMS）等系统高度集成，具体如图 6-4 所示。各物流拉动模块通过业务信息实现生产、物料、采购等功能驱动，实现精益化、敏捷化、同步拉动的汽车柔性生产。

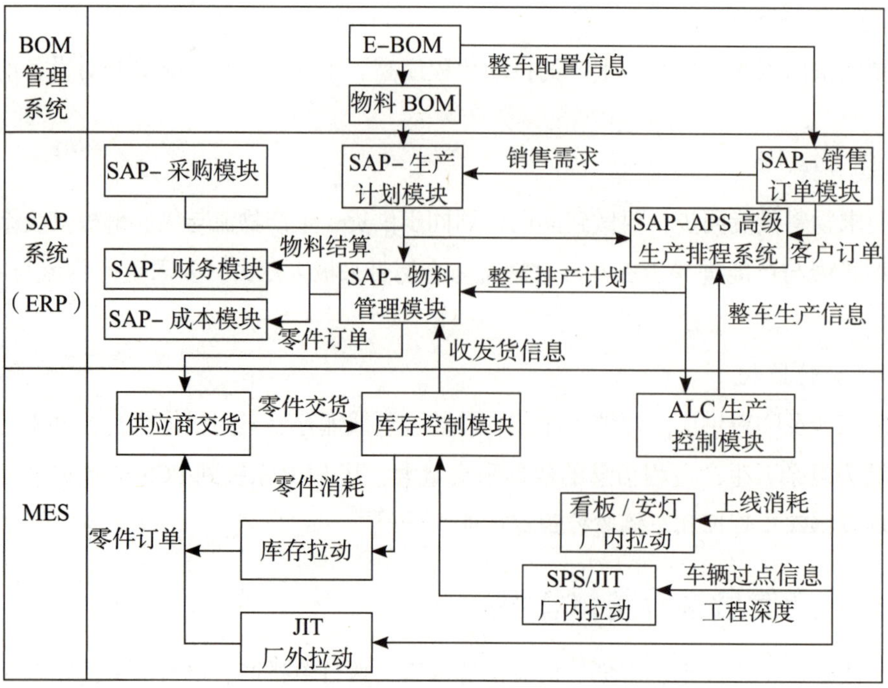

图 6-4　汽车拉动生产信息模型

PDM 负责物料清单（bill of material，BOM）维护、车型配置和设计版次控制。BOM 分为设计 BOM（engineering BOM，E-BOM）和制造 BOM（manufacturing BOM，M-BOM）。E-BOM 主要包括整车特征配置、零件 CAD 等信息。M-BOM 是指导日常生产和物料供应的物料清单。ERP 系统接收 PDM 系统的 BOM 数据，并转换处理为 ERP 系统适用的数据格式。

ERP 系统整车销售需求管理模块接收客户和零售商的订单，同时还接收市场部对未来时段市场的整车需求与销售预测。ERP 系统整车订单管理模块在销售订单与销售预测的基础上，生成整车订单。ERP 系统根据工厂产能进行整车排产计划。整车排产计划发送至 ERP 系统的物料管理模块，根据 ERP 系统的 BOM 和 WMS 的库存信息进行零部件的 MRP 运算，生成零件供货需求，并下放 WMS。ERP 系统需要集成 WMS 的零件收、发、存信息，并将这些信息传输至 ERP 系统财务结算模块，据此进行开票结算。

整车订单和 BOM 下放至 MES。MES 根据整车订单与 BOM 进行排产，并进行车辆上线跟踪。根据生产下线的整车车辆信息更新 ERP 系统整车订单合成状态，整车交付至销售并由其配送至客户。对于一般零件，MES 根据整车厂实时库存变化情况，发出物料拉动需求信息。排序件根据 MES 车辆上线序列和 BOM 生成物料排序拉动信息，上述物料需求信息同步发布至供应商平台，供应商据此进行物料交货。

提示

> 对于线边的零部件物料供应，MES 可提供两种方式：一种是通过生产线边的安灯、看板等方式进行零部件 JIT 拉动；另一种是台套式供应（set parts supply，SPS）拉动模式，即根据 MES 车辆上线序列和 BOM，生成 SPS 台车配送信息，物料供应部门据此进行零部件配料和上线拉动。MES 的零部件异动信息同步传输至 ERP 系统和 WMS 系统。

从系统的框架及功能可以看出，工厂的拉动系统由 ERP 系统负责财务结算、整车计划及销售等功能，物料拉动主要依托于 MES 进行实现。

三、汽车整车厂的 ERP 系统模型

整车厂 ERP 系统一般包括采购管理、库存管理、销售管理、财务管理、成本管理、质量管理和计划管理等核心模块。而每个子系统又分为若干业务模块，具体的业务模块如图 6–5 所示。

图 6–5　汽车整车厂 ERP 系统业务模块

（一）采购管理子系统

采购管理子系统一般包括供应商管理模块、采购申请模块、采购订单模块、采购价格模块、框架协议模块、询价报价模块、采购发票模块等子模块。

采购管理子系统的时间域是从 MRP 生成采购计划开始，直到验收收货完成的整个采购过程。采购管理子系统实现计划下达、生成物料采购单、采购单执行、到货接收、原料检验入库以及采购结算的原物料采购全过程的组织、跟踪和监控管理。

（二）库存管理子系统

库存管理子系统包含物料主数据、产品批次管理、序列号管理、出入库管理、库存盘点等主要子模块。系统可以对汽车制造企业库存物料的出库、入库以及盘点和移动业务进行全面而有效的管理和控制。

（三）销售管理子系统

销售管理子系统负责完成销售的各个环节的管理。其功能项如销售订单、客户信用管理、发货与运输管理、销售发票应用于汽车制造企业的各个销售业务环节，支持多种形式、多种手段的销售业务处理。

（四）财务管理子系统

财务管理子系统包含总账管理模块、应收、应付、现金与存款管理、固定资产管理、预算控制管理、报表管理等主要子模块。

财务管理子系统是企业销售、采购、生产、质量控制、成本等模块的中心枢纽，也是企业数据汇总的媒介，还是企业决策层监控会计事务、实现对企业生产经营活动综合管理的平台。

（五）成本管理子系统

成本管理子系统为汽车制造企业单一产品、单系列产品或某一期间内所有的生产经营提供成本计算维护，如产品实际成本、项目成本单、产品计划成本、成本中心会计和成本差异核算等。通过该系统帮助汽车企业进行各种趋势分析及产品获利分析，多角度分析企业成本及趋势，达到科学的降本提效目的。

（六）质量管理子系统

质量管理子系统主要用于企业制订相关质量管理的控制策略，企业可以通过质量数据采集规则的制订、过程的分析、质量控制与规则的定义来实现质量管理体系各项指标的制订。在汽车制造企业生产经营活动的各个重要环节，进行质量数据采集，提前获悉异常波动，进行及时而有效的功能控制。

（七）计划管理子系统

计划管理子系统的主要功能包括产品基础数据维护、汽车上线生产顺序计划、物料需求计划、物流配送计划等计划的制订与调整。

在 ERP 系统中，计划管理作为核心业务，涵盖生产计划、看板管理、能力计划、物流配送等所有生产环节。其中基础数据中又包含物料的供应商信息、采购信息、物流配送信息、质量控制信息等其他各相关模块信息，并在生产装配过程中与库存、财务及成本核算各模块进行数据的交换和共享。在 ERP 系统中，一般通过接口将主生产计划传达给 MES，MES 创建和维护日进线计划与物流计划。

四、汽车整车厂的 MES 模型

汽车整车的设计、生产制造、销售等相关环节复杂，对制造信息系统的要求及依赖度极高。MES 是整车制造环节的核心应用系统。整车 MES 是基于汽车生产的业务流程与需求，采用 JIT 思想，经过长期的发展与实践而形成的一个与生产线密切相关的生产执行系统。其主要功能贯穿整车厂供应和生产业务价值链，支持生产计划、物料管理、质量管理、交车管理等不同职能部门的业务流程。汽车整车厂 MES 功能模型如图 6-6 所示。

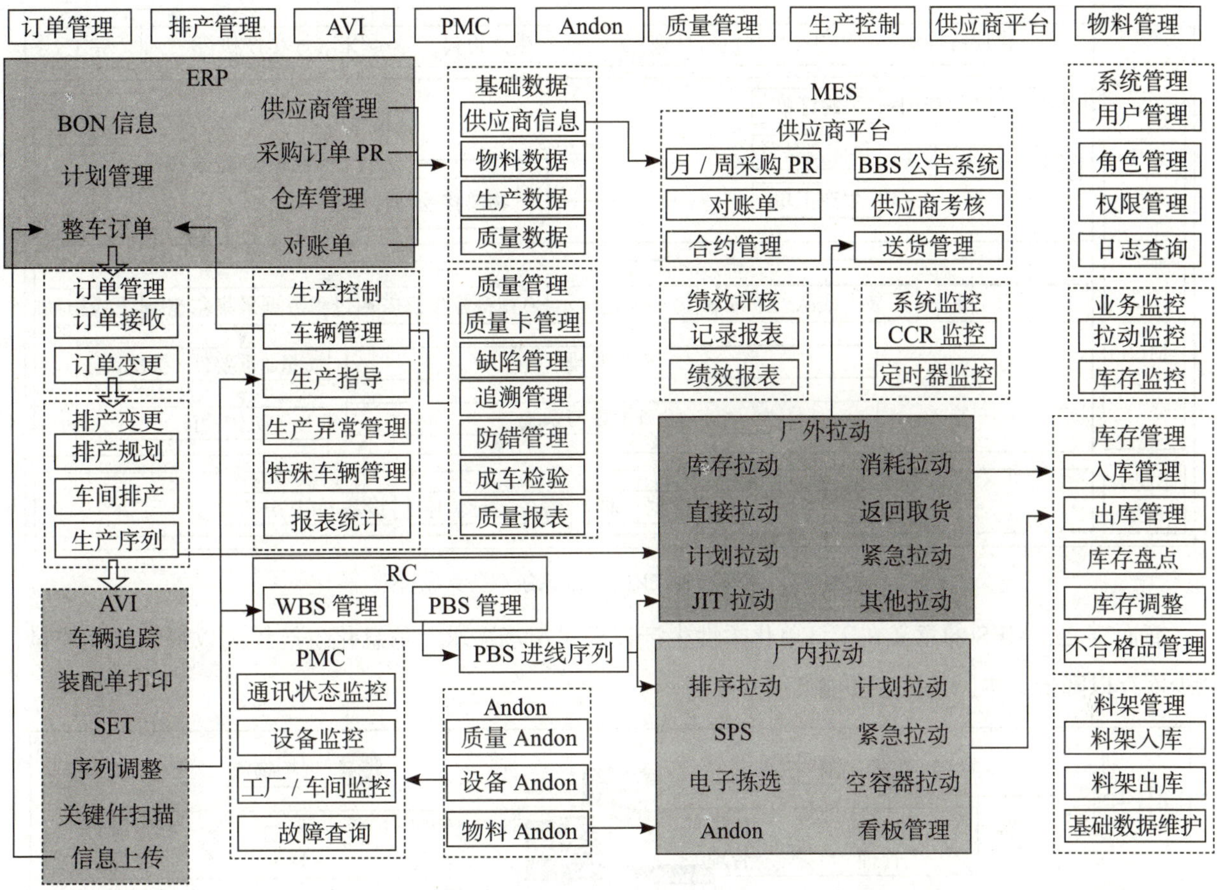

图 6-6　汽车整车厂 MES 功能模型

质量跟踪、计划排产和物料管理是汽车行业提高产量、增加效益和增强企业市场竞争力的关键。整车 MES 是一个模块化结构集合，实现对焊装车间、涂装车间和总装车间的质量、计划、物流、生产工艺流程进行控制。MES 可以为车型的多样性、生产流程的复杂性和工厂的特殊要求提供支持。MES 可以对客制化订单进行实时管理。

MES 根据生产订单的详细说明，对生产车辆进行排序，实现了汽车混线生产的顺序控制管理，支持多车型共线柔性生产。根据车辆识别条形码，监控整个生产流程，控制设备操作，实现客制化订单的实时过程管控。此外，通过计划与控制，可实现均衡化连续流生产，平衡产线负荷，实现生产线的空闲时间最小化要求和劳动强度均衡化的排产。

通过生产过程数据采集和实时监控系统，提供每个阶段生产过程状态的联机图像以及每辆汽车订单的生产进度。在此基础上，系统向总装提供必要的车辆上线指示信息。同时，MES 通过物流控制，向物料操控部门或零部件供应商提供备料信息，要求进行及时供货，实现同步化生产与零部件同步交付，满足零件库存最小化要求。在此过程中，MES 还需要实现与 ERP 等其他系统实现如图 6-7 所示的业务集成，如接收 BOM 与客户订单、补打合格证、历史记录追溯、历史记录修改、自定义信息的存储和统计等功能。

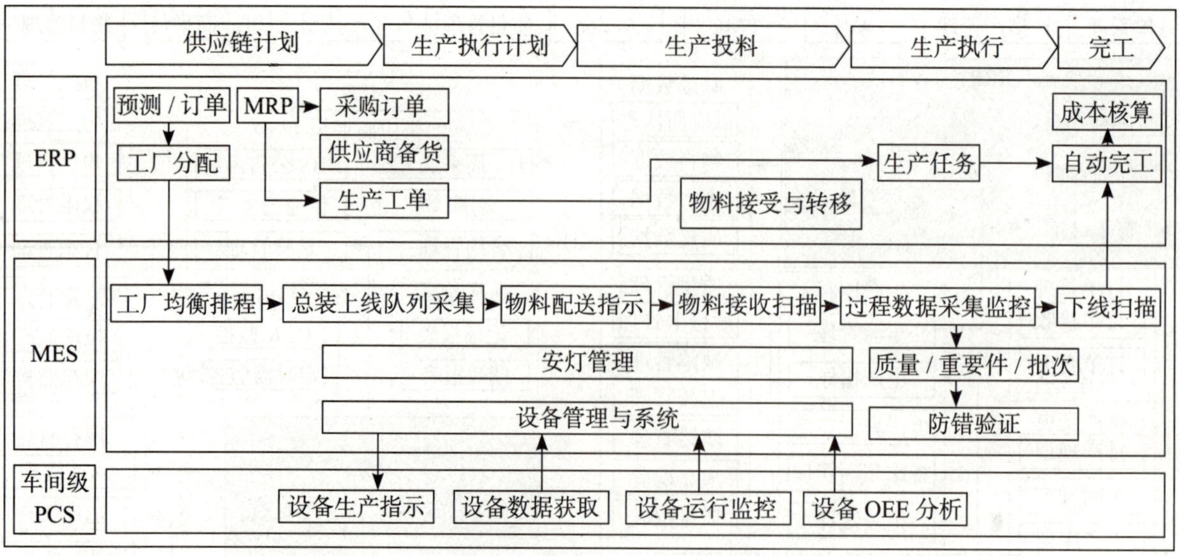

图 6-7　汽车行业 ERP/MES 系统业务集成模型

简而言之，MES 的意义在于订单化柔性生产以满足市场需求，信息化生产控制以提高产品质量，减少库存以降低成本。其核心功能如图 6-8 所示。

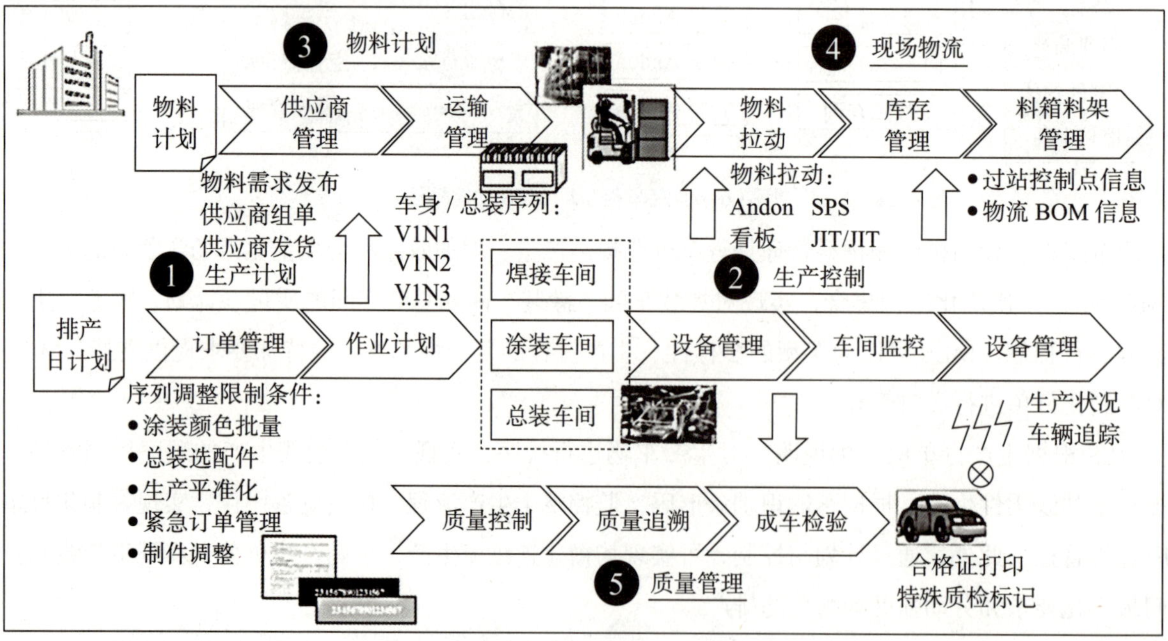

图 6-8　汽车 MES 主要功能示意图

任务实施

请举例说明，汽车企业在生产过程中如何应用自动化技术？讨论这些技术如何帮助该企业提高生产效率和产品质量。

____

____

____

任务工单

<table>
<tr><td>报告撰写</td><td>1. 描述整车制造的整体生产流程，包括从原材料采购到最终整车装配的各个阶段。
2. 介绍汽车生产信息系统的整体架构，包括主要组件和功能模块。
3. 探讨 ERP 系统的实施过程、系统集成的挑战及解决方案。
4. 介绍汽车整车厂 MES 系统的基本概念和主要功能模块。</td></tr>
<tr><td colspan="2">请在任务结束前完成最终报告的撰写和提交。
若遇到问题或需要支持，请及时联系任务负责人或相关专家。
任务负责人签字：__________
任务审阅人签字：__________
日期：__________</td></tr>
</table>

任务三　汽车 MES 架构

任务描述

随着汽车行业的快速发展和对生产效率、质量以及灵活性的不断提高，汽车 MES 架构的重要性日益凸显。据统计，全球汽车制造业在 MES 系统上的投资正在逐年增长，预计到 2026 年，市场规模将达到十亿美元以上。这反映了汽车行业对通过数字化和自动化手段提升生产效率和灵活性的强烈需求。汽车 MES 架构是推动汽车制造业向更高效、更灵活、更智能方向发展的重要驱动力。通过深入理解和充分利用这一工具，汽车制造商将能够更好地应对市场变化，提高竞争力，实现可持续发展。

任务分析

MES 系统在汽车制造业中扮演着重要角色，其架构的合理设计、流程的高效执行以及功能的完备性，是实现生产优化和提高市场竞争力的关键。通过分析 MES 系统在车间和工厂级别的架构、实施流程和关键功能，学生可以为汽车制造商提供有效的 MES 实施策略和优化建议。

任务重点

一、车间级 MES 架构

车间级 MES 是整车厂 MES 的主要组成。车间级 MES 的主要功能包括：实现焊装、涂装与总装车间底层数据信息（计划执行状态、设备报警信息等）的实时采集、柔性计划管理、过程可视化管理、设备报警实时监控、系统集成等。车间级 MES 框架一般划分为 3 层结构，如图 6-9 所示。

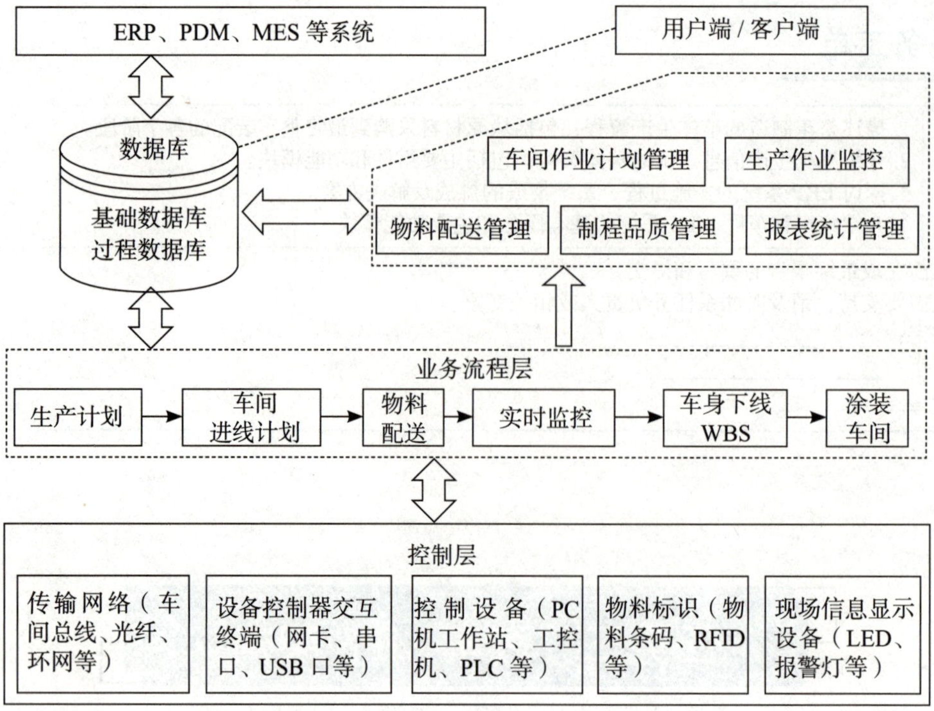

图 6-9　汽车行业车间级 MES 系统层次模型

处于最底层的物理控制层是系统数据采集与处理的主体，为整个系统的实现提供了数据基础支撑。业务流程层是车间整体工作的业务流程，它决定了 MES 的管理流程，业务流程层介于管理功能层和物理控制层之间，决定二者的工作逻辑顺序。管理功能层是 MES 各功能应用模块的实现，各功能对应于各车间的管理需求。MES 实现对车间整体数据信息的全局一致性控制，建立统一的全局数据库以完成全部数据的存储、读取以及分析处理工作，便于车间生产过程的统一集成管理。车间级 MES 架构如图 6-10 所示。

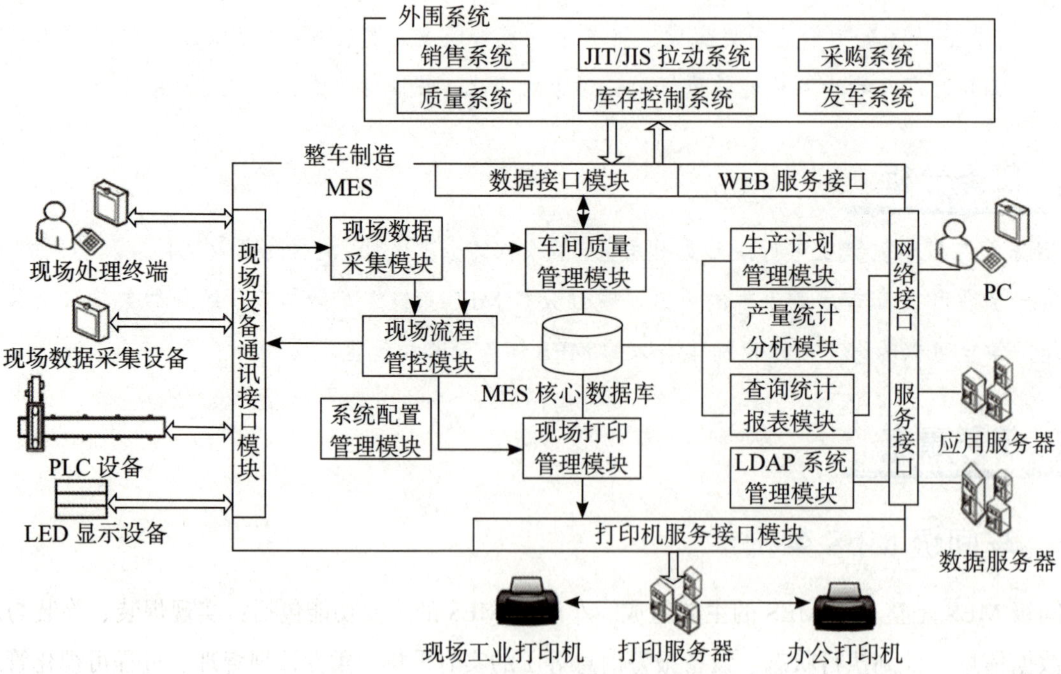

图 6-10　车间级 MES 架构

（一）冲压车间

MES 生产管理模块将对卷料、板料、冲压自制件的出入库信息以及各冲压线体的生产信息和品质信息进行记录，及时、准确地对车间内各种数据进行汇总和分析，提高车间可视化水平，为管理者生产决策提供客观可靠数据。冲压车间管理的主要需求包括计划分解与分析、卷料库存管理、板料库存管理、产线生产信息录入、产线质量信息录入、冲压自制件库存管理、钣金手修管理、质量问题库存及质量图片维护、设备效率分析等。

（二）焊装车间

从生产计划编制、下发、执行、跟踪与统计分析的全过程。同时，通过 MES 的集成以及对生产过程中质量、物料数据的记录，使管理人员能够实时监控车间内的各项业务活动，为生产的持续改善提供保证。焊装车间的主要管理需求包括各种焊装总成焊合校验、生产作业指示票维护与打印、车门区物料单打印、一检、终检质量检查、不良品记录与查询、质量数据录入与分析报告、生产队列查询、白车身存储区（welded body store，WBS）路由控制、生产监控、设备效率分析等。

（三）涂装车间

涂装车间的系统管理需求主要包括计划管理、品质管理、系统集成、作业指示、统计报表、异常情况处理等，通过与车体识别系统（automatic vehicle identification，AVI）集成，可以实时了解从 WBS 到涂装完工的车辆队列，管理人员能时刻掌握车间内的各项业务活动，帮助提高生产效率和产品质量。

4. 总装车间

总装车间的主要系统管理需求包括计划编制与下达、作业指示、车体跟踪、品质管理、统计报表、异常情况处理等，同时与 AVI 系统集成，实时掌握 PBS 车辆队列信息，实现与多种类型自动化设备的系统集成，使总装人员能够实时了解车间内的各项业务活动，提高装配效率和质量。

二、工厂级 MES 架构

除冲压车间外，MES 的管理与控制范围覆盖了焊装车间、涂装车间和总装车间内的整个生产流程。为了保证严格的汽车生产顺序，首先从焊接车间的车身顺序控制开始，顺序经过 WBS 存储区、涂装车间、PBS 存储区、总装车间、质量部的汽车检验线等区域。

工厂级 MES 架构如图 6-11 所示。MES 生成冲压、焊装、涂装和总装车间的排产计划，同时生成厂内与厂外物流计划，并发布给外部零部件供应商与物流承包商。工厂物流在中央控制室（central control room，CCR）维护主数据。例如，定义选择条件和生成重复订单等。生产下线完成后的质检点数据会被传送给专门的分销系统，另外还可采用 EDI 格式将数据提供给供应商。

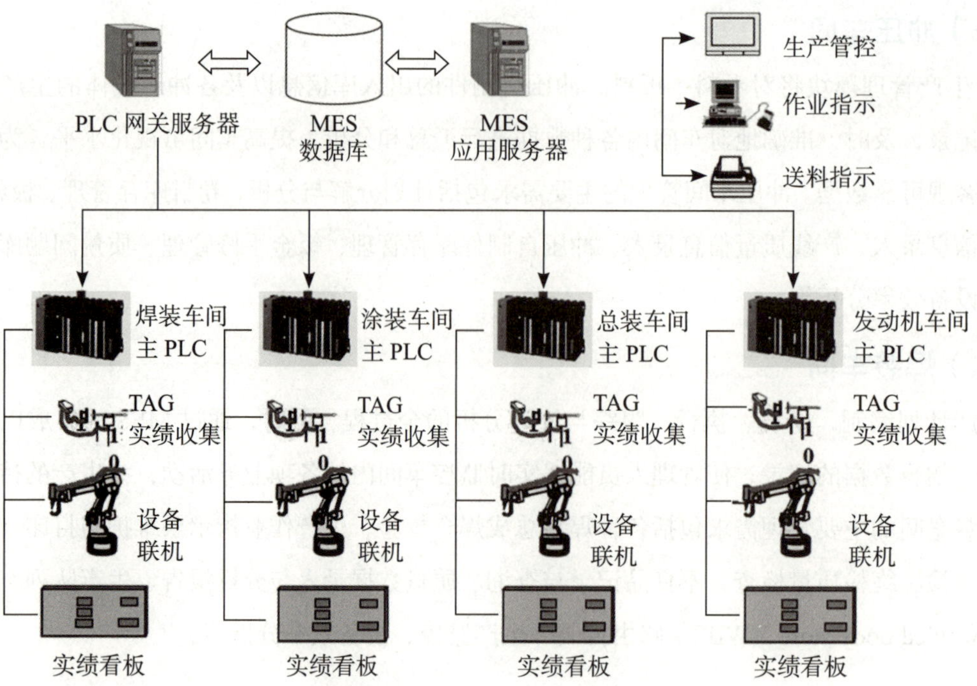

图 6-11　工厂级 MES 架构

三、MES 流程分析

（一）MES 信息控制点

生产现场信息控制点是整车制造 MES 控制流程的基础。整车厂生产现场信息控制点如图 6-12 所示。MES 通过 AVI 系统记录关键节点的车辆过点记录，跟踪车辆位置，了解车辆的实时生产进度。MES 记录的在途车辆信息主要包括车辆位置、车辆状态（Hold、SET-IN、SET-OUT、下线等）、调整返修、前 / 后车车号、生产序列、AVI 过点时间、工艺路径等。

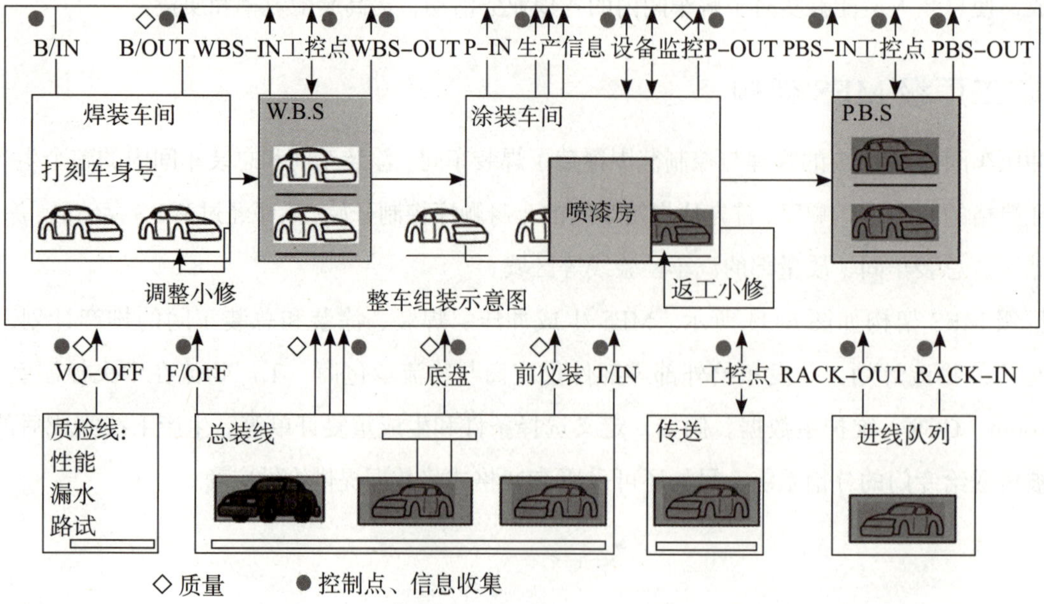

图 6-12　整车厂生产现场信息控制点

（二）MES 的核心业务流程

MES 的运行是建立在如图 6-13 所示的整个核心业务流程基础上。MES 定期从整车厂供应链系统获得基于 EDI 标准的客户订单数据。MES 的订单管理模块先对订单数据进行分类汇总后，对订单数据进行优化，最终产生生产计划。

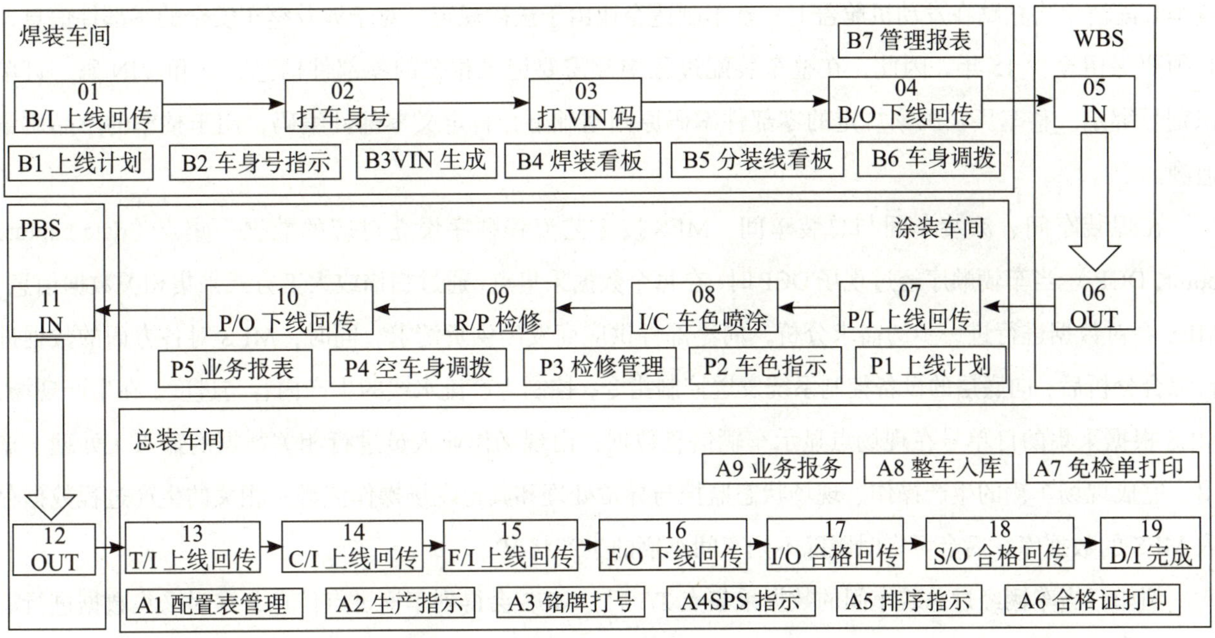

图 6-13 汽车 MES 生产业务流程组成

图 6-13 所示的汽车 MES 生产业务流程的具体含义与采集流程如下。

（1）在焊接上线的（body in，B/I），打印车体投入指示（body release）。

（2）通过白车身检查点（body out，B/O），回传实绩状况。

（3）通过涂装前处理上线（paint in，P/I），回传实绩状况。

（4）通过中上涂入口检查点（intermediate coat，I/C），回传实绩状况。

（5）通过涂装返修工艺入口（repair in，R/I），回传实绩状况。

（6）通过涂装空车身完成下线（paint out，P/O），回传 PBS 入口检查点实绩状况。

（7）CCR 指示 PBS 区出口（line sequence，L/S）进线队列排序，进入总装线（trim in，T/I）。

（8）根据 T/I（trim in）点发送的信息，采集前仪装线上线实绩状况。

（9）根据 C/I（coat in）点发送的信息，采集底盘线上线实绩状况。

（10）根据 F/I（full integrate）点发送的信息，采集后仪装线上线实绩状况。

（11）根据 F/O（full-output）点发送的信息，采集后仪装线下线检查点实际状况。在车辆通过实际信息中包含发动机、变速器的装载信息。

（12）通过车辆检测线（inspection out，I/O），回传实绩状况。

（13）通过冲淋出口检查点（shower out，S/O），回传实绩状况。

（14）回传车辆交车入库实绩状况（D/I 交车入库完成），采集车辆的停放场所及车辆状态。

为了监控整个生产流程，在生产计划产生后，MES 依次为每个车身分配唯一标识代码——车辆识别代码（vehicle identification number，VIN）。VIN 码一般采用条码方式进行标识，为每张订单打印识别条码，并在整车生产流程卡上粘贴该条码。整车生产流程卡与 VIN 码在焊装车间被安置在车身上，用来跟踪车辆的实际位置和生产进程。整车出厂后产品追溯主要通过 VIN 码进行。

同时，MES 还会打印出整车装配清单，包含该订单的主要零件装配信息，用于指导相关工位装配。整车装配清单将粘贴在发动机舱盖上。整车制造企业由于法律规定，对于涉及整车安全的零部件信息，必须要保留至少 15 年。因此，在整车装配过程中都需要记录相关的零部件信息，并和 VIN 码、订单识别号绑定。整车厂在国家规定的零部件编码原则基础上，自定义零部件编码，用于整车的产品质量追溯。

在焊装车间、涂装车间与总装车间，MES 按工艺流程顺序设立对应的数据采集点（data capture point，DCP）。当车辆顺序经过现场 DCP 时，在每个数据采集点，通过扫描或人工方式采集相关数据信息，MES 会对数据进行进一步的需求分析，向零部件供应商发出供货请求。同时，MES 对各方面的数据进行综合分析后，向底层的设备控制系统发送控制指令，控制生产流水线的生产内容与进度。在生产现场，MES 根据采集的订单号在现场点显示车辆信息数据，由现场作业人员进行相关数据的输入、处理、输出，完成现场车辆的生产操作、现场状态监控与异常处理和其他现场操作流程。相关的生产过程数据存入 MES 的数据库，后台可实时跟踪不同车间车辆的生产状况。

例如，当车辆经过总装车间的数据采集点 T/I 后，MES 会得到车辆过点信息，在对采集数据进行需求分析的基础上，要求总装车间的清单打印机打印出总装清单。在整个过程中，MES 会根据获得的各个车间的库存数据进行需求分析。当发现库存不足时，MES 会向位于整车厂周边的中储仓库和零部件供应商发出供货请求。当车辆流经车门、仪装、底盘等装配线时，MES 则会要求相应的打印机打印出装配清单，一线工人据此进行装配作业。在整车装配完成报交点，MES 会对车辆的整体装配情况进行出厂前检查（pre delivery inspection，PDI），以验证车辆是否按照订单数据的要求生产。对那些不符合订单数据要求的车辆进行返修。对于合格车辆，MES 负责打印合格证、油耗、免检单等证书。经过验证的订单数据会经 MES 进行归档，并通过 EDI 系统发送回 ERP 系统的销售订单系统。MES 通过位于停车场的数据采集点记录车辆的库存情况。

四、MES 的功能

MES 能够帮助企业实现生产过程的透明化、可视化和智能化，提高生产效率和产品质量，降低生产成本，最终提升企业的竞争力。MES 的核心功能包括以下几个方面。

（一）业务功能架构

整车 MES 的业务需求主要包括生产控制管理、物料管理、质量管理和设备管理，整车 MES 功能以生产制造为功能主线，物流配套和质量管理为业务支撑，主要划分为生产计划、生产控制、物料计划、现场物流、质量管理 5 大业务模块，设备管理功能包含在生产控制模块中，如图 6-14 所示。

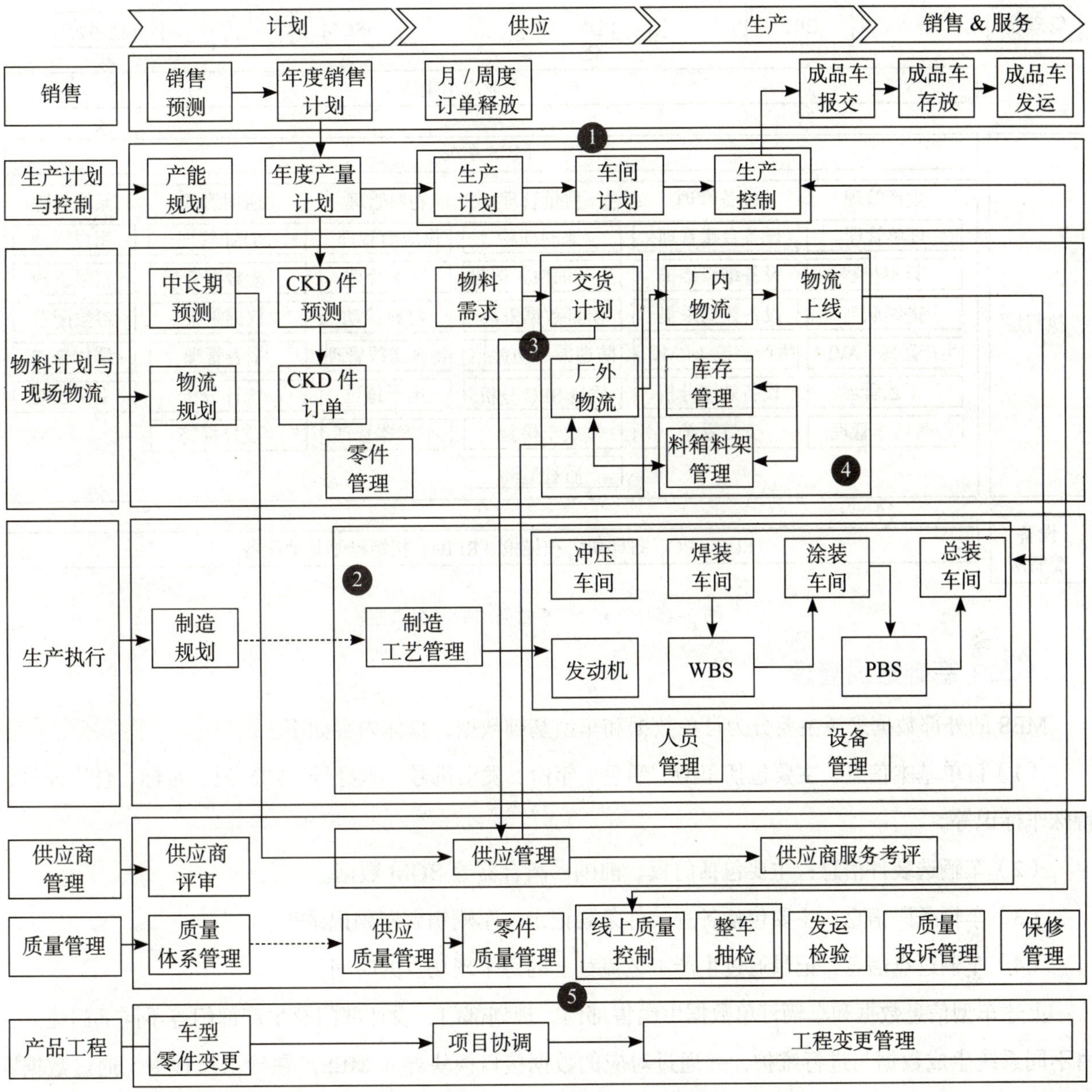

图 6-14　汽车 MES 业务功能图

MES 的业务功能层次模型如图 6-15 所示，涵盖 MES 的核心系统功能。系统的业务核心模块包括接收生产顺序计划、发布生产指示、设备控制、车辆状态跟踪、质量控制、车间管理、物料拉动控制等。

MES 以现场流程管理控制模块和数据库为核心，以数据接口模块和车辆数据维护模块进行生产数据管理，包括订单数据和车型数据等；以现场设备 / 通信接口模块、数据采集模块、打印管理模块、流程控制模块进行生产流程与设备控制；以生产计划管理模块、产量统计模块、查询统计报表模块等实现网络化车间生产管理与监控。此外，还包括系统用户权限操作功能、系统配置管理模块等系统管理功能。

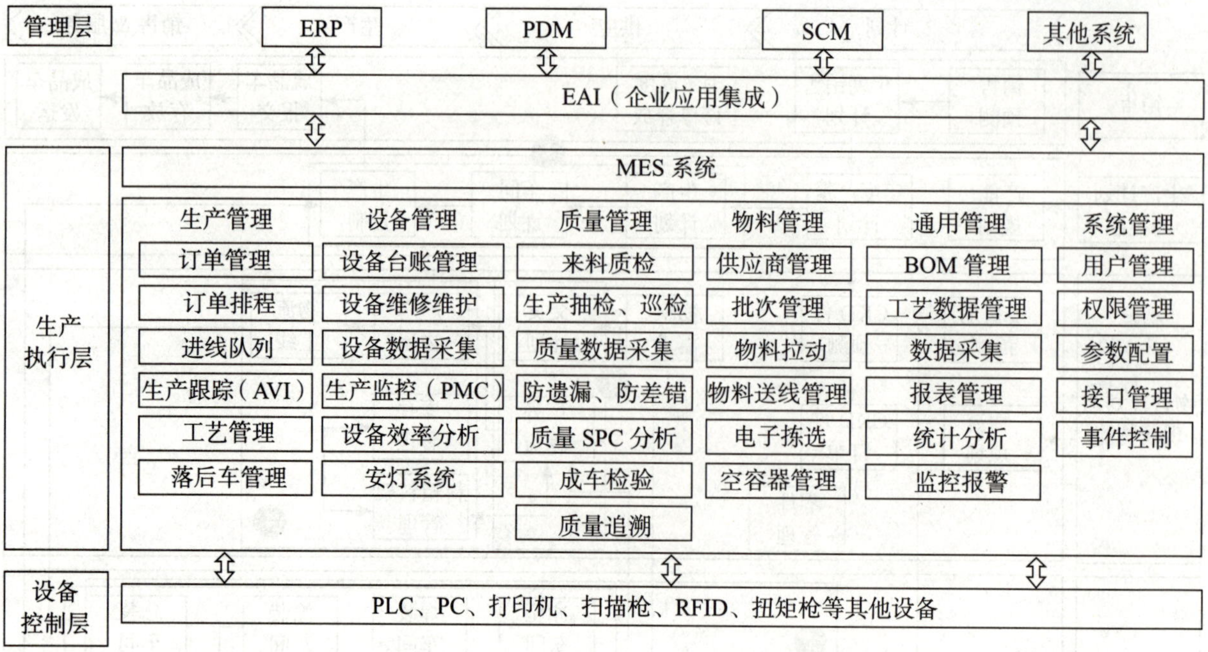

图 6-15　汽车 MES 业务功能层次模型

（二）基础数据管理

MES 的外部数据来源主要分为订单数据和车型基础数据，具体内容如下。

（1）订单基本信息：主要包括车型、颜色、年份、发动机号、车身号、VIN 码、企标、合格证号、特殊车标识等。

（2）车辆选装件信息：主要包括门板、前围、离合器等 BOM 数据。

（3）车辆条码信息：主要包括各选装件条码记录，车辆钥匙密码记录等。

（4）车辆过点信息：记录通过生产工艺流程上的每个现场点的时间。

上述车型信息数据和车辆订单数据由销售部门、规划部门、设计部门及生产部门等不同部门建立，由不同系统生成数据与进行维护，并通过对应的数据接口模块导入 MES。在导入过程中，通过数据匹配处理模块，按照配置的数据解析方式，将基础数据同具体的订单进行匹配，生成生产订单及该订单对应的选装清单，最终形成生产所需要的生产数据。

生产部门在生产过程中对生产订单数据进行维护和管理。按照工艺流程，生产订单会按顺序产生不同的过点记录，作为该订单的生产记录，并按照设定的过点程序和选装信息同步拉动生成物料清单，通过特定的数据接口发给物料供应商。

当订单生产完成进行报交时，由报交点根据订单信息、企标信息和报交时间生成并打印合格证、保养单、车辆装备单，随车发给经销商。同时将完成后的订单数据发往发车系统进行车辆注册，并由归档系统进行订单归档。

（三）生产计划管理

MES 的计划管理模块主要负责接收 ERP 系统生成的生产投入计划，由计划部门根据顺序计划和生产实际完成情况，对接收的顺序计划重新赋予生产时间，形成车间生产计划。车间生产计划分为年度产量计划和周次产量计划。以整车订单为最小单位，实现年度内各车间、各车型每周次的生产计划管理，以及按各车间、各班次、各现场点进行每日生产计划管理。

车间生产计划主要在 MES 车间排程模块进行维护，并通过 MES 将计划下达到各生产车间。生产车间根据此计划组织生产，并打印相关的生产指示卡。此外，MES 将生产实时状态实时反馈到 ERP 订单系统，实现 MES 与 ERP 的系统集成。

根据每天的生产实际情况和限制条件，可以通过 MES 的车间生产计划模块调整每一班次的产量要求。MES 的生产计划功能主要包括工作时间设定、制造产能管理等，其业务功能设计如表 6-1 所示。

表 6-1　MES 的生产计划功能

业务功能	工作时间设定	制造产能管理
系统功能	工作日设置	生产节拍设置
	生产模式设置	生产计划评估
	工作时间调整	制造能力缺口处理

其中，工作时间设定功能允许用户设置已排产订单的生产计划。用户可系统设置工作时间，如正常及加班时间，并可以在生产过程中根据生产状态调整工作时间。设置的工作信息可通过接口发送至生产设备，用于控制生产设备的启动和停止，如生产线在生产时间自动启动运行，在生产休息间歇和下班后自动停止运行。同时，生产时间可用于控制设备产量计数的开始与清零。当工作时间开始时，设备根据下发的信息开始对设备产量清零，并开始累计当前时间的产量信息。生产时间设置同时也是 MRP 计算物料送货时间的依据，用于确保物料的需求时间在工厂的生产时间范围内。

生产节拍是指生产线设定的生产速度。通过产量数据的采集，根据生产节拍的设定，可以确定特定时间范围内的实际生产状况与生产节拍设置下目标产量的差异。通过对不同生产线、设备的产量数据进行对比分析，发现生产的瓶颈点，并加以优化。

（四）作业指示

1. 接收生产顺序计划

作业指示主要是获取生产相关的顺序和信息，如生产参数代码（配置参数、时间、顺序号等）、生产订单号码、车型代码（VIN）、销售发运参数等。

2. 发布生产指示

生产指示发布途径包括工位电子看板、车身上线指示、发布生产控制卡（MES card）、发布厂内广播单（作业指示单）与厂外广播单、作业指示单打印等方式表示。

各车间根据车身上线指示安排车身上线，车辆状态数据根据各数据采集点扫描 MES card 上的条形码来获取。总装生产线上一般包括约 20 多种作业指示单。作业指示单的内容由 MES 自动根据车型、配置和检验状态确定，并通过生产线边的打印机顺序连号打印输出。厂内广播单主要是发布给厂内的生产主线或分线，用于指导工人现场作业和检验人员进行相应的品质检验。发动机、轮胎、风窗玻璃、保险杠以及座椅等工厂或仓库一般要求设在整车厂的周边，以保证零部件的及时供应。厂外广播单主要发布给按顺序交付的供应商和发动机工厂。MES 会将该生产顺序的广播信息通过专用网络向零部件供应商发布，立即通过供应商所指定的打印机打印输出，供应商根据得到的广播单，排列好相对应的零件顺序，送到整车厂总装生产线边。

（五）数据采集

数据采集的信息包括车辆在焊装、涂装和总装等生产线的上线与下线信息；车辆在各车间可能出现的因质量问题或者其他原因要求被拉出生产队列和经过处理后重新加入队列的信息；车辆组装的关键零部件信息；车辆在检测线和工艺停车场的各种状态信息；生产线上自动设备的过程反馈信息等。

在车辆生产过程中，当生产线托盘运行到指定的生产现场数据采集点时，MES 根据一定的业务规则，采用传感器、RFID、激光扫描等技术，由底层 PLC 设备自动触发或现场人工手动触发进行生产数据的采集。采集得到的数据通过各类工业级通信协议，传输到上位机系统进行存储、处理、分析等操作。

1. RFID 自动扫描技术

RFID 自动扫描技术方式主要用于车辆顺序的信息采集与数据校验，数据正确则触发后续操作流程，其工作原理如图 6-16 所示。

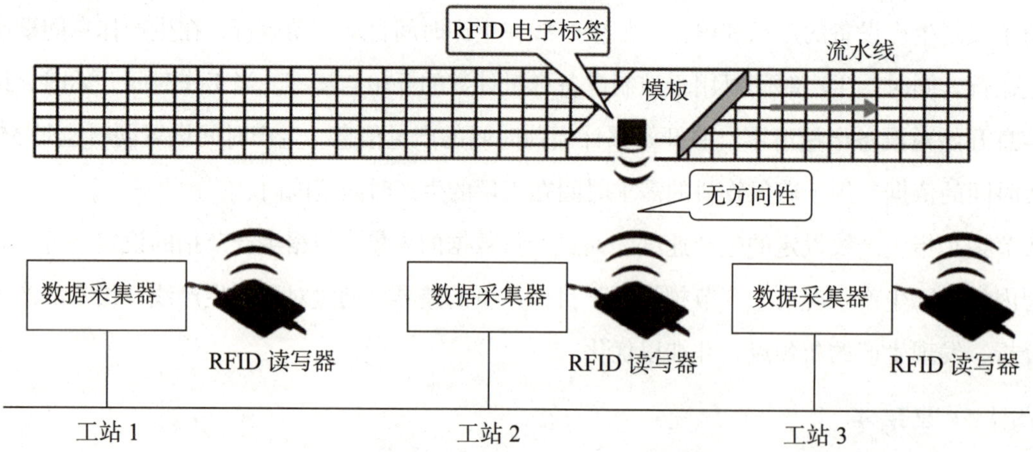

图 6-16　RFID 自动扫描技术工作原理

RFID 技术目前已较为成熟。在整车厂的车辆识别与监控应用中，RFID 通常安装在流水线托盘、台车、滑橇或吊具上。RFID 芯片中存储车辆的相关信息，在线头或焊装的开始将车身信息（包括外色、内饰、动力总成、装配可选包装等所有信息）写入 RFID 芯片。当托盘、吊具抵达数据采集点时，PLC 设备触发射频感应设备进行数据读写操作，通过 OPC 通信协议与应用服务器进行通信，以校验车辆是否符合计划与工艺要求。如数据正确，则触发 PLC 设备放车，反之触发相应的异常处理机制。

汽车生产 RFID 的主要数据采集点位如图 6-17 所示。

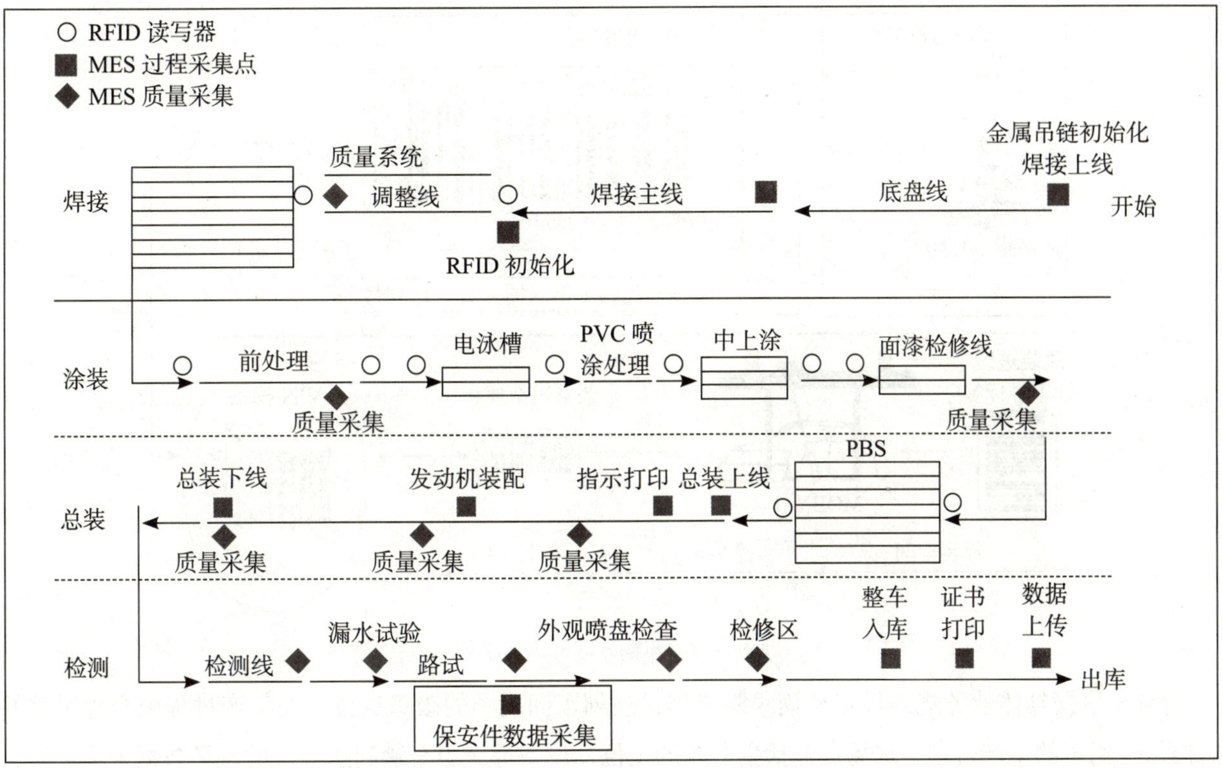

图 6-17　汽车生产 RFID 的主要数据采集点位

2. 车身条码扫描

车身条码扫描是最常用的一项技术。在车身指定位置固定一张易于识别的条码，即车身上的产品识别代号的条形码。当车身抵达数据采集点，由 PLC 设备触发条码自动扫描枪扫描条码或手动扫描流程卡上的条码，进行数据采集。

条码扫描方式可应用于各个车间的上下线点、发动机挂链、发动机合车、整车出厂等 DCP 点，配合 PLC 获取的车身移动信息，可以精确计算线上流动的车序，并用于车辆生产实绩的采集和过程不良记录。

3. 滑轨条码

滑轨条码定位是指在吊具的滑轨上，贴有用于标识位置的二维码，在吊具与滑轨的接触位置设有二维码的读取装置。当吊具在滑轨上滑动时，系统可以通过二维码读取装置读取带有位置信息的二维码，采集到该吊具位置。滑轨条码定位的优点是定位精准，但成本较高，适用于动力总成分装线等 RFID 难以应用的场合。

（六）车辆跟踪

在汽车混流生产中，车辆动态队列是物料拉动和订单跟踪的基础，车辆跟踪尤为重要。车辆跟踪的工作原理如图 6-18 所示。一般情况下，车辆在焊装车间就开始跟踪，通过 WBS 和涂装车间，经过 PBS 重新排序，直至总装车间下线检验结束后，进入成品库。车辆跟踪方式主要以条形码和 RFID 标签为主。车辆的 VIN 码是车辆的唯一标识。

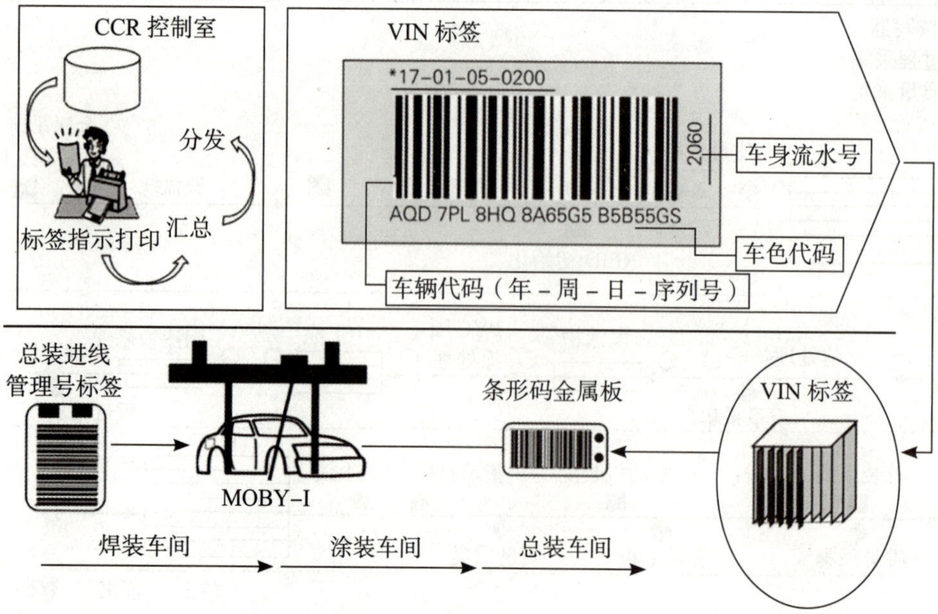

图 6-18　车辆跟踪的工作原理

MES 根据具体业务规则设定车辆跟踪流程，规划车间现场的跟踪点位，在生产过程中全程跟踪并监控每一辆车的生产过程。现场点包括生产线的工位、设备等。当车辆到达规定的现场数据采集点时，数据采集模块会自动扫描或手动扫描车身上的产品识别代号，系统获取车辆在流水线上的过点消息，或由现场点作业人员人工记录车辆过点消息。如果车辆识别代号不能被确认，MES 将锁住传送系统来阻止车辆的继续前进并发出警告信号。此时车身识别代号可通过人工手动输入，人工输入可在数据捕捉点通过键盘完成。

在对车辆过点信息进行捕捉后，通过 MES 网络传输至后台 Web 服务器，触发后台的业务流程处理。车辆跟踪可以实现车体跟踪和车体路由功能，并提供产区内车辆显示功能。通过汇总的条码信息和预先设定的各区域，实时显示焊装、涂装和总装车间等区域的在制车辆信息，以及下线后的各检修和检查区域的车辆信息等。

车辆跟踪系统的业务功能设计如表 6-2 所示。

表 6-2　车辆信息业务功能表

业务功能	车辆跟踪	在品监控	车辆控制	生产状态监控
系统功能	车辆工艺路径设置	在制品上线记录	车辆 Hold	产量 / 计划量监探
	车辆位置信息显示	在制品下线记录	车辆 SET-OUT	工段运行状态监控
	车辆查询	在制品数量查询	车辆 SET-IN	缓冲区车辆信息监控
	超时车辆报警	——	SET-OUT 车辆查询	空滑橇 / 吊架状态监控

1. 数据采集

通过车辆信息显示，提供数据给设备控制部分。

2. 作业指示

按照工艺流程顺序，通过当前过点车辆生成订单过点记录，并显示产量信息，提示现场作业人员、车间管理人员当前班次的实时产量，正确安排生产节奏。

3. 现场数据处理

按照工艺流程在指定的现场点生成车辆数据（车身号、VIN 码等）。现场作业人员对车辆的车身号、发动机号、变速器号、安全气囊号和钥匙号等信息进行确认，通过 MES 建立与车辆 VIN 码的对应关系。

4. 现场表单打印

根据 MES 业务流程，车辆跟踪数据驱动 MES 进行各类标签、油漆表单、前后保装备单、合格证、保养单、车辆装备单等表单打印。

例如，在总装入口点扫描订单标识码进行车身识别，采集订单唯一号后，传输数据给 MES 相关模块，直接触发 MES 在车间现场打印车辆装配清单和 VIN 条码。同时，系统直接发布订单信息给各个分装线，各分装线打印装配单，进行分装生产。

5. 异常处理与报警

对车辆产品异常、数据异常和生产状态异常情况进行现场报警和异常处理记录，为汽车售后提供可追溯的服务信息。

（七）设备连接

现场设备联机的工作原理如图 6–19 所示。MES 通过分布在工厂各生产线上的局域网和以太网转换器，与焊装、涂装、总装生产线及检测线上各类型的自动设备进行物理连接，如焊接机器人、涂装机器人、PBS 车辆顺序调度控制器、T/C/F 总装设备、总装扭矩设备、车辆铭牌制作设备、VIN 条码打刻机、零件电子灯选设备以及检测设备等。联机的设备与系统之间基于指定的协议和流程进行通信。MES 会根据当前的生产顺序发出作业指令和传输相应的数据到底层自动化设备，并从自动化设备接收反馈数据等。

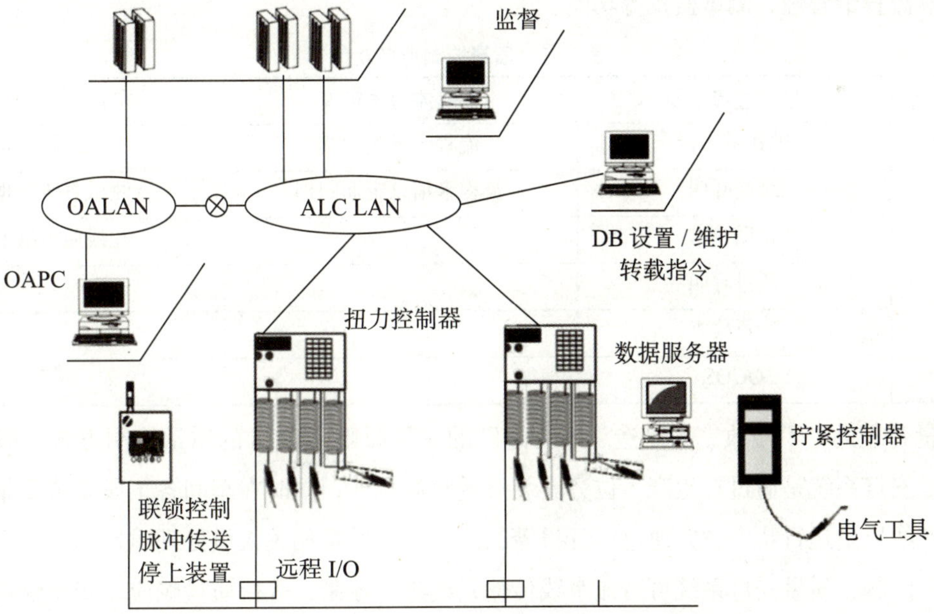

图 6–19　现场设备联机的工作原理

（八）质量管理

质量管理是企业为了保证和提高产品和服务质量而开展的各项管理活动。整车质量（缺陷）管理是在生产过程中按照工艺流程进行质量检测和控制管理，采集并分析质量缺陷数据。整车质量管理的主要项目检查内容如图 6-20 所示。

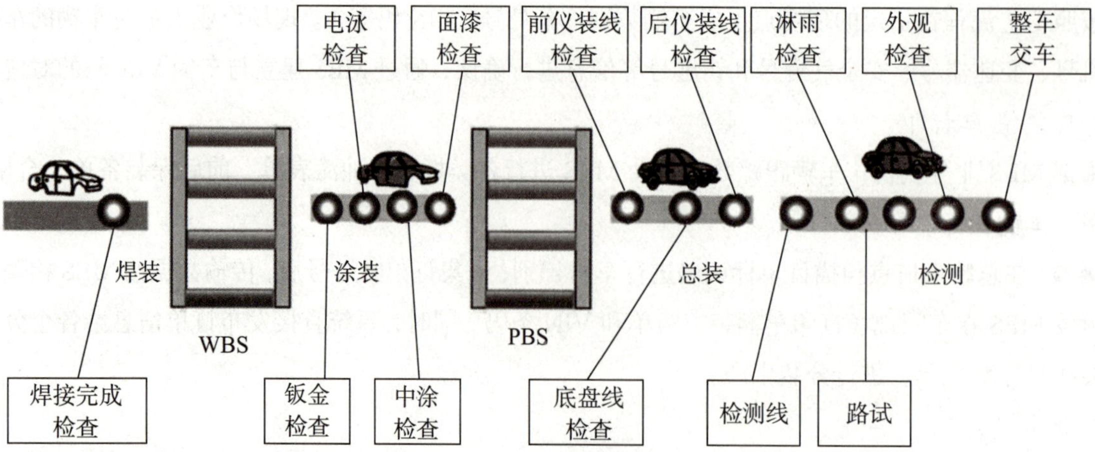

图 6-20　整车质量检查项目

整车质量管理的方式主要是通过在流水线上设立报交点，根据工艺要求由质保人员进行车辆检测和报交，按照检测项进行检测，输入检测结果、缺陷数据，生成检测信息单，并根据缺陷生成问题单进行缺陷的后续整改处理。所生成的问题单将由其他相关部门共同进行质量分析，将所发现的缺陷同具体零件和供应商对应起来，并制订纠错计划。在整改措施落实后，将缺陷问题归入知识库并关闭问题单。

MES 系统的整车质量管理功能主要包含质量控制、成品车检验、质量追溯、物料防呆等功能。

1. 质量控制

MES 的质量控制功能设计如表 6-3 所示，主要包括在线车辆的质量信息记录和报警、生产过程质量控制、车辆流程卡管理、测试监控等功能。

表 6-3　质量控制业务功能

业务功能	生产过程控制	车辆流程卡管理	质量数据录入
系统功能	输送链停机	流程卡批量扫描	测试缺陷定义
	维修呼叫	流程卡信息定期归档	测试系统数据接口
	帮助请求		在线质量缺陷录入
	质量呼叫		
	例行检查		
	QCOS		

根据质量管理的“不接收、不制造、不传递”的三不原则，MES 的质量控制方式一般采用质量安灯系统。质量安灯系统是通过在生产工位旁安装质量呼叫拉环，同时在车间各工段安装质量电子看板，实时反馈生产线质量运行状态，并通过声音报警的形式拉动质量相关人员处理质量问题。在生产过程中一旦发现质量问题，质量安灯系统可对流水线传输系统进行控制，等待质量响应。当车辆将要越过该工位时，停止流水线的输送，直到质量问题解决，复位质量拉环后，流水线重新开始运作。

2. 成品车检验

成品车检验主要完成下线车辆的质量保证信息登录以及车辆抽检要求的结果跟踪，具体业务功能如表 6-4 所示。主要包括整车抽样测试、合格证 / 报交单打印管理、成品发运过程检测、特殊车辆提示等。

表 6-4　成品车检验业务功能

业务功能	整车抽样测试	合格证报交单打印管理	成品发运过程检测	特殊车辆提示
系统功能	抽样计划制订	车型信息下载	车辆发运信息发布	特殊车辆 VIN 报警
	整车质检要求缺陷定义	遗失补打	成品质检跟踪	
	整车抽样质量录入与跟踪	打印合格证	问题车辆返厂维修	
	抽样检测趋势分析	车辆合格证数据集中上传	遗漏车辆警报	
	质量缺陷校验	合格证下载		
		遗漏车辆清单		

整车质量抽检流程图如图 6-21 所示。依据维护的缺陷清单，对已下线车辆作质量跟踪，并通过整车 Audit 评价，对车辆的感知质量、外形质量、功能质量等进行评价打分。

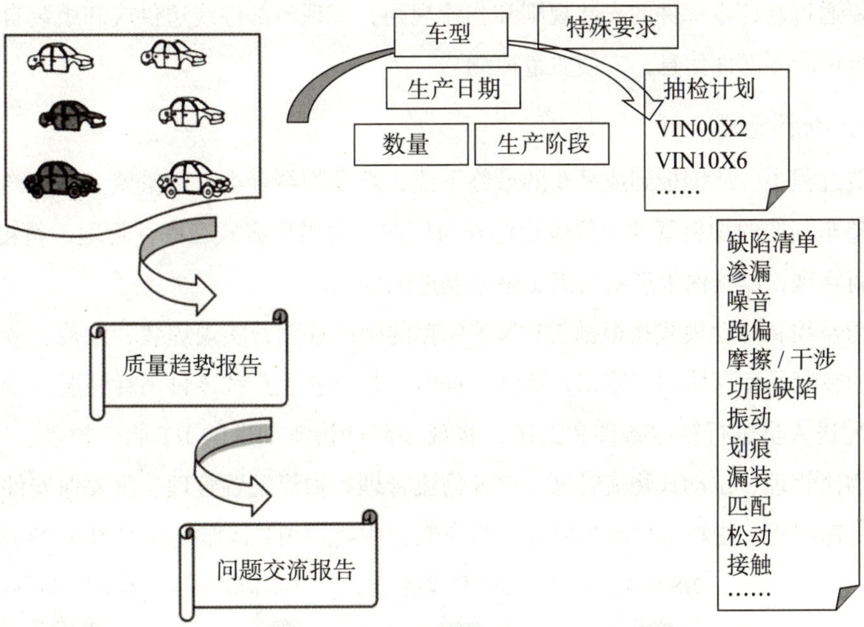

图 6-21　整车质量抽检流程图

3. 质量追溯

整车质量追溯的工作原理图如图 6-22 所示。整车质量追溯体系制订追溯流程和追溯零部件的定义，在生产过程中扫描车辆 VIN 码信息和零部件批次信息，将零部件与车辆绑定，用于后续的质量追溯跟踪。

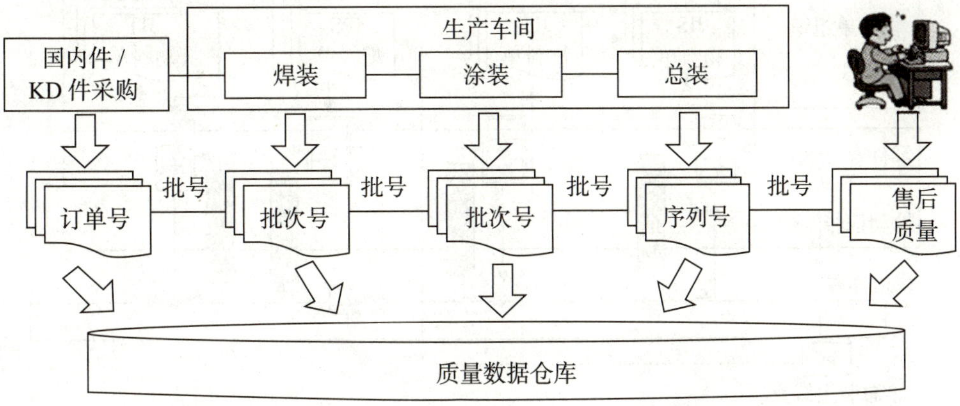

图 6-22　整车质量追溯的工作原理图

质量追溯要求实现对追溯件的精确跟踪记录、漏扫报警以及回溯查询，业务功能设计如表 6-5 所示。

表 6-5　质量追溯业务功能

业务功能	物流批次控制	关键件追溯管理
系统功能	零件供应批次定义	关键件追溯范围定义
	库存批次管理	追溯质检记录管理
	零件上线批次跟踪	关键件追溯标签扫描
	批次条码扫描	组件供货追溯
		关键件追溯替换管理

4. 物料防呆

物料防呆系统根据工作方式的差异，一般分为条码扫描系统、物料安灯系统、SPS 分拣系统等。这种防呆方式主要通过制订零部件的安装规则和物流规则，实现零部件线边供应和组装自动匹配，避免错装、漏装，并且记录零部件信息，方便质量追溯。

（九）JIT 物料管理

在整车制造过程中，从钢板到成品车的最终下线，涉及物料种类、数量繁多，生产各阶段的在制品也较为复杂。整车制造的物料管理一般包括厂外与厂内物料供应方式、库存管理、料箱 / 料架管理、运输管理、供应商管理，以确保生产物料满足整车制造的要求。

整车生产精益物料拉动模式是根据 JIT 与零库存的生产理念，实现焊装、涂装、分装、总装不同生产流转过程中的在制品库存协同与零库存趋向。同时，根据各生产线零件消耗情况与线边零件的库存情况，指示零件配送人员进行精益备件和配送，实现零部件物流配送的 JIT 同步拉动。MES 的物料控制功能包括同步物流管理、拉动式物流管理、SPS 物流管理和物流配置管理、重要保安件（轮胎、安全气囊、发动机、变速器等）物料管理与追踪等。整车制造中物料 JIT 运作模式如图 6-23 所示。

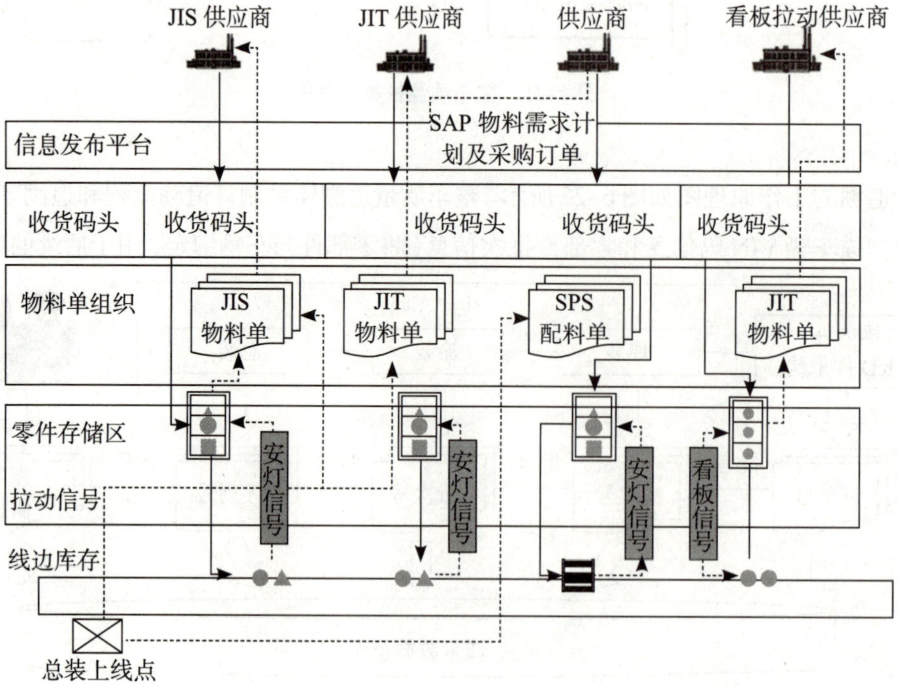

图 6-23　整车制造中物料 JIT 运作模式

（十）生产监控

车间生产管理与监控是为各级管理人员提供准确、实时的车间生产信息，支持管理人员对车间生产过程进行监控，对生产异常 / 报警进行及时处理，以及对生产数据进行管理和订单查询追溯。在面向订单的生产模式中，对车间生产管理和监控是基于对订单数据的管理和对订单过点状态的跟踪，由此反映各车间的生产情况。根据业务管理需要，MES 系统需要实现如下功能。

1. 生产数据管理

根据实际生产情况，车间管理人员可以对订单数据进行维护，使订单数据同实际生产情况相一致；对订单进行特殊车 / 跟踪车标识，随时掌握该类车辆的生产动态，并及时在生产过程中进行跟踪处理；进度看板显示从 MES 服务器推送的产量、完成率、合格率、换班等信息；按照班次、车间、车型、现场点等进行产量统计和产能分析。

2. 订单查询与追溯

根据车型、时间段、现场点和订单过点数据记录（订单号、VIN 码、底盘号、发动机号、车身号、选装件等），对订单生产数据进行查询和追溯。

3. 生产过程监控

生产过程监控主要用于实时掌握各车间生产状况，如当前车间产量、各现场点过点产量、各缓存段周转量、各班次产量、全天累计产量、各车间进出流量等数据。同时监控生产中的各种异常，特别是当设备出现异常时，对现场点生产异常进行及时处理。

4. 班组管理

根据生产计划，由车间主管人员进行具体班次的设定，安排班次实际的起止时间，并以此时间段统计班次实际产量。

（十一）系统集成

MES 集成架构如图 6-24 所示。MES 一方面与企业上层的 ERP 系统、供应链系统、质量检测系统、汽车合格证打印系统、整车发运系统和生产报告系统等进行应用系统集成，另一方面，向下实现生产线设备自动化连接与系统集成，与焊接、涂装生产线的工业机器人、PBS 控制设备、总装生产线扭矩控制器、激光打刻机、加注机、传

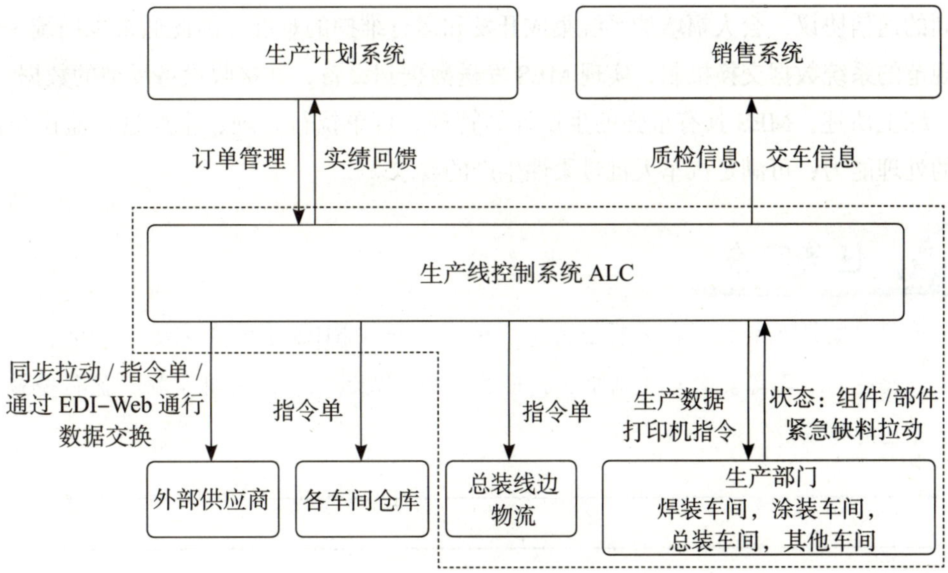

图 6-24　MES 集成架构

送带控制器和物料操控区的灯选控制服务器等各种设备实现连接通信与控制。

1. MES 与 ERP 系统集成

MES 与 ERP 系统的信息交互直接决定企业生产计划能否被生产部门正确、及时执行。MES 需要从整车厂 ERP 系统取得已被固化并排产的一周的日生产计划数据和生产直接相关的工艺数据，如车辆总装指令、车辆检验指令等。同时按要求将整车生产结果、发动机装配结果等数据回传 ERP 系统。需要说明的是，ERP 系统的生产计划与 MES 的生产结果并不要求实时的数据传输，系统的数据交互频次可以每天一次或多次。

2. MES 与汽车合格证系统集成

汽车合格证系统主要完成打印每一辆车的汽车合格证并长期保存合格证相关数据。MES 与汽车合格证系统的系统交互要求实时，即车辆到达总装车间最终检查合格点时，MES 立即将车辆的生产日期、车型、VIN 码、发动机号等关键数据传输到汽车合格证系统。

3. MES 与整车配置与测试系统的集成

整车配置与测试系统主要完成向汽车的行车电脑和发动机控制器输入相应的配置与控制数据，并测试是否符合要求。总装生产线上有整车配置与测试系统的车辆配置数据输入点，当车辆经过此点时，车辆的行车电脑接收相应配置数据的输入。在检测生产线上有整车配置与测试系统的检测点，当车辆经过此点时，对所配置数据进行测试，整车配置与测试系统立即将测试结果数据传输至 MES，如 VIN 码、合格信息等。因此，系统信息交互的时间要求是实时性的，车辆每经过整车配置与测试系统的配置点时就要求传输数据。

4. MES 与整车发运系统集成

整车发运系统需要从 MES 得到车辆总装下线时间、质量检测合格时间、VIN 码、车型等信息，完成销售部门可分配的车辆资源报表，再根据销售部门反馈的分车计划，完成整车到各地经销商的发运工作。系统信息交换的时间要求是非实时性的，可以每天一次或者多次。

5. MES 与生产线自动化设备的通信信息交换

MES 需要与生产线自动化设备实现双向通信。生产线自动化设备的技术规格差异较大。如果采用不同的通信协议，会大幅增加系统集成开发和运行维护的难度，因此通常采用统一的标准通信协议，建立规范的系统数据交换机制，实现 MES 发送数据到设备，并接收设备反馈的数据。

综上所述，MES 具有很强的生产计划管理、订单执行管理、生产过程监视与控制、物料拉动等方面的处理能力，可满足汽车大批量柔性生产的要求。

任务实施

进入一家汽车制造厂，分析当前工厂生产流程和 MES 系统实施情况，识别潜在的优化点，如生产调度、设备利用率等。撰写实训报告，记录系统集成过程中的关键步骤、优化措施和测试结果，提出进一步优化的建议。

任务工单

报告撰写	1. 描述 MES 如何记录生产数据、分析生产性能和生成报告。 2. 介绍 MES 系统的主要功能模块及其作用。
请在任务结束前完成最终报告的撰写和提交。 若遇到问题或需要支持，请及时联系任务负责人或相关专家。 任务负责人签字：__________ 任务审阅人签字：__________ 日期：__________	

任务四　MES 在 TPS 中的应用

任务描述

在现代企业的生产管理系统中，制造执行系统（MES）与丰田生产系统（TPS）的融合应用已经成为提升生产效率和质量的重要手段。以丰田公司为例，其在全球范围内的生产工厂都广泛应用了 MES 系统。通过 MES，丰田能够实现全球供应链的无缝对接，确保生产信息的实时共享。据统计，采用 MES 后，丰田的生产效率提高了 20%，质量缺陷率降低了 15%。然而，MES 在 TPS 中的应用并非一蹴而就，它需要与企业的具体业务流程紧密结合，进行定制化开发和持续优化。企业需要投入大量的人力、物力和时间，以克服系统实施的复杂性和变革管理的挑战。

任务分析

MES 系统在 TPS 中的应用不仅能够支持 TPS 的核心原则，还能提升生产效率、质量控制和成本管理水平。系统的分析与优化，可以为实现精益生产和持续改进提供有力的技术支持。通过对本任务的学习，学生可以了解企业如何更好地控制生产过程，提高决策的准确性和响应速度，从而在日益激烈的市场竞争中立于不败之地。

任务重点

一、丰田 ALC 系统

由于理解上的不全面，TPS 经常被误认为离信息技术非常遥远。日本丰田汽车公司很早就已借助计算机信息系统，在计算机集成制造系统中，计算机辅助计划系统负责进行生产计划的制订；而计算机辅助制造系统负责实现向制造、加工、装配的自动设备与生产线下达指令。

丰田将其计算机辅助制造系统称为总装生产控制系统（assembly line control，ALC）。ALC 系统是丰田经过长期的发展与实践而形成的，基于看板拉动生产模式的一种计算机辅助生产管控系统，体现了 TPS 的特征。丰田 ALC 系统主要包括生产顺序调整、生产实绩管理、生产指示等功能，其系统工作原理图如图 6–25 所示。

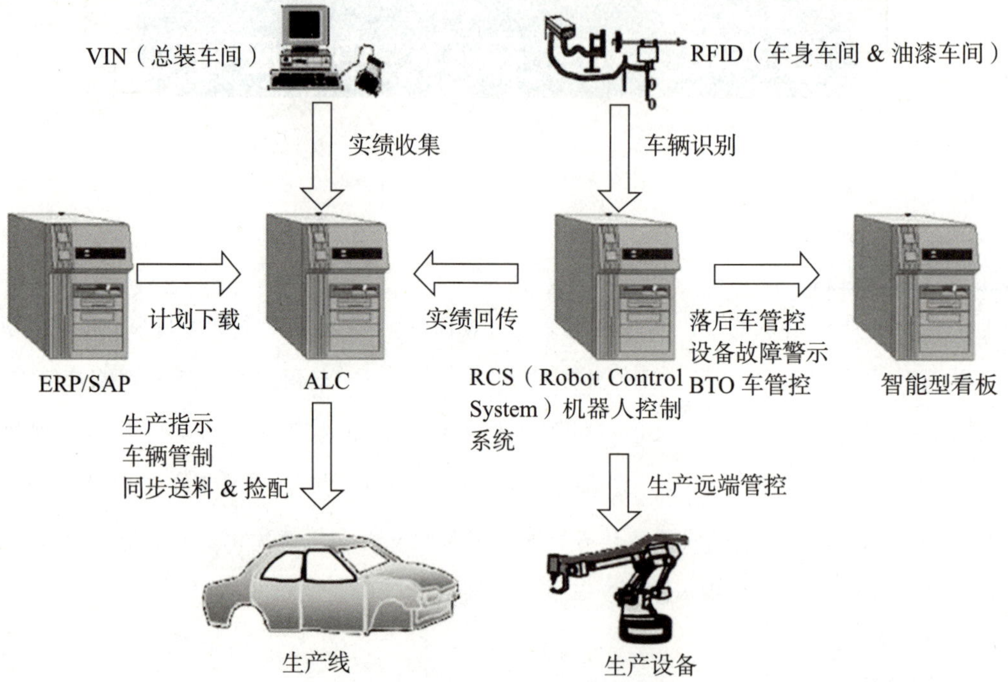

图 6–25　ALC 系统工作原理图

ALC 系统采用的是自律分散型网络控制结构。位于中央控制室 CCR 的 ALC 系统对整个工厂进行车间级的集中管理，协调控制焊装、涂装与总装多个生产控制子系统。而各车间的生产控制子系统则负责控制各车间工序级的设备控制群。在丰田的焊装车间、涂装车间、涂装 PBS 存储线和装配检验工序，全部由各工序的生产线计算机控制各工序内的终端自动化设备群，如制卡机、读卡机、打印机、指示灯牌、机械手、机器人等。因此，ALC 系统具有较高的可扩展性与系统柔性，ALC 系统的网络结构如图 6–26 所示。

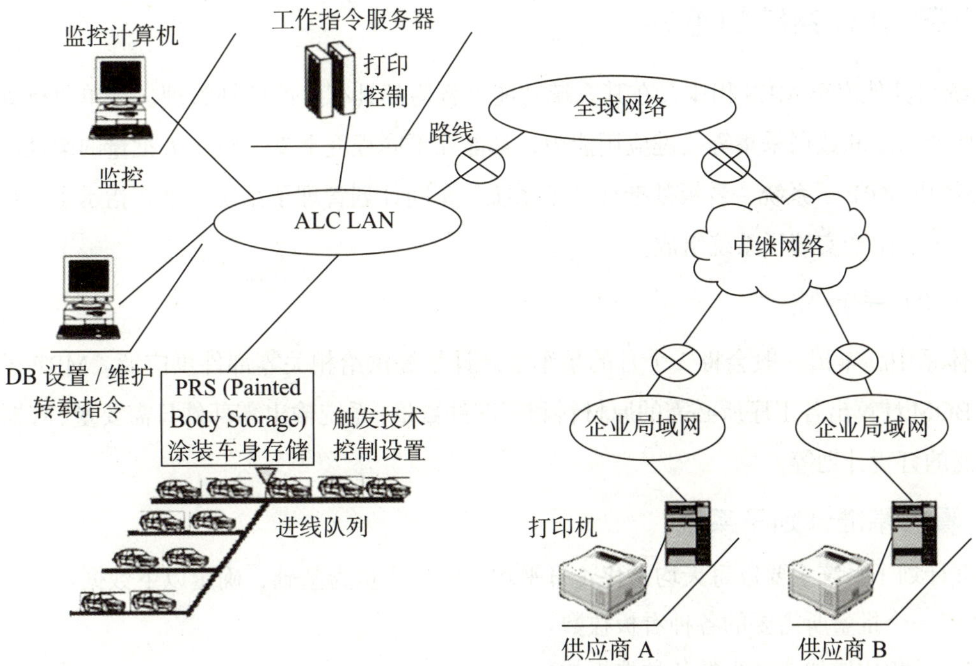

图 6–26 ALC 系统的网络结构

焊装、涂装和总装等车间级 ALC 系统一般以日为单位，接收 CCR 发布的汽车装配顺序计划和汽车规格文件。各车间 ALC 系统以日为单位，同步向车间内部工序生产控制单元传送生产计划数据。各工序的生产控制单元接收到生产数据后，根据车间生产进度，内部自动对工序进行控制。ALC 系统同步实时接收各工序的生产实绩。ALC 系统生产控制范围如图 6–27 所示。

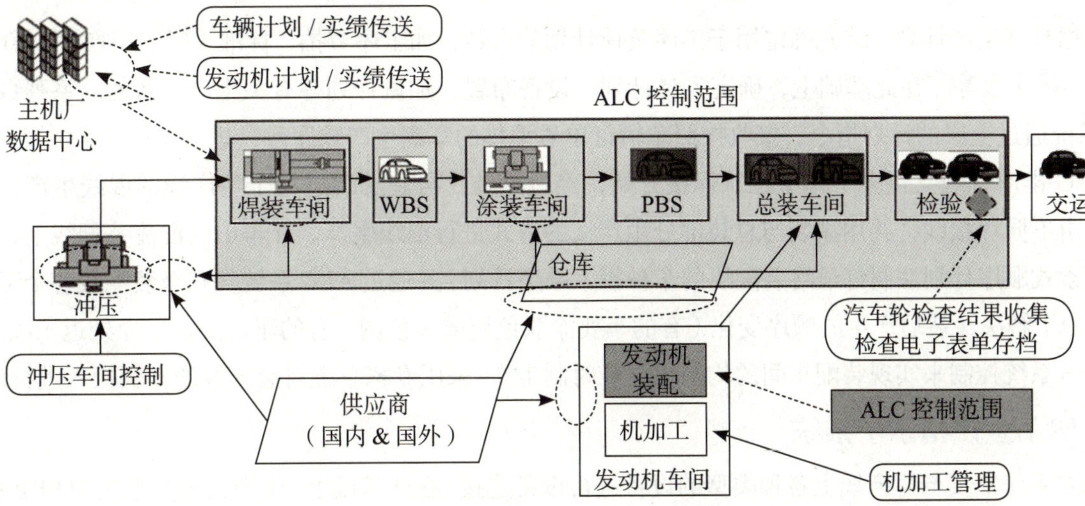

图 6–27 ALC 系统生产控制范围

在整车厂生产过程中，在被组装车辆或其运输台车上包含车辆的唯一性 ID 标签。当车辆经过车身扫描点时，ALC 系统根据 ID 标签进行生产进度的报告与生产指示的下达，并同步进行生产与物流的拉动，实现整车厂各车间、各分装线的同步流水线生产，以及厂内物流与厂外物流的 JIT 作业。因此，车身信息成为整车生产的拉动看板，工厂、生产线、工序间形成在需要的时间提供需要的信息的体系，这是丰田 ALC 系统的一个主要特征。

二、丰田 ALC 系统的组成

ALC 系统与其他汽车 MES 相比，在其系统功能上普遍都具有生产计划管理、订单执行管理、车辆状态跟踪、作业指示和数据采集等关键应用能力，都能在不同程度上支持汽车大批量的柔性混线生产。丰田 ALC 系统由 MRP 子系统、看板基准计划子系统、车间计划管理子系统、生产指示子系统、部品采购与传票子系统、生产实绩子系统组成。

（一）MRP 子系统

在 TPS 体系中，丰田一般会将 3 个月的整车生产计划提供给相关零部件供应商。MRP 子系统根据这一信息和 BOM 计算出各工序所必需的原材料和零部件数量，系统输出零部件日需要量、容器 / 盛具数、零部件供应商的订货计划等。

（二）看板基准计划子系统

看板基准计划子系统主要以每天均衡化（日平均）的生产量为基础，确定以下数据。

（1）生产一个批量所需要的各种看板枚数。

（2）与上月相比增加或减少的各种看板枚数。

（3）表示作业开始时点对应订货点的三角看板位置。

（4）批量规模。

上述数据以内部制造用看板基准表、外协工厂用看板基准表和材料看板基准表的形式输出。由于每天的平均生产量基本上每月变化一次，所以这些数据每月必须重新计算。

（三）车间计划管理子系统

根据月度生产计划，首先确定用于工序负荷计划的参数，如工序节拍、标准工时、切换 / 换模时间、切换 / 换模次数等。在此基础上，确定人员计划、设备布置、加班计划等有关生产准备的一系列数据。ALC 系统通过上层的计划指令，接收按照车辆订单号编排的车辆生产顺序号，进行生产任务的发布。

ALC 排产管理支持多个车型在从焊接开始，经过涂装，再到总装进行全生产线的混线生产，也可以满足由不同焊接线，共用涂装与总装部分生产线的方式进行混线生产。在丰田的混流装配线上，一般采用探索式顺序计划法制订最终装配线的车种投入顺序计划，并通过 ALC 系统发布至装配线各个工位。此外，为了解决涂装后产生的顺序变化（有的车要涂双色调或多色调，有的车需要返回原处返工喷涂），通过 PBS 系统控制来实现装配车间的均衡化与准时制生产，采用专家系统对装配线的车辆投入进行调度。

（四）生产指示子系统

ALC 系统需要与生产线上各种类型的设备进行设备连接。在此基础上，生产指示子系统与 ERP 系统、供应商送件系统、质量检测系统、汽车合格证打印系统、整车发运系统和生产报告系统等进行系统集成，提供接收生产计划、作业指示、设备连接、零件灯选、重要保安件追踪、扭矩控制、生产结果收集、跟踪控制等系统功能。通过内物流指示整车厂内的物流操作，通过外物流指示确定零部件供应商的物流发送时间和发送路线。

（五）部品采购与传票子系统

部品订购量是基于准时制原则，根据生产线的进度，同时考虑零部件的物流周期来确定。物流时间决定生产计划和订单变更的范围。部品采购子系统根据整车厂的厂内物流数据、厂外物流数据及 ALC 数据，通过运算确定零部件订购量与供货时间。

传票（OCR 卡）主要用于丰田与外协供货厂商之间的财务支付和收款结算。OCR 卡包括交货传票、支付传票、收货传票和销售传票 4 种。目前，丰田与内部零部件工厂和外协供货厂商通过信息联网，采用电子看板代替原来由货车驾驶人携带的外协订货看板。

（六）生产实绩子系统

生产实绩子系统主要完成采集各车间、工序的生产实绩数据，如产量、生产时间、作业切换时间、设备停机时间、冲压机冲压次数等。在此基础上，汇总形成月度生产报表。对生产实绩数据与月计划值进行差异进行分析，分析计划达成率、设备稼动率等车间生产管理指标，作为后续生产改善的起点。

综上所述，丰田已经将计算机信息技术、计算机集成制造技术与 TPS 进行了有效融合。ALC 系统是基于丰田的业务流程与需求，经过长期的发展与实践而形成的生产线控制管理解决方案。ALC 系统首先实现与生产线设备与相关系统的自动化连接，实现从供应链、制造链、销售链的端到端集成。此外，看板系统与计划系统等体现 TPS 的拉动特征，有助于实现汽车混线生产的顺序控制管理，满足多车型大批量柔性化生产。

任务实施

（1）选择一个生产流程，利用 MES 系统收集数据，分析当前流程存在的瓶颈和问题（如生产延误、设备故障等）。

____

____

____

（2）制作流程图，标识出关键环节，说明存在的问题。

任务工单

报告撰写	1. 提供 ALC 系统的架构图或示意图，说明各组成部分的布局和工作原理。 2. 探讨丰田在实施 ALC 系统时的策略和优化方法。
请在任务结束前完成最终报告的撰写和提交。 若遇到问题或需要支持，请及时联系任务负责人或相关专家。 任务负责人签字：____________ 任务审阅人签字：____________ 日期：____________	

思政链接

MES 在国内整车厂的应用

汽车制造行业因其集成性、统一性、完整性、重复制造性、全面质量管理、准时生产等特征，国内大型汽车企业基本上已经实施 SAP、Oracle 等 ERP 系统，但企业内部的 ERP、MES、SCM、WMS 等异构系统未能有效整合，存在数据管理不统一、成本核算不准确、信息资源不协调等问题。汽车 MES 的主要功能模块一般包括物料管理、质量管理、AVI 车体跟踪、生产及物料控制（production material control，PMC）、生产计划排产、Andon、生产防错等。针对不同企业业务需求，开展定性化的 MES 实施成为各汽车制造企业管理的重中之重。

1. 一汽大众

一汽成都大众 MES 的主体是以大众公司导入为主，主要包括生产管理、SPS 物流、质量管理等模块，报表模块以自主开发为主。

2. 广汽菲亚特

广汽菲亚特的生产设备和物流系统的自动化程度高，其 MES 主要以德国系统导入为主，主要包括统一测试环境（unified testing environment，UTE）现场执行系统、质量门、零件追溯、拉动式物流、Broader 设备健康等功能。

3. 广汽乘用车

广汽乘用车使用了罗克韦尔的 MES 方案，范围覆盖了冲压、焊装、涂装、总装四大工艺车间，包括部分发动机车间以及生产线关联的设备。厂内物流实现了 SPS、JIT、Andon 等物流模式，总装一部分零件实现了外物流同步。质量方面实现了零件 / 整车的质量管理，以及安全件追溯、相应统计报表生成等。AVI/Andon 系统实现了工厂生产信息可视化、设备监控和物料拉动管理等。

4. 东风乘用车

东风乘用车 MES 由执行管理和自动化管理两大部分组成。执行管理功能模块包括生产管理、物料管理、质量管理等模块，与 ERP 等外部系统实现数据交互。自动化管理功能模块包括车辆跟踪、设备控制、车间路由管理等模块，通过 RFID 技术进行车辆数据收集，并且把相关伺服信号推送至车间底层的 PLC 设备。

此外，广汽丰田、东风日产、东风本田、长安马自达等日系合资车厂，这些厂家的 MES 一般称之为 ALC 系统。其共同特点是与 DCS 接口采用标准的 OPC 协议，其他功能大部分都是根据生产车间的管理方式进行定制或二次开发。

国内汽车整车厂在 MES 系统的应用，不仅在生产管理上取得了显著成效，也在支持国家制造业发展战略、实现绿色制造、履行企业社会责任、促进科技创新及培养专业人才等方面发挥了重要作用。MES 系统不仅是企业提高生产效率的工具，更是国家制造业转型升级和科技创新的推动力量。这体现了企业在经济发展和社会责任中的双重角色，符合当前国家政策的要求和社会发展的方向。

项目小结

本项目主要介绍了汽车精益智能生产系统的关键组成部分及其实施过程。首先介绍了汽车制造业在信息化和自动化方面的现状和发展趋势；其次介绍了汽车生产信息系统的构成和功能；再次介绍了汽车制造执行系统（MES）的架构，包括其核心模块和功能，展示了 MES 如何集成和协调生产活动，从而实现高效、精确的生产管理；最后介绍了 MES 在丰田生产系统（TPS）中的应用。通过本项目的学习，读者认识到信息化和自动化技术如何协同作用，推动汽车生产向更高效、更智能的方向发展，为汽车制造业的现代化和竞争力提升奠定了坚实的基础。

课后练习

一、填空题

1. 汽车柔性生产的能力主要体现在__________、__________与组织柔性。

2. 随着信息技术、自动化技术、机器人技术等先进制造技术的应用，汽车生产线不再是简单的人机配合生产，而是__________、__________、__________和各种相关设备紧密连接在一起，自动化与信息化深度融合。

3. 在冲压、焊装、涂装和总装等汽车 4 大生产工艺中，__________和__________是自动化水平要求较高的两个工艺流程，其生产任务主要通过工业自动化来完成。

4. 整车厂 ERP 系统一般包括__________、__________、__________、__________、__________、质量管理和计划管理等核心模块。

5. MES 与汽车合格证系统的系统交互要求实时，即车辆到达总装车间最终检查合格点时，MES 立即将车辆的__________、__________、__________、发动机号等关键数据传输到汽车合格证系统。

6. MES 具有很强的__________、__________、__________、物料拉动等方面的处理能力，可满足汽车大批量柔性生产的要求。

二、问答题

1. 汽车生产的自动化技术应用有哪些？
2. 汽车整车厂的 ERP 系统包括哪些内容？
3. MES 系统的整车质量管理功能有哪些？

项目七

汽车智能制造应用

项目导读

在“新基建、工业互联网、人工智能、大数据”等新兴技术的推动下，制造企业都在积极探索智能制造技术的应用。智能制造是智能制造技术的核心内容。通过智能制造，企业可以实现高效、灵活、精准、绿色的生产过程，提高产品的品质和可靠性，降低产品成本。例如，某汽车企业在应用智能制造技术后，从原材料的采购到产品的组装和质检都可以实现自动化和数字化控制。

学习目标

知识目标

1. 了解智能制造技术在汽车车身冲压工艺中的应用。
2. 掌握智能制造技术在汽车车身焊装工艺中的应用。
3. 了解智能制造技术在汽车车身涂装工艺中的应用。
4. 熟悉智能制造技术在汽车总装工艺中的应用。

能力目标

1. 能够评估智能制造技术在汽车车身冲压工艺中的应用效果，并提出优化方案。
2. 能够设计和实施智能制造技术在汽车车身焊装工艺中的应用方案，提高焊接质量和效率。
3. 能够分析并优化智能制造技术在汽车车身涂装工艺中的应用过程，提高涂装效果和节约资源。
4. 能够设计和管理智能制造技术在汽车总装工艺中的应用方案，实现自动化和柔性化生产。

素质目标

1. 培养学生团队协作和沟通能力，能够与焊接、涂装、总装等多个部门合作推动智能制造项目的实施。
2. 培养学生持续学习和创新意识，不断探索和应用新兴的智能制造技术。

思政目标

1. 提升学生对智能制造技术在汽车制造中的兴趣和敏感度，关注技术发展趋势。
2. 培养学生成为创新驱动发展的践行者。

任务一　智能制造技术在汽车车身冲压工艺中的应用

任务描述

汽车车身冲压工艺是汽车制造的关键环节，涉及到大量的金属板材切割、成型和组装。传统的冲压工艺主要依赖于人工操作，效率低下，且易受人为因素影响，导致产品质量参差不齐。然而，随着智能制造技术的应用，这一局面得到了根本性改变。例如，通过引入高精度的数控冲压机和自动化机器人，可以实现精确到微米级别的冲压精度，大大提高了车身的结构强度和精度。

任务分析

智能制造技术在汽车车身冲压工艺中的应用，可以显著提高生产效率、改进产品质量和优化成本控制。通过对本任务的学习，学生将掌握智能制造技术的实际应用，理解其在现代汽车制造中的重要性和潜力。

任务重点

一、汽车车身冲压工艺

汽车车身一般是使用冲压工艺制成的。冲压工艺对于车身的产品质量、生产效率和生产成本有着重要的影响。

冲压工艺是一种金属加工方法，是建立在金属塑性变形的基础上，利用模具和冲压设备对板料施加压力，使板料产生分离，从而获得具有一定形状、尺寸和性能的零件（冲压件）。车身冲压件如图 7–1 所示。

图 7–1　车身冲压件

（一）冲压的特点

冲压加工方法与其他加工方法，如金属切削加工等相比，具有以下特点。

（1）冲压设备操作简单、生产率高，易实现机械化与自动化。

（2）冲压可以获得其他加工方法不能制造或难以制造的、形状复杂的零件。

（3）用料经济，质量好，可以获得强度高、刚度大而重量轻的零件。

（二）冲压的基本工序

车身钣金零件的形状复杂、尺寸大，一般不可能在一道冲压工序中直接获得，有时需要十几道工序才能获得。冲压加工都由最基本的冲压工序组成。按照冲压后的板料形状变化的程度将冲压分为 3 种基本工序：冲裁、弯曲、拉伸。

1. 冲裁工序

使板料实现分离的冲裁工序，如图 7-2 所示。

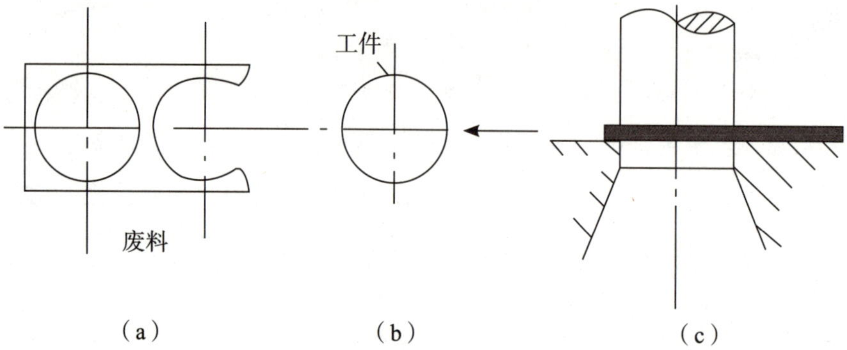

图 7-2　冲裁工序

冲裁工序的变形过程包含 3 个：弹性变形、塑性变形和断裂。

总体过程：冲裁工序属于分离工序，工件受力时必然从弹性、塑性变形开始，以断裂告终。当凸模下降接触板料，板料受到凸、凹模压力面产生弹性变形，由于力矩的存在，使板料产生弯曲，即从模具表面上挠起，随着凸模下压，模具刃口压入板料，内应力状态满足塑性变形条件时，产生塑性变形，变形集中在刃口附近区域。由此可知，塑性变形从刃口开始，随着切刃的深入，变形区向板料的深度方向发展、扩大，直到在板料的整个厚度方向上产生塑性变形，板料的一部分相对于另一部分移动。力矩将板料压向切刃的侧表面，故切刃相对于板料移动时，这些力将表面压平，在切口表面上形成光亮带。当切刃附近板料各层中达到极限应变与应力值时，便产生微裂，裂纹产生后，沿最大剪应变速度方向发展，直至上、下裂纹会合，板料就完全分离。

（1）弹性变形

当凸模下降至接触板料时凸模开始对板料加压。由于凸模与凹模之间存在间隙，因此有力矩 M 的存在，使板料产生弹性压缩并有弯曲，且稍微压入凹模腔口。弹性变形过程如图 7-3（a）所示。

（2）塑性变形

随着凸模下压，凸、凹模作用于板料的垂直压力分布不均匀，将向模具刃口方向急剧增大，模具刃口压入板料。当应力状态满足塑性变形条件时，进入塑性变形阶段，在塑性变形的同时还伴随有纤维的弯曲与拉伸，如图 7-3（b）所示。

（3）断裂

随着变形的增加，刃口附近产生应力集中，达到最大值。当刃口附近板料中的应力达到破坏应力时，便在凸、凹模刃口侧面产生微裂纹，并沿最大切应力方向向板料内部发展，使板料分离，如图 7–3（c）所示。

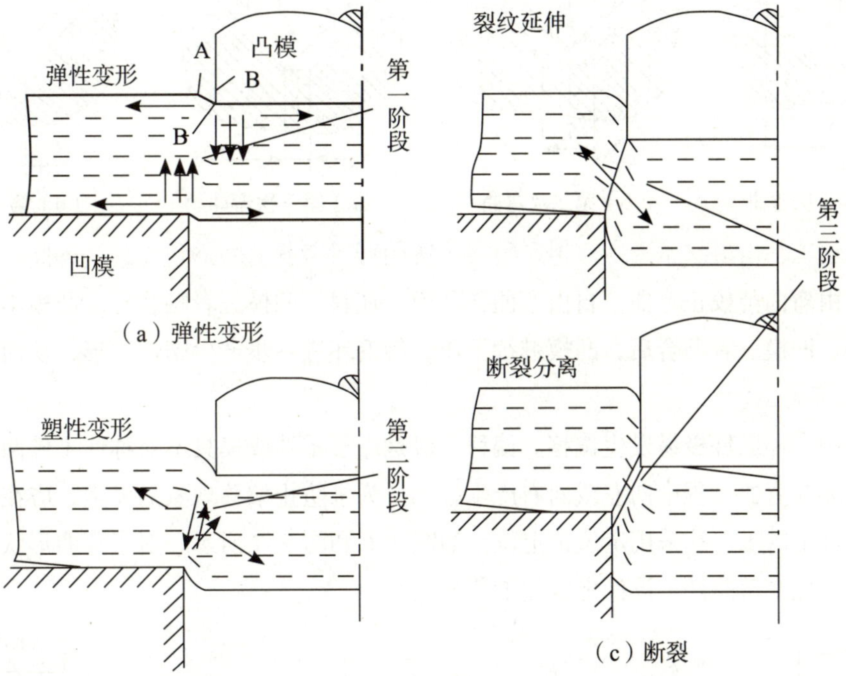

（a）弹性变形　（b）塑性变形　（c）断裂

图 7–3　冲裁工序变形过程

2. 弯曲工序

弯曲工序是利用模具或其他工具将板料、型材或管材弯成具有一定角度和形状的工艺方法，如图 7–4 所示。

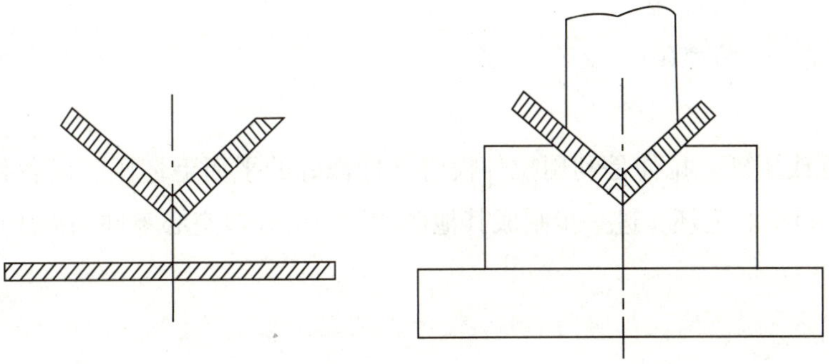
（a）　（b）

图 7–4　弯曲工序

弯曲工艺是板料冲压中常见的加工方法之一。在生产中，弯曲件的形状很多，例如，V 形件、U 形件、帽形件、圆弧形件等。这些零件可以在压力机上用模具弯曲，也可以用专用弯曲机进行折弯或滚弯。V 形件的弯曲是板料弯曲中最基本的一种，其变形过程如图 7–5 所示。弯曲时，板料毛坯放在凹模上，凸模下行接触毛坯并逐渐下压，使其毛坯产生的弯曲半径：r_1，r_2，r_3，…，r_n 和凹模与毛坯接触的两个支点之间的距离 S_1，S_2，S_3，…，S_n 逐渐减小，直到毛坯与凸、凹模完全贴合。

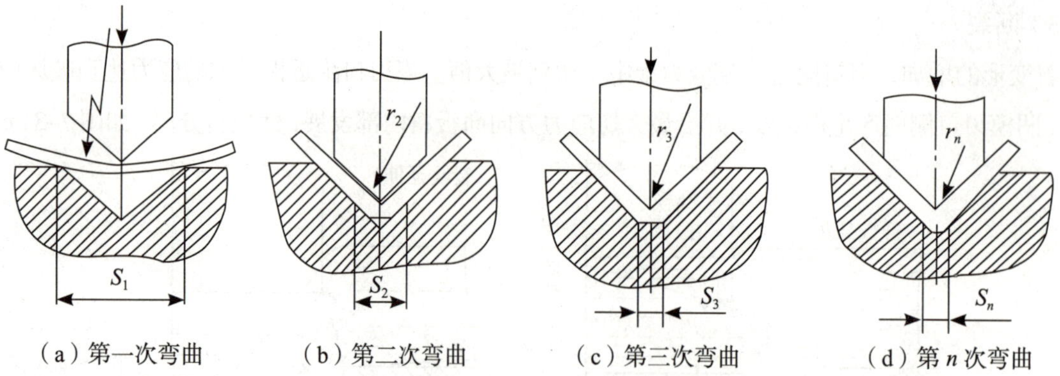

图 7-5　V 形件弯曲变形过程

弯曲分为自由弯曲与校正弯曲。自由弯曲指凸模、坯料、凹模三者贴合后，凸模不再下压。校正弯曲指凸模、坯料、凹模三者贴合后，凸模继续下压，使毛坯进一步产生塑性变形，从而对弯曲件进行校正弯曲。

在弯曲工序中，冲压件极易发生偏移。偏移一般是由于零件或模具不对称使工件两边受到的摩擦力不相等，引起毛坯在弯曲过程中向左或向右产生移动。为了防止偏移现象的发生，应在模具上设置压料装置或利用弯曲件上的工艺孔采用定位销定位，如图 7-6 和图 7-7 所示。对于弯曲形状复杂或需多次弯曲的工件，也应预先在弯曲件上设计出定位工艺孔。

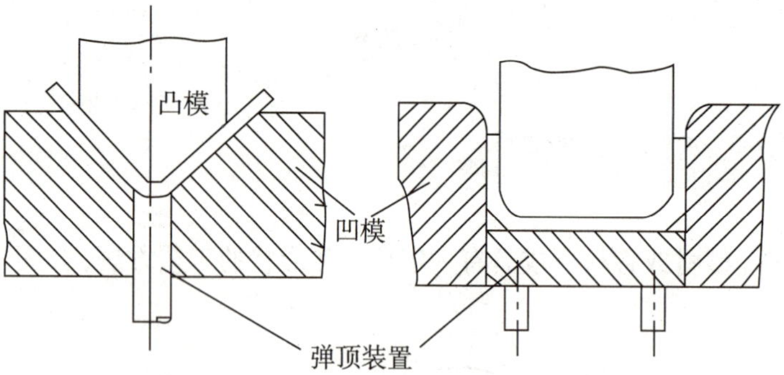

图 7-6　在模具上设置压料装置

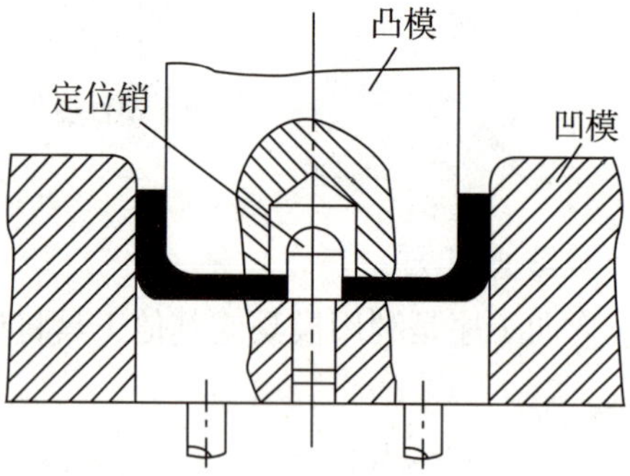

图 7-7　定位销定位

3. 拉伸工序

拉伸又称为拉延或压延。拉伸是利用拉伸模将已冲裁好的平面毛坯压制成各种形状的开口空心零件；或将已压制的开口空心毛坯，进一步制成其他形状尺寸的开口空心零件的冲压成形工序。拉伸工序如图 7-8 所示。

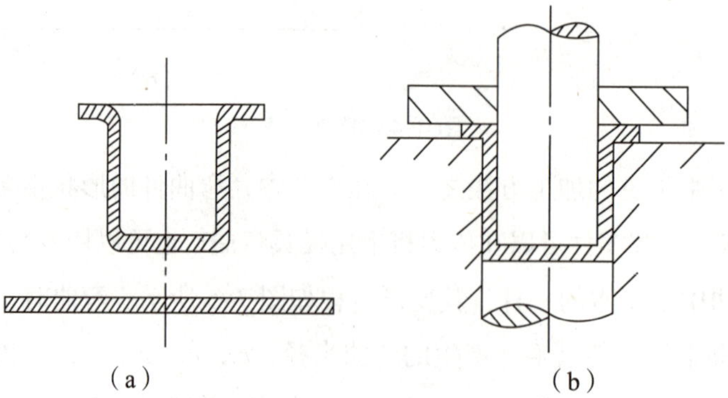

图 7-8　拉伸工序

用拉伸工艺可以压制出圆筒形、阶梯形、球形、锥形及其他不规则形状的开口空心零件，如图 7-9 所示。如果与其他成形工艺配合，还可制成形状极其复杂的零件。

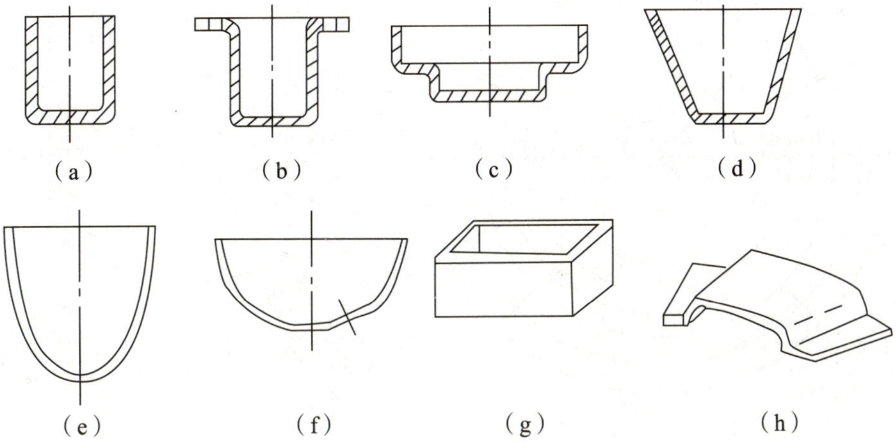

图 7-9　拉伸成形的各种零件

拉伸工序是车身冲压中最关键、最重要的工序。拉伸质量对车身的质量影响最大。拉伸工艺设计是否合理还直接影响其他各道工序的设置。拉伸工艺的好坏往往决定了整个覆盖件设计和制造的成败。

拉伸从形状上分为圆筒形零件和盒形件，下面主要介绍圆筒形零件的形变过程。

图 7-10 为圆筒形零件拉伸成形过程。圆形平板毛坯置于拉伸凹模之上，拉伸凸模和凹模分别装在压力机的滑块与工作台上。当凸模向下运动时，凸模的平底首先压住直径为 d 的坯料中间部分，凸模继续下行，即将坯料的环形部分（D_0-d）——凸缘逐渐拉入凹模腔内，凸缘材料便不断转化为零件的筒壁。由此可见，拉伸成形的实质就是凸缘部分金属产生塑性流动，或拉伸成形过程就是凹模使坯料径向受拉、切向受压，逐步成为零件的过程。

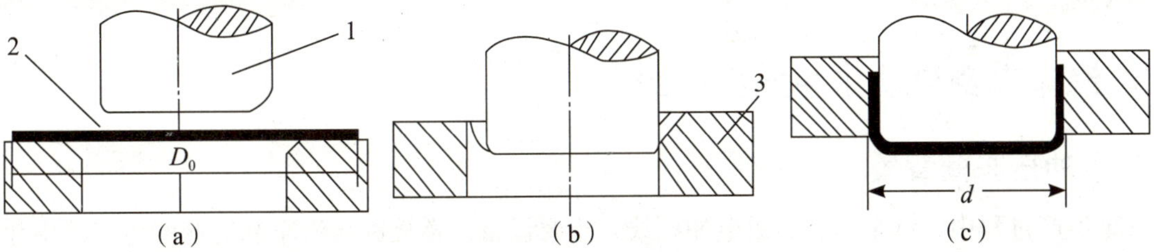

图 7-10　圆筒形零件拉伸成形过程

从变形的角度，可以将拉伸成形的立体形状零件划分为 5 个区域：圆筒底部区域 OIJ、凸模圆角区域 $GHIJ$、筒壁区域 $EFGH$、凹模圆角区域 $CDEF$、凸缘区域 $ABCD$，如图 7-11 所示。

为了更直观地了解金属的流动状态，在圆形毛坯上画出间距相等的同心圆和分度相等的辐射线所组成的网格，毛坯拉伸成筒形件后，网格的形状和尺寸都产生了较大的变化，如图 7-12 所示，图中的网格由扇形变成矩形。

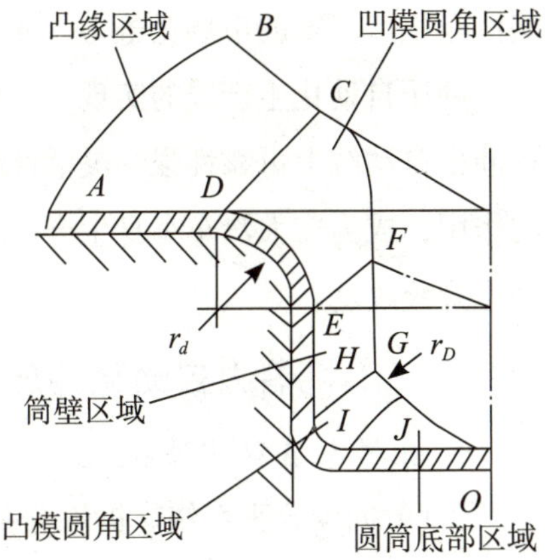

图 7-11　圆筒形拉伸件各成形区域

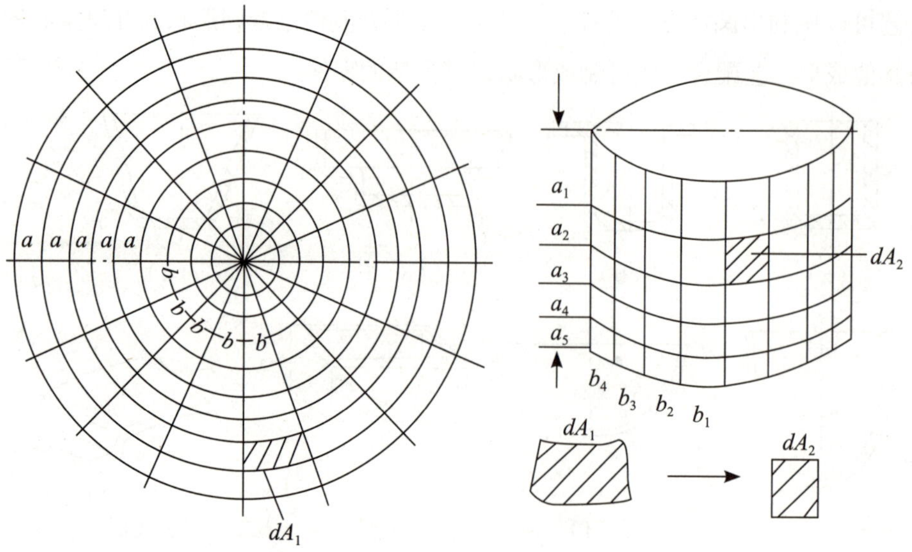

图 7-12 毛坯拉伸变形后网格变化

观察变形前后的网格，发现圆筒筒底的网格与拉伸前基本没有变化，筒壁部分的网格由原来的扇形变成矩形，距底部越远矩形的高度越大。这说明拉伸过程中底部没有产生塑性变形，底部是不变形区。

圆筒壁部是由毛坯圆环部分流动而成的，其塑性变形程度由底部向上部逐渐增大。已形成的筒壁部再变形为已变形区，毛坯的圆环部分（即工件的凸缘部分）则为变形区。

由于车身件的侧壁与压料面呈钝角，所以可选择最有利的冲压方向。拉伸件的冲压方向是拉伸工艺设计中需要首先解决的问题。它关系到能否拉伸出合格的拉伸件，也影响到拉伸件工艺补充部分的多少和压料面形状。

二、汽车车身自动化冲压生产线

（一）冲压车间背景

在汽车生产过程中，汽车车身的钣金冲压线是主要设备，直接影响汽车制造业的生产效率和生产质量。原始的人工冲压生产线，生产不稳定、效率低下、产品质量无法保证、人工成本升高等因素直接影响汽车生产厂家的市场竞争力。冲压自动化线技术是提高产品质量和生产效率的主要措施。

冲压自动化生产线的实现，主要有机械手式和机器人式两种形式。其中，工业机器人作为一种运用在冲压自动线上可靠性强、灵活性高、安全性好，并且运行方便的新型机械设备，对汽车制造具有重要的作用，成为广大汽车车身生产厂家的首选。当前很多汽车车身生产厂家，正逐步进行冲压生产线的自动化升级改造。

（二）机器人自动化冲压生产线系统简介

1. 机器人自动化冲压生产线的机械系统组成

（1）拆垛分张系统。拆垛分张系统主要包括上料台车、拆垛机器人、磁性皮带机、板料清洗机、板料涂油机、视觉对中台。

（2）上下料运输系统。上下料运输系统主要包括上下料机器人、端拾器、机器人底座等。

2. 机器人自动化冲压生产线的控制与安全系统组成

（1）自动化控制系统（控制台、控制柜、示教器、气路及真空系统）。

（2）生产信息显示用的 LED 显示屏。

（3）安全护栏和安全防护。

3. 机器人自动化冲压生产线的工艺过程

机器人自动化冲压生产线的工艺过程如图 7–13 所示。

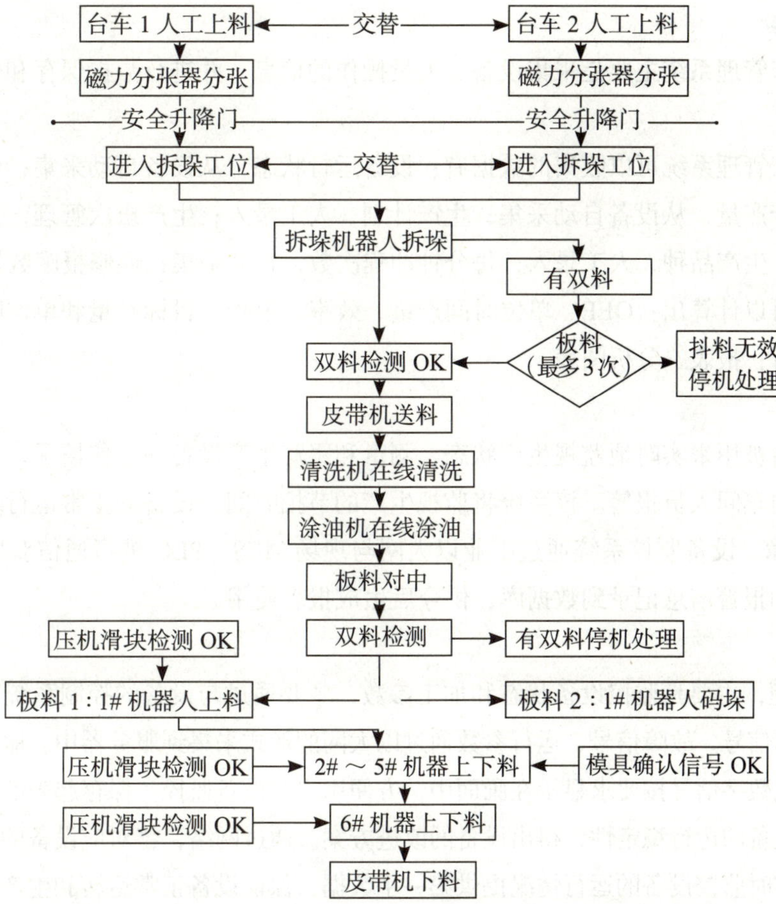

图 7–13 机器人自动化冲压生产线的工艺过程

机器人自动化冲压生产线运行循环方式为：垛料拆垛（机器人拆垛）—板料传输—板料清洗涂油—板料对中—上料机器人送料—（首台压机冲压）—下料机器人取料、送料—（根据工序数量循环）—（末端压机冲压）—线尾机器人取料、放料—皮带机输送—人工抽检码垛。

4. 机器人自动化冲压生产线的控制

机器人自动化冲压生产线包括拆垛机、清洗机、涂油机、对中台、上下料系统、线尾输送等系统，各分系统间的电气控制按照集中监控、分散控制的原则。在各控制系统中，采用设备层和控制层的典型控制模式，每个层次中使用不同的网络结构及软硬件配置，以实现各自不同的功能。

5. 机器人自动化冲压生产线的安全系统

安全可靠是自动化生产线的核心要求，通过采用安全的 PLC 保护系统，并配置完善的安全装置，实时显示安全区域状况，在发生危险后，声光报警单元作为整线安全系统的辅助工具，能够在设备启停、设备故障、上下料故障及安全系统中各安全监控点发生异常状况时及时通知操作人员处理。

（三）冲压车间自动化管理系统

冲压车间作为整车厂的第一个环节，具有生产节奏快、质量要求高、设备运行稳定性要求高等特点，特别是在生产过程中，如果发生设备故障将会直接影响后续生产。同时冲压车间需要对多种物料进行管理，这就对物料的入出库管理提出了很高的要求。

针对冲压车间的特点，以宜科－长城 X 冠整车厂生产管理系统为例，宜科可以为冲压车间提供管理系统有：生产管理系统、设备监控系统。

1. 生产管理系统

冲压车间的生产管理系统主要是采集设备、人员操作的信息，并进行数据保存和分析，得出需要的分析结果。

冲压车间的生产管理系统可以收集的数据有：设备运行状态，从设备自动采集；设备停机状态，从设备自动采集；生产产量，从设备自动采集；生产计划，人工录入；生产班次管理，人工录入；设备故障原因，人工录入；生产品种，人工录入；每分钟冲程次数，自动采集；返修报废数量。

通过以上数据可以计算出：OEE、单位时间产量、效率、节拍、目标产量和单位时间产量产值及合格品率。展示方式有：报表、分析图表。

2. 设备监控系统

设备监控系统将被用来实时地监视生产状态，测量和跟踪生产设备的工作情况，当生产设备出现生产问题时，系统将向车间人员报警。该系统将监视生产的节拍时间、设备的正常运行时间、故障停机时间及生产设备的故障。设备监控系统通过工业以太网与现场 MES、PLC 进行通信获取数据。设备监控系统还将生产信息和报警信息记录到数据库，供今后生成报表使用。

（1）功能描述

设备监控和管理，主要是监控设备状态和加工参数，主要通过与设备的控制系统进行数据交换，实时对设备的运行控制信号、故障信号、运行参数通过以太网的形式采集到服务器中。服务器通过专用的数据接口将信号转换成数字信号按要求显示在画面中，方便用户对设备监控。保存起来的参数和运行数据，可以通过分析了解设备的运行稳定性，得出设备的改进方案。通过网络，将对应设备的运行参数采集到系统中。为操作人员实时监控设备的运行情况提供第一手数据，保证设备正常运转和生产的正常进行。

（2）监控流程图

监控流程图如图 7–14 所示。

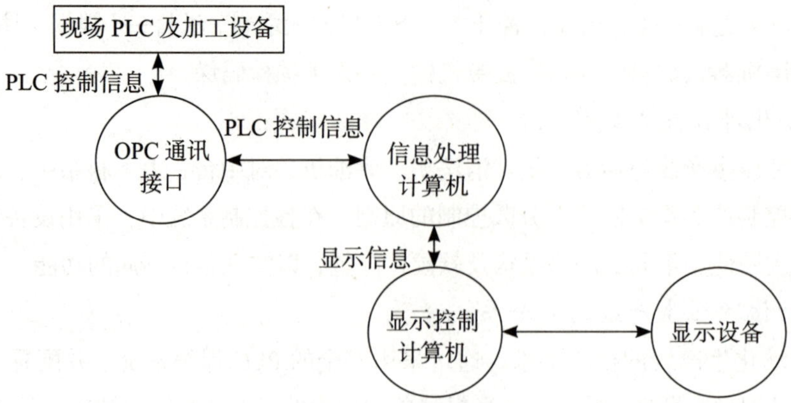

图 7–14 监控流程图

（四）冲压机器人自动化特点

冲压机器人自动化特点如图 7-15 所示。

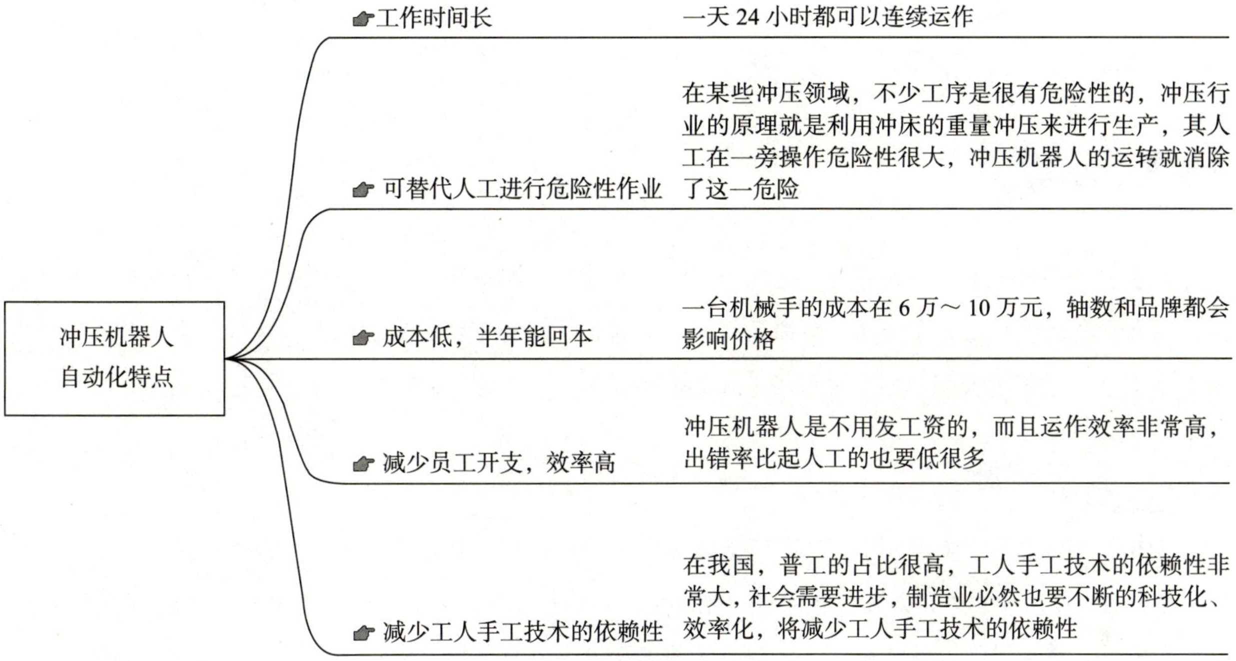

图 7-15　冲压机器人自动化的特点

任务实施

选择一个典型的汽车车身冲压工艺案例，可以是实际生产中的案例或者公开发表的案例研究。编写一份详细的案例分析报告，包括案例背景、智能制造技术的应用、效果评估以及可能的改进建议。

____

____

____

任务工单

报告撰写	1. 分析如何通过工艺优化提升冲压质量和生产效率。 2. 研究自动化生产线的灵活性和可扩展性，如何适应不同车型和生产需求的变化。
请在任务结束前完成最终报告的撰写和提交。 若遇到问题或需要支持，请及时联系任务负责人或相关专家。 任务负责人签字：____________ 任务审阅人签字：____________ 日期：____________	

任务二　智能制造技术在汽车车身焊装工艺中的应用

任务描述

传统的焊装工艺主要依赖人工操作，不仅效率低下，而且受人为因素影响，产品质量难以保证。然而，随着智能制造技术的引入，这一状况得到了显著改善。在焊装工艺中，机器人可以精确地执行焊接任务，无论是在精度还是在速度上，都远超人力。据相关数据显示，采用机器人焊接，生产效率可以提高 30% 以上，焊接精度可以控制在 ±0.1 mm 的范围内，大大提升了车身的制造质量。

任务实施

随着技术的发展，传统的焊装工艺面临诸多挑战，包括焊接质量不稳定、生产效率低、人工成本高等。智能制造技术的引入，如自动化焊接、智能检测和数据分析，为解决这些问题提供了新的解决方案。通过本任务，学生能够了解自动化焊装生产线的建设，可以显著提升生产线的自动化水平、生产效率和产品质量。

任务重点

一、汽车车身焊装工艺

冲压将板料加工成外形各异的成形件，但这些成形件是分散独立的，必须经过装配焊接才能成为车身，所以焊装是车身整体成形的关键工艺，焊装工艺是车身制造工艺中的重要环节。

（一）车身焊装的特点

车身焊装过程是将若干个零件焊装成合件，再将若干个合件和零件焊装成分总成，最后将分总成、合件、零件焊装成车身总成。图 7-16 为轿车车身，图 7-17 为轿车车身焊装流程图。

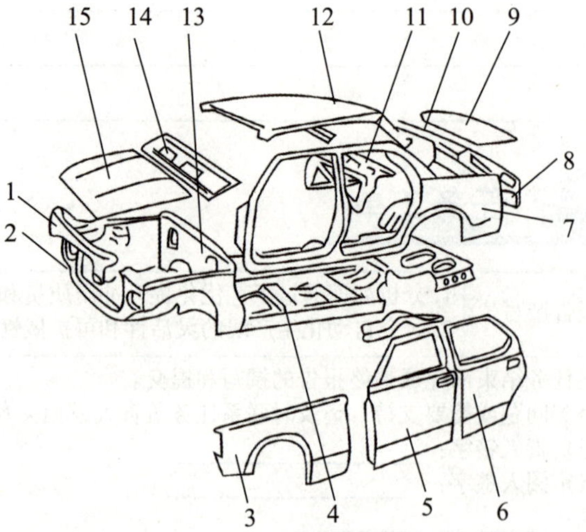

1，2—散热器支架；3—前翼子板；4—底板总成；5，6—车门；7—侧围；8—后围板；9—行李舱盖；10—后围上盖板 11—后窗台板；12—顶盖；13—发动机舱围板；14—前围上盖板；15—发动机罩。

图 7-16　轿车车身

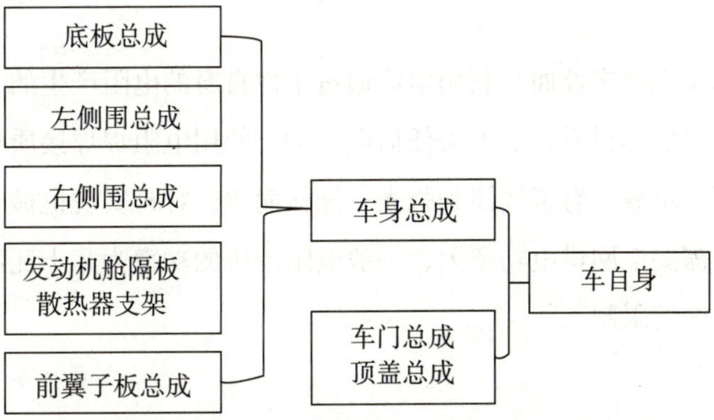

图 7-17　轿车车身焊装流程图

（二）车身焊装方法

车身零件结构多为薄钢板形式，车身冲压件的材料大都是具有良好焊接性能的低碳钢，因此焊装便成为现代车身制造中应用最广泛的连接方式。表 7-1 为车身制造中常用的焊接方法及典型应用实例。

表 7-1　车身制造中常用的焊接方法及典型应用实例

焊装方法	焊装设备	示例
电阻焊	电焊机	分总成等
	固定电焊机	螺母、螺柱等
电弧焊	CO_2 气体保护焊	车身总成
特种焊装	激光焊	车身底板

电阻焊是车身制造应用最广泛的焊装方法，占整个焊接工作量的 70% 以上。电弧焊中常用的是 CO_2 气体保护焊，它主要用于车身骨架和车身总成中点焊不能进行的连接部位的补焊。如有些焊接件的组成结构较为复杂或接头在车身底部等，点焊焊钳无法达到，只能用 CO_2 气体保护焊进行焊接。

特种焊装中的激光焊接主要用于车身拼焊和零件焊接。激光焊接是在车身设计制造中，根据车身不同的设计和性能要求，选择不同规格的钢板，通过激光裁剪和拼装技术完成车身某一部位的制造，例如前挡风玻璃框架、车门内板、车身底板、中立柱等。

1. 电阻焊

（1）电阻焊的原理

电阻焊的物理本质是利用焊接区金属的电阻热和在压力作用下的塑性变形，使结合面的金属原子之间达到晶格距离，形成金属键，产生足够的共同晶粒，在外压力作用下而得到焊点、焊缝或对接接头。电阻焊是将置于两电极之间的工件施加压力 F，并在焊接处通以电流 I，利用电流通过工件本身的电阻产生的热使温度升高造成金属局部熔化，断电冷却时，在压力继续作用下该熔化处立即凝固，形成牢固接头。电阻焊的原理示意图如图 7-18 所示。

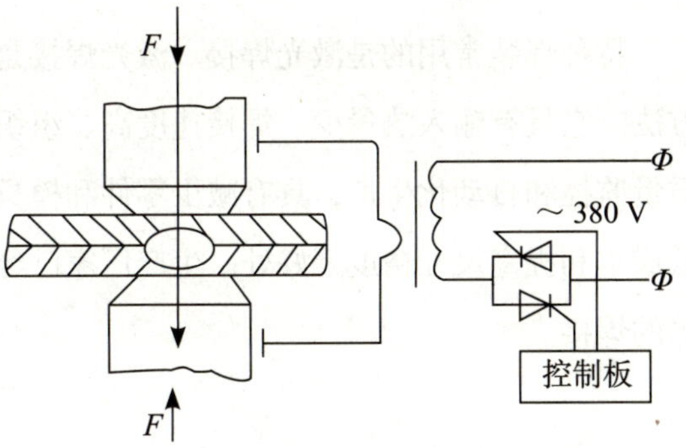

图 7-18　电阻焊的原理示意图

（2）电阻焊的特点

电阻焊的热不是来源于工件之外而是利用电流通过工件自身的电阻产生的，整个焊接过程中必须施加压力，焊接处不需加任何填充材料，也不需任何保护剂。使用电阻焊焊接质量好，生产效率高；省材料，成本低；劳动条件好，不放出有害气体和强光；操作简单，容易实现机械化和自动化。但是焊接设备费用较高，投资较大；需要电网供电功率大，一般电阻焊机的功率为几十瓦到上百千瓦；设备容易受到焊件的尺寸、形状和厚度的限制。

（3）电阻焊的分类

电阻焊根据接头形式不同可分为搭接焊、对接焊两种。搭接焊可分为点焊、凸焊和缝焊 3 种。对接焊可分为电阻对焊、闪光对焊两种。

2. 电弧焊

CO_2 气体保护焊称 CO_2 焊，它之所以能广泛应用于汽车制造，是因为具有以下特点。

（1）焊接成本低。CO_2 气体容易制取，价格低，焊接耗电量小。CO_2 气体保护焊的成本只有埋弧焊和焊条电弧焊的 40% ～ 50%。

（2）生产率高。CO_2 气体保护焊电弧的穿透力强，熔深大，而且焊丝的熔化系数高，所以熔敷速度快。焊丝可连续自动送进，不用像焊条电弧焊那样频繁更换焊条，生产效率可比焊条电弧焊高 1 ～ 4 倍。

（3）适用范围广。不论何种位置都可进行焊接。焊接薄板时，比气焊速度快，尤其是变形小，薄板可焊到 1 mm 左右，间隙可小于 0.5 mm。焊接厚件可采用多层焊。

（4）抗锈能力较其他焊接方法强，焊缝含氢量低，抗裂性好。

（5）便于观察和控制焊接过程，有利于实现焊接过程的机械化和自动化。

CO_2 气体保护焊设备由焊接电源、焊枪、送丝系统、供气装置和控制系统等组成。CO_2 气体密度比空气大，受电弧加热后体积膨胀，所以 CO_2 气体保护焊在隔绝空气、保护焊接熔池和电弧方面的效果较好。进行 CO_2 气体保护焊时，需采用含有脱氧剂的下降外特性焊接电源。CO_2 气体的纯度不得低于 99.5%。当 CO_2 气瓶内的压力低于 1 MPa 时，就应停止使用，以免溶于液态 CO_2 中的水分汽化量增加而产生气孔。

3. 特种焊装

特种焊装常用的是激光焊接。激光焊接是以聚焦的激光束作为能源轰击焊件所产生的热进行焊接的方法。它具有输入热量少、焊接速度高、组织细、韧性好等优点。焊接时无机械接触，有利于实现在线质量监控和自动化生产，具有减少零件和模具数量、减少点焊数目、优化材料用量、提高零件质量、降低成本和提高尺寸精度等好处。生产厂家已经将激光焊接用于底板拼接、顶盖与侧面车身、后围板总成等的焊接。

知识拓展

车身焊装工艺水平直接关系着汽车产品的外观质量和使用性能

通用汽车公司的装配车间用 3 kW 光纤传输的连续激光焊焊接新型的车顶部件，焊缝总长为 2.4 m，焊速为 4.5 m/min，每小时可完成 80 件，焊缝质地光滑，缺陷率极低，费用仅 4.5 美元 / 件。福特公司采用激光器结合工业机器人焊接轿车车体，极大地降低了制造成本。上海大众厂在生产线上使用了两套激光焊接装置，一套用在车顶和侧围的焊接，另一套用在后盖激光钎焊上，这两套激光焊接装置都使用了从德国引进的 KUKA 机器人，重复精度达 0.02 mm，其中车顶焊接使用了焊缝跟踪系统，使激光焊接能量集中，焊缝平整，焊接的痕迹小，无须修补。

总体来说，车身是汽车的基体，它不仅要承受来自汽车内、外部的所有力和力矩，为乘客和货物提供保护，而且还要满足用户对汽车外观质量日益苛刻的高要求，即车身应具有“承力、保护、美学”3 大最基本的功能。此 3 大功能是否能得到最大限度的实现，在很大程度上取决于车身焊装质量。这正是业内常说“车身焊装工艺水平直接关系着汽车产品的外观质量和使用性能”的原因。

二、汽车车身自动化焊装生产线

（一）汽车焊装自动化生产线行业概况

汽车焊装自动化生产线主要应用于汽车整车制造业，在汽车整车制造厂商新建生产线时，焊装作为整车制造的必要工序环节，焊装自动化生产线的投资必不可少；在新款、改装款车型推出时，从制造工艺上看，车身的改装往往带来焊接工艺的改变，要求智能化生产线的控制程序、硬件配置等也随之升级更新或加以改造，以适应新款或改装款车型的生产。

随着德国“工业 4.0”计划的出台，汽车制造业正在经历以自动化、数字化、智能化为核心的新一轮产业升级，推动了汽车智能装备制造的快速发展。工业机器人作为汽车产业实施自动化生产线、智能工厂的重要基础装备之一，在汽车车身智能焊装等核心汽车制造环节中的广泛应用，有助于提升汽车制造的自动化和智能化水平，提高生产效率和产品质量、保障安全生产。

1. 应用焊接自动化技术的优势

焊接操作具有作业周期短、成本投入低、方式灵活、调整便利等优势，因此在汽车产业获得了大范围运用。当前，我国经过数十年的发展，在使用劳动力时所要承担的成本不断提高，社会及公众也对环境保护有了更高的要求。自动化在国内已经慢慢运用到各个领域，而且收获了十分理想的效果。例如，国内逐渐研发出以机器人为核心的技术，即焊接自动化技术，该项技术在具体运用时占有突出性优势。另外，汽车生产流程较为复杂，将焊接自动化技术运用其中，能够让焊接操作中发生失误的概率大幅下降。伴随国内工业化水平的持续提升，开始对焊接工艺水平提出了更高的要求。

2. 汽车车身焊接技术的现状分析

随着我国经济水平的不断提高，汽车产业也在蓬勃发展，不仅是在国内，在全世界范围内我国汽车产业的规模及销量都名列前茅。我国政府也积极制定了相关的政策推动汽车产业的良性发展。例如，在“汽车产业振兴计划”中提出，汽车产业应该不断地提高研发技术水平，提高企业素质。同时，通过品牌化的打造，树立起一部分知名的民族企业，这样才能够促进汽车产业的良性发展和技术迅速提高。现阶段的汽车产业，由于用户需求变化较快，使现代化的汽车不仅量级更小，更适合城市出行，而且车辆型号的变更速度也不断加快，对于安全性能的要求也更高，这就提高了对车身焊接技术的要求。在现阶段的用户背景下，车身焊接技术具有以下 6 个新的焊接特点。

（1）使用新型材料作为车身的焊接材料。虽然城市用车的量级更小，但是对于安全性能的要求没有减少，所以原有的车身焊接技术不能满足这样的用户需求，必须通过使用新型材料来提高车身焊接的强度和安全性能。

（2）使用现代化的焊接设备进行车身焊接。现阶段的用户需求变化快，汽车生产线上的型号变更也十分迅速，产品更新换代快，但不同型号间的焊接技术差距较大，所以需要不断地更换新型焊接设备来进行车身焊接。

（3）自动化焊接技术提高。在产品更新换代快、汽车进行批量化生产的背景下，保证汽车车身焊接工艺的同时，必须不断提高生产线的自动化焊接工艺。

（4）信息化技术应用程度提高。在生产线使用自动化的焊接工艺进行批量化生产时，必须使用多种现代化的焊接设备，所以必须通过信息技术的应用来保证生产线的良好运营。

（5）出现混合焊装生产线。由于现代化汽车型号多样，为了降低焊装的成本，汽车企业会在产业内部组建能够满足多种汽车型号焊装需求的混合生产线。

（6）车身焊接工艺的精准度不断提高。由于现代化的用车对于舒适度和安全性能的需求不断提高，所以对车身焊接工艺的精准度提出了更高的要求。

（二）汽车焊装车间自动化控制技术

在现代汽车制造过程中，焊装车间的自动化控制技术发挥着至关重要的作用。通过高度自动化的设备和先进的控制系统，焊装车间能够实现高效率、高精度的焊接作业，显著提升生产效率和产品质量。自动化控制系统通过精确的编程和实时监控，确保焊接过程中的每一个环节都达到预定的技术标准，从而保证汽车零部件的焊接质量。汽车焊装车间自动化控制系统主要包括控制层、设备层、监控层及总线系统。

1. 控制层

汽车焊装车间自动化控制系统中的控制层主要包含了 PLC 的控制系统，控制层主要是利用以太网交换机的模式针对分布在焊装车间内部不同区域内的 PLC 控制系统进行管控，同时与监控层达成有效连接，能够整合整个汽车焊装车间自动化控制系统相关的屏幕和自动化控制系统，从而确保整个汽车焊装车间在实际操作过程中能够完成实时数据收集与监控作业。当 PLC 控制系统开始连接到不同区域内的焊装车间之后，可以利用以太网及不同区域内的交换机达成高效的控制作业，从而保障整个车间监控能够完成内部各项作业的实施工作，优化汽车企业内部的动态管理，保障焊装车间自动化系统对于生产作业的控制力度。

2. 设备层

汽车焊装车间自动化控制系统中的设备层主要的作用就是连接电信设备的信号对整个汽车焊装车间进行控制，针对机器设备、无线射频读写设备能够达成有效的控制工作，确保汽车焊接车间实现全面自动化运转。在汽车自动化车间内部不少的制造厂商都以标准化现场总线进行车间系统之间的连接工作，但是标准总线的连接方式较为单一，技术和连接方式还不成熟，因此现阶段必须要以更为安全的系统管理对总线系统进行优化、升级与改进。例如，西门子及欧姆罗克维尔已着手开发更加安全、可靠的总线系统装置，以达成更加便捷的通信协议，在简化汽车焊装车间设备的同时保障工作流程顺利实施，同时这种优化还能有效提升汽车企业生产过程中焊装车间的安全系数，安全总线系统在发展过程中已经逐步成为整个汽车焊装系统与自动化控制技术最为贴近的连接方式。

3. 监控层

汽车焊装车间自动化控制系统中的监控层主要是负责监督管理整个车间的生产状态，主要是在汽车生产过程中完成全局健康的职能，其中包括针对监控装置、服务系统及生产管理系统的全面监控服务。在完成监控系统的自动化设计过程中，最关键的就是要将监控管理的服务器妥善安装在焊接车间及相关的监控室内部。同时在监控过程中注意不同时期生产的整体目标与生产线的规划，结合实际的汽车生产情况进行全面性的汇总，将监控数据上传总厂，由总厂针对数据内容加以分析。之后利用控制层对整体的自动化管理系统进行优化升级，从而更加合理化地分配员工的工作内容，促使汽车企业中的焊装车间生产效率获得不断提升。

4. 总线系统

汽车焊装自动化生产还处于不断地完善阶段，虽然可通过监控层来实现对生产过程的监控，但是一些内部隐患问题仍然不能及时发现，存在一定的安全问题。因此很多汽车企业在焊装时会引入总线系统，通过总线结构实现自动化控制系统可靠性与自动化的需求，同时将系统内部分散性控制系统兼顾好，使其能够更好地对焊装过程进行实时监督，使得传统形式复杂的配线系统得以简化。总线系统的可编辑性，使得系统朝着结构化方向完善，促使系统结构本身的便捷性、可拓展性得到较大程度的提升且系统内部的连线方式得到进一步的优化，为后期的维护过程提供更大的便利。

任务实施

（1）进入一家汽车生产企业，通过对智能制造技术在焊装工艺中的应用，了解其在实际生产中的效果和优势。

____

（2）提供详细的技术分析报告，包括智能制造技术应用的具体案例、效果评估和改进建议。

任务工单

报告撰写	1. 探讨常用的焊装材料及其特性对焊装工艺的影响。 2. 提供汽车制造企业在自动化焊装生产线应用中的成功案例，展示技术应用的实际效果和成果。
请在任务结束前完成最终报告的撰写和提交。 若遇到问题或需要支持，请及时联系任务负责人或相关专家。 任务负责人签字：__________ 任务审阅人签字：__________ 日期：__________	

任务三　智能制造技术在汽车车身涂装工艺中的应用

任务描述

汽车车身涂装工艺是汽车制造过程中的重要环节，其质量直接影响到汽车的外观和耐久性。传统的涂装工艺主要依赖人工操作，存在效率低下、污染严重、质量不稳定等问题。然而，随着智能制造技术的引入，如自动化机器人、物联网、大数据分析、人工智能等，这些问题得到了有效解决。自动化机器人在涂装线上的应用，可以实现精确、快速的涂装，大大提高了生产效率。据行业数据显示，采用机器人涂装，生产效率可提升 30%，同时减少了 90% 的人工操作错误。此外，机器人能在恶劣的工作环境中持续工作，降低了工人的劳动强度和健康风险。

任务分析

汽车主要损坏形式之一就是腐蚀，汽车腐蚀直接影响汽车的质量和寿命，涂漆也是延长汽车使用寿命的主要措施之一。通过对本任务的学习，学生能够了解涂装工艺可实现车身防腐蚀作用和装饰作用，所以涂装工艺是最重要的车身制造工艺之一。

任务重点

一、汽车车身涂装工艺

汽车外观色泽亮丽、经久不变，不仅是汽车外观质量较好的一个重要标志，而且也起到了美化环境的作用，同时还提高了汽车的价值。汽车外观质量的好坏主要是由涂装工艺来决定的。

（一）涂装的定义及作用

涂装是指将涂料涂覆于物面上经干燥成膜的工艺。有时也将涂料在被涂物表面扩散开的操作称为涂装，俗称“涂漆”或“油漆”。汽车车身涂装工艺是在汽车表面进行涂装的工艺。

涂装对汽车有以下作用。

1. 保护作用

表面涂层起到保护汽车车身的作用，使其免受周围介质（空气中的水分、气体、微生物、紫外线、酸碱雨等）的侵蚀，起到防腐蚀、抗老化和耐各种介质的作用。

2. 装饰作用

装饰使汽车具有色彩、光泽鲜明性、平滑性、立体感和标志等，给人以美感，起到美化环境、满足人们审美的需求和提高产品的使用频率和价值。

3. 特殊作用

涂装能调节热、电等能量的传导性，防止微生物的附着（杀菌），控制声波的散发、反射和吸收，产生夜光等，具有隔热、防振、降噪等特殊作用。

4. 标志作用

用特定的颜色表明汽车用于特定的用途，如特种车辆、消防车、救护车、警车等。

（二）车身涂装工艺特点

汽车的使用工况复杂多变，决定了其涂装效果必须达到高等级的装饰，使其具有极强的耐候性、耐腐蚀性。汽车生产技术复杂，投资成本巨大，先进的汽车生产均为大量流水线生产，车身的经济产量为每年 15 万～30 万辆。汽车涂装工艺有如下特点。

1. 汽车使用工况复杂，对涂料要求的功能多

汽车涂膜一般由底漆涂层、中间涂层、面漆涂层 3 层组成，每层分别承担不同的功能。底漆是直接涂布在经过表面处理的车身上面的第一道漆，是整个涂层的基础，它对车身的防锈蚀和整个涂层经久耐用起着主要作用。中间涂层是指介于底漆与面漆之间的涂层，它的主要功能是改善被涂工件表面和底层的平整度，为面漆层创造良好的基底，以提高整个涂层的装饰性。汽车面漆是汽车多层涂层中最后涂层用的涂料，它直接影响汽车的装饰性、耐候性、耐潮湿性、抗污性及抗擦伤性。

2. 要有清洁的涂装作业环境及条件

车涂层的装饰性能主要取决于色彩、光泽、丰满度和外观等方面。涂层的综合装饰性可以用鲜明性来表示。为了使涂层达到良好的鲜映性，避免涂层出现颗粒现象，涂装车间应具备空调除尘装置，车间厂房密封性要好。为避免出现涂层橘皮现象，物流工具运行应平稳等。

3. 应采用高效快速的漆前处理、涂装、干燥和物流装备

汽车生产均为大量流水线生产，车身涂装的生产节奏仅有几十秒至几分钟，应采用高效快速的漆前处理、涂装、干燥和物流装备。

（三）涂装三要素

为使涂层满足汽车车身的技术使用要求，保证涂装质量，获得最佳的涂层，取得最大限度的经济效

益和使用价值，必须精心设计涂装工艺。选择涂层材料，掌握影响涂装效果的各个要素和对涂装进行质量控制，必须掌握涂装工程的 3 个关键要素：涂装材料、涂装工艺、涂装管理。

1. 涂装材料

涂装材料的质量是获得优质涂层的基本条件。在选用涂料时，要从涂膜性能、作业性能和经济效果等方面综合衡量。如果忽视涂膜性能，单纯考虑涂膜的低价格，会明显地缩短涂层的使用寿命，造成早期补漆或重新补漆，反而带来更大的经济损失。如果涂料选用不当，即使精心施工，所得涂层也不可能耐久。

2. 涂装工艺

涂装工艺是充分发挥涂装材料的性能，获得优质涂层，降低涂装生产成本和提高经济效益的必要条件。涂装工艺包括所采用的涂装技术、涂装设备和涂装工具的先进性和可靠性。如果涂装工艺与设备选择和配套不当，即使采用优质涂料也得不到优质涂膜，如果所选用的涂装工具和设备的涂装效率低、故障多，则势必造成涂装运行成本高、经济效益差。

涂装工艺还包括涂装环境条件，涂装操作人员的技能、素质等。环境中的灰尘是涂装的大敌，高级装饰性的汽车车身涂装必须除尘、在空调风的环境下进行。涂装操作人员的技能熟练程度和责任心是影响涂装质量的人为因素，需加强操作人员的培训，提高涂装人员的素质。

3. 涂装管理

涂装管理是确保所制定的工艺的实施，确保涂装质量的稳定，它是达到涂装目的和最佳经济效益的重要条件，其包括工艺管理、设备管理、工艺纪律管理、质量管理、现场环境管理、人员管理等。在机械化、自动化程度较高，采用先进技术较多的现代化汽车涂装中，严格的科学管理显得非常重要。

涂装材料与涂装工艺是基础，是必备的“硬条件”，涂装管理是硬件顺畅运行的“软条件”，三者缺一不可。车身涂装三要素之间互为依存的制约关系，忽视任意哪一方都不可能达到优质涂装的目的。

（四）车身底漆

底漆是直接涂在经过表面处理的车身上面的第一道漆，是整个涂层的基础。它对车身的防锈蚀和整个涂层经久耐用起着主要作用，要求底漆必须具备以下特性。

（1）附着力强，除在车身表面上附着牢固外，还与腻子或面漆黏附牢固。

（2）有良好的防锈能力、耐腐蚀性、耐水性和抗化学试剂性。

（3）底漆涂膜应具有较高的机械强度和适当的弹性。当车身蒙皮膨胀或收缩时，不致脆裂脱落；当面漆老化收缩时，也不致折裂卷皮，能满足面漆耐久性要求。

（4）应与中间涂层或面漆涂层有良好的配套性，即有耐溶剂性，不被中间涂层或面漆层所含溶剂咬起。

（5）有良好的施工性。能适应汽车涂饰工艺大量流水线生产的特点。

汽车车身常用底漆如表 7-2 所示。

表 7-2　汽车车身常用底漆

型号	名称	组成	性能	施工注意事项	应用
F06-10	铁红醇酸电泳底漆	醇酸电泳漆料、防锈颜料、蒸馏水	附着力好、防锈性好、漆膜平整与面漆结合力好	水作为溶剂、水质要好，施工时遵守技术规范	车身覆盖件
H06-3	铁红、锌黄环氧底漆	环氧树脂、三聚氰胺甲醛树脂、防锈颜料、溶剂（二甲苯）	优越的附着力、极好的耐水性及耐化学性		高级轿车和驾驶室的覆盖件
HO6-5	铁红环氧酯电泳底漆	环氧树脂、亚麻油、丁醇、胺类、蒸馏水	附着力、耐水防潮及防锈性能近似于环氧底漆		驾驶室覆盖件
HO6-19	铁红锌黄环氧酯底漆	环氧树脂、植物油、氨基树脂、铁红锌黄、体质颜料、溶剂（二甲苯）	漆膜坚硬耐久、附着力好		驾驶室覆盖件

（五）车身中间层涂料

车身中间涂层是指介于底漆与面漆之间的涂层。它的主要功能是改善被涂工件表面和底层的平整度，为面漆层创造良好的基底，以提高整个涂层的装饰性。对于表面平整度较好、装饰性要求又不太高的载重汽车的车身和中级客车、轿车，在大量流水线生产中，常采用中间涂层，以简化工艺；但对于装饰性要求高的客车、轿车，有时采用几种中间涂层涂料。

1. 中间层涂料应具有的特性

（1）应与底漆、面漆配套良好。涂层的结合力强，硬度配套适中，不被面漆的溶剂所咬起。

（2）应具有填平性。能消除被涂漆面的划痕等微小缺陷。

（3）打磨性好。打磨时不粘砂纸，在湿打磨后，能得到平整光滑的表面，并能高温烘干。

（4）耐潮湿性好，不应引起涂层起泡。

（5）具有良好的抗石击性能。

2. 中间层涂料

为保证涂层间的结合力和配套性，中间层涂料所选用的漆基与底漆、面漆所用的漆基相仿，并逐步由底向面过渡。中间层涂料的种类也比较多，主要是环氧树脂，氨基醇酸树脂和醇酸树脂漆。

（六）车身面漆

汽车车身面漆是汽车车身覆盖件多层涂层中最后涂层用的涂料，直接影响汽车的装饰性、耐候性、耐潮湿性和抗污性等性能。在车身生产中，对汽车用面漆的质量要求非常高，具体要求如下。

1. 外观装饰性

保证汽车车身具有高质量的、优美的外观，具有光彩亮丽的外观装饰性。

2. 硬度和抗崩裂性

面漆涂膜应坚硬耐磨，以保证涂层在汽车行驶中经受路面砂石的冲击和在擦洗车身时不产生划痕、裂纹。

3. 耐候性

按有关标准要求汽车用面漆涂层在热带地区长期暴晒不少于 12 个月后，只允许出现极轻微的失光和变色，不得有起泡、开裂和锈点。

4. 耐潮湿性和防腐蚀性

涂过面漆的工件浸泡在 40 ～ 50 ℃的温水中，暴露在相对湿度较高的空气中，面漆应不起泡、不变色或不失光。

5. 耐药剂性

面漆涂层在使用过程中，若与蓄电池酸液、润滑油、制动液、汽油、各种清洗剂和路面沥青等直接接触，擦净后接触面不应变色或失光，也不应产生带色的印迹。

6. 施工性

在大量流水生产中，面漆的涂布方法多采用自动喷涂或静电喷涂，烘干温度一般为 150 ℃，时间以 30 min 为宜。

汽车车身用面漆的种类很多，如表 7-3 所示。

表 7-3　汽车车身用面漆

型号	名称	组成	性能	施工注意事项	应用
B01-10	丙烯酸清烘漆	甲基丙烯酸酯、丙烯酸酯、甲基丙烯酸、三聚氰胺甲醛树脂、增韧剂、酮类溶剂	漆膜有较好的光泽，硬度、丰满度，以及防湿热、防盐雾、防霉变的性能，保色保光性极好	供 BO5-4 面漆罩光用	用于轿车车身
B05-4	各色丙烯酸清烘漆	加颜料，其余与丙烯酸清烘漆组成相同	热固性漆，烘干后漆膜丰满，光泽及硬度良好、保色和保光性极好、三防性能好	用于BO5-4烘漆并掺入质量分数为50%～70%的 BO1-10 烘漆喷涂罩光，作为最后工序	用于光泽要求高级防性能好的轿车车身
A01-10	氨基清烘漆	氨基树脂、三烃甲基丙烷醇酯、丁醇二甲苯	漆膜坚硬，光泽平滑，耐潮及耐候性好	作为 A05- 5 面漆罩光使用	用于轿车室外金属表面罩光
A05-15	各色氨基清烘漆	氨基树脂、三经甲基丙烷、醇酸树脂、有机溶剂	漆膜硬度高，光亮度好，漆膜丰满，耐潮及耐候性好，附着力好，抗水性好	与电泳漆底、环氧树脂底漆配套，进入烘干室前，应在常温下静置 15 min	用于中级轿车车身
C04-49	各色醇酸磁漆	植物油改性醇酸树脂、颜料、加少量氨基树脂、催干剂、二甲苯	较好的耐候性好，附着力、耐水性和耐油性较好	加入少量的氨基树脂起到防皱的作用，故需要喷涂较厚，烘干温度为 120 ～ 130 ℃，时间为 30 min	用于汽车驾驶室表面涂布
Q04-31	硝基磁漆	低黏度硝化棉、有机硅改性、椰子油醇酸树脂、氨基树脂、增韧剂、溶剂	漆膜光亮平滑、坚硬、丰满、耐磨、耐温变及机械强度较好、户外耐久性好	在 100 ～ 110 ℃的温度下烘烤 1 h	中高级轿车车身

（七）车身涂装工艺流程

汽车车身典型的涂装工艺过程如图 7–19 所示。

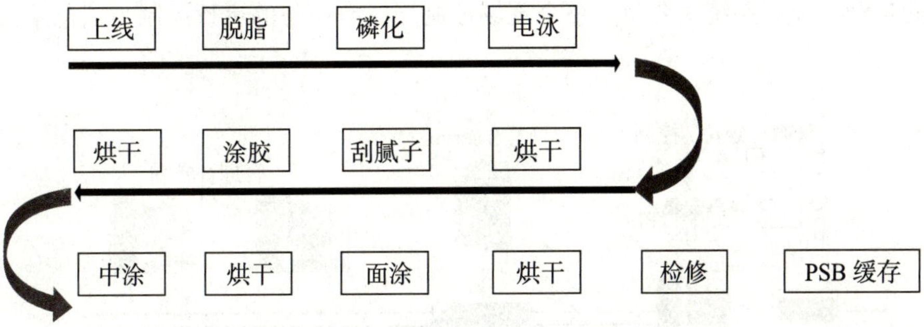

图 7–19　典型的涂装工艺过程

汽车车身涂装工艺主要流程：前处理→电泳→转挂→烘干→强冷→密封→底漆打磨→底漆擦净→手工喷涂内表面（中涂）→外表面自动机喷漆→晾干→烘干→强冷→钣金→中涂打磨→中涂擦净→手工喷涂内表面（色漆）→外表面自动机喷漆（色漆）→手工喷涂内表面（清漆）→外表面自动机喷漆（清漆）→晾干→烘干→强冷→修饰堵件安装→面漆修饰→交检→喷蜡→上线至总装。

通过上述工艺环节，质量检验合格后，车身即可通过输送系统进入下一车间进行总装生产。

汽车涂装相比于冲压、焊接、总装其他 3 大工艺更为特殊，其生产危险性较大。涂装环境的好坏直接影响着产品质量，风速、照度、洁净度、温度、湿度是汽车涂装中最常监控的因素，它们对环境和产品质量的影响最为明显。因此，涂装车间对涂装环境和安全的要求更为严格。

二、汽车车身自动化涂装生产线

（一）涂装自动化设备的智能化发展

涂装车间智能化的发展要求从传统的自动化设备人机交互模式逐渐发展到智能制造单元间的点对点连接。当前，实现涂装车间点阵连接最直接的好处是在线自动化喷涂设备的全线互联、互接、互通。例如，在新建涂装产线中，存在前处理模块、抛丸模块、喷涂模块、烘干模块、输送模块等多个生产模块，采用智能化技术将多个模块统一集成，智能化控制、智能化监测，实现在线监测统一化管理，不再是传统的各模块分散、纯人工的管理模式。随着工艺技术的不断发展，各喷涂设备的互联、互锁，改变了喷涂车间人工非智能的传统管理模式，使其朝着自动化、智能化的方向发展。在推动涂装行业智能化体系发展的同时，还应注重在各行业之间搭建数字平台，逐步实现智能化工厂的信息架构。

当前，涂装车间的机器人都是通过播放预先编制的各结构件的示教程序实现自动化喷涂工艺路线，每一个机器人都在机械地重复着预设的喷涂路线。随着涂装车间自动化系统的复杂程度的不断提高，在新产品不断引入的过程中，各喷涂工艺区的喷涂机器人功能各异，工艺要求复杂，这对测试工作造成了很大的难度。因此，在智能化喷涂的开发过程中，应该注重对产品状态的智能感知。

（二）涂装自动化控制系统

涂装车间的自动化程度是工艺水平的主要体现，也是影响生产成本的关键因素。涂装车间自动化主要包括物流输送自动化、喷涂（喷胶 / 喷漆）自动化、工艺参数自动控制、工件自动识别与控制、数字化管理等方面。

涂装车间的自动化控制系统主要负责整个现场控制层所有设备的运行控制与信息采集，其系统结构如图 7–20 所示。

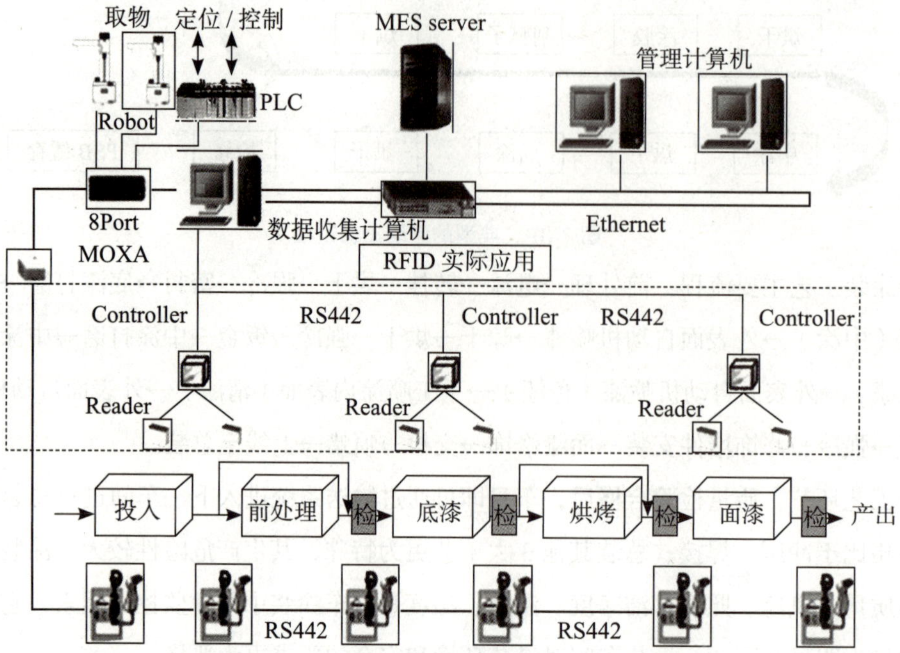

图 7–20　涂装车间的自动化控制系统结构

汽车涂装车间的设备控制系统主要针对工艺系统、输送系统、辅助系统、安全系统的过程控制点进行信息采集，发布控制指令，实现伺服电动机、电磁阀、风扇、电泵等设备执行机构的自动化运行控制。

（三）涂装自动化车间生产控制系统和生产管理系统主要功能

1. 涂装车间生产控制系统主要功能

（1）视频监控系统

涂装车间生产控制系统可实现对主要加工区域和危险区域的设备和车辆进行实时视频监控。监控主要包括：涂装入口、预处理入口 / 出口、电泳入口 / 出口和炉子出口、车间所有换橇点、自动内封、自动底盘密封、车身内喷线、车身外喷线、打磨线和涂装车间出口、并排室等，总数可达 50 个。特殊区域的视频监控系统可以满足现场的防爆、防水要求。

（2）车身信息识别系统

随着人们对汽车个性化需求的发展，汽车的制造方式逐渐从制造商转向消费者，车型的更新换代速度越来越快。混合流水线生产、双色喷涂、按单生产、交货周期短、上市时间快，这些变化对汽车实践提出了更高的要求，汽车企业需要实现个性化生产和柔性化生产，为了实现这个过程，首先需要知道要处理车身的具体信息（如型号和颜色），车身识别系统通过控制系统收集每辆汽车所包含的生产信息，然后安排生产和发布。因此，车身识别系统也是生产管理的重要组成部分。

RFID 技术在物体自动识别领域中的广泛应用，它通过使用射频实现双向非接触式通信、自动识别和数据交换，进而完成对物体标识信息的收集与管理，通过现场总线实现远程控制的功能。RFID 技术使用无线电波传输识别数据，因此不受空间限制，识别工作不需要人工干预。

2. 生产线的屏幕视频监控

（1）监控系统主画面

监控系统主画面如图 7–21 所示，监控系统主画面显示整个车间的工艺流程，从车身车间入口到总装车间按功能划分工位，显示各工位数据信息，如缺车时间、堵车时间、生产停止开关和安灯造成的停线时间、其他因素停线时间、通过某工位的车体数量等。另外还有离线电泳打磨，离线中涂打磨，离线点修补的进、出车体数量，大返修的车体数量，统计当班的生产时间和一次合格率统计等。

AVI 系统主画面显示车间中各个 AVI 站的实时数据信息（读取的条码信息和读取时间）、各 AVI 站的工作状态（OK、ERR、R/W）、条码位置（所在设备号）、该位置是否有车的信息等。

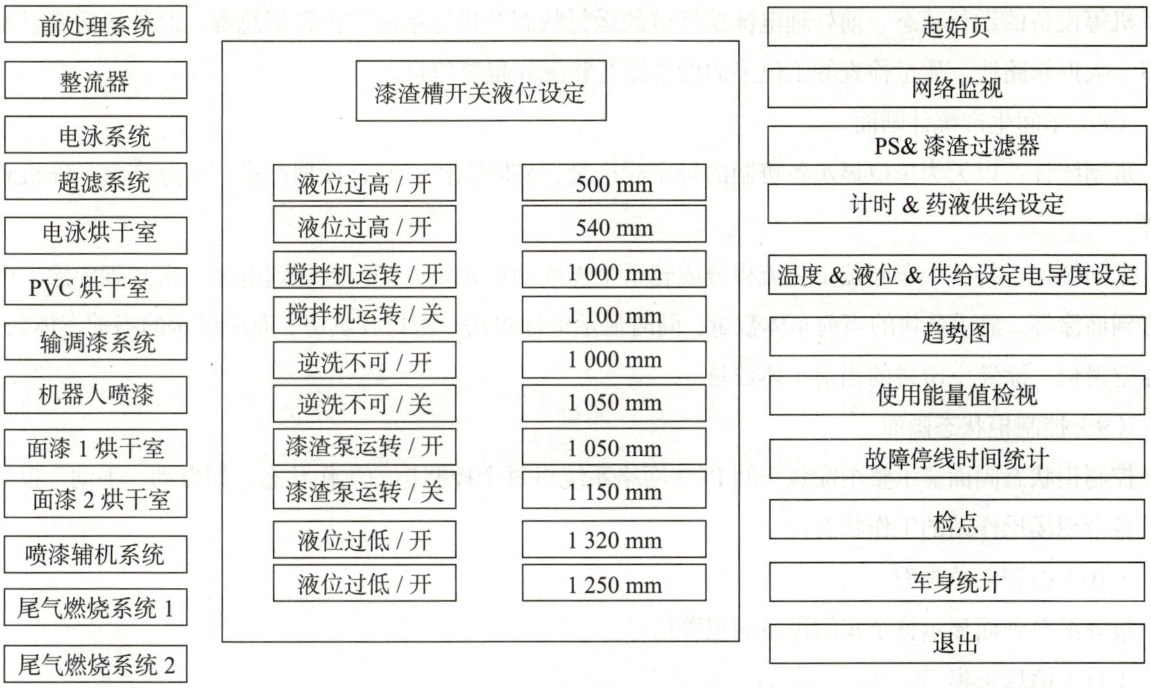

图 7–21　监控系统主画面

（2）前处理设备画面

总布置图：按现场工件实际运行顺序显示出该设备的所有功能模块的数据信息，如槽体液位、槽液温度、室体的送排风运行状况、摆杆输送链的运行状况、设备的报警信息、整个设备中的车体数量，以及一些相关设备的运行状况。

原理图：根据设备的管路走向图显示在 PLC 中有信号的泵、阀的运行状况及设备中关键部分的浊度仪、电导率仪的数据信息。

（3）电泳设备

电泳设备包括电泳周边设备：纯水设备、超滤设备和冷冻设备等。

（4）烘干设备画面

总布置图：显示各烘炉的温度、炉内车体数量、天然气工作状况及报警信息等。

烘干炉：设备的平面布置图显示该烘炉的工作状况、天然气的高低压报警、泄漏报警信息、焚烧炉工作状况、各区风机运行状况、设定温度值、实际温度值以及在 PLC 中有信号的各种阀门运行状况等。

（5）涂装设备画面

总布置图：设备的平面布置图显示各泵的运行状态、刮渣机的运行状态等相关信号。

集中供漆：设备的平面布置图显示各罐的开关量液位报警信号、管路中气温、水温的报警信号、在 PLC 中有信号的泵、阀的运行状况、液压站油位状态、粗细密封各段的加温、超温信号等。

（6）空调送排风设备画面

空调送排风设备画面图显示送排风机和喷淋泵的运行状态及相关信号等。

（7）机运系统画面

机运系统画面显示滑橇输送系统各区的单链、双链、移行机、旋转移行机、电动滚床、旋转滚床、升降机等设备的运行状态、前处理电泳摆杆链的运行状态及机运系统的报警汇总等。此外还需要显示小修室、大返修路线、质量检查等工位上的设备运行状况和报警信息。

（8）车间生产统计画面

班制统计：以天为单位显示各班制的每小时产量、实际工作时间、计划产量、实际产量、停机总时间等。

车间统计：将整个车间按工艺流程分成若干个连续的单元块，如前处理到电泳、密封到中涂、中涂打磨到面涂等，显示各块的当前车体数量，同时显示电泳烘房、密封胶烘房、面涂烘房的当前车体数量，电泳空滑橇、涂装空滑橇的当前车体数量。

（9）控制柜状态画面

控制柜状态画面显示整个涂装车间 PLC 网络系统里每个控制柜的工作状态，如自动、手动、报警，以及各个现场操作站的工作状态。

（10）报警汇总画面

报警汇总画面显示整个车间设备的报警信号。

（11）信息采集

滑橇站车身信息采集并远程录入 RFID 信息。

（12）远程监控

电泳滑橇的锁紧和解锁状态的远程监控。

3. 安灯系统

安灯系统是指分布在车间各处的声光报警系统和信息管理工具，用于收集生产线相关设备信息。安灯系统可以实现车间区域的可视化控制，每个设备或工作站都配备一个呼叫灯。如果生产过程中出现问题，设备会自动开灯（操作者也可以手动开灯）。汽车涂装生产线包括数百个工位，如果一个工位出现故障，操作人员必须停止整条生产线。安灯系统可以及时解决生产过程中的问题。安灯控制系统由前处理线、电泳线、电泳抛光线、底板打胶线、密封线、面漆线、面漆检测线、面漆修复工段、注蜡线、办公室和中控室等组成。

4. 涂装车间生产管理系统主要功能

涂装车间生产管理系统通过工业互联网构建设备、人、物、信息系统的核心网络，实现实时感知、车间相关数据传输分析，形成科学决策，实现智能控制，降低生产成本为企业提高生产效率。涂装车间生产管理系统分为以下两个部分。

（1）物料管理系统

物料管理系统可以控制大型汽车厂原材料的数量、质量和位置，如果材料低于阈值，物流系统会提醒提供适当的材料。

（2）能耗控制系统

能耗控制系统可以用于烘干炉、工艺空调、废气处理和 HVAC 的天然气流量监测、预处理电泳的热水流量监测、废热回收和预处理电泳监测、温度控制系统、用于干燥系统流量控制的喷漆室及喷漆房系统、工艺水流量控制、预处理电泳功率控制、机器人、废气处理系统、暖通空调系统和照明系统的工作线清洁水流量、控制单个设备的能耗等；也可以进行风机、电机、机器人、燃烧器、油漆循环泵和大功率照明的监测。能耗控制系统可导出各时段、各设备能耗报表；也可按班次、日、周、月、年等方式导出能耗报表；还可显示相关能耗趋势到设备的操作。对时序图进行分析，可以计算出单个单元的能耗，并与目标值进行比较。

（四）车身涂装自动化机器人

机器人喷涂使喷漆间不需要手工进行作业，从而使喷漆间自动化程度得到了提高；适合于循环送风的湿式除渣系统，采用自动滴加技术加入各种助剂，如絮凝剂、浮渣剂、pH 调节剂等，使系统能够精准平稳地工作，更适用于智能控制。

在实现自动喷涂、自动送风、湿渣、输送系统等自动化系统的同时，实现了各项工艺参数、生产信息的系统联网。随着喷漆技术的简化和智能化的发展，喷涂生产的智能化与生产工艺的结合越来越紧密。

1. 机器人在汽车喷涂中应用

在汽车涂装工艺中，喷涂机器人的应用越来越广泛，其显著的优点是可以同时在同一生产线上混线生产多种车型，提升了涂装的自动化程度及生产效率，其 6 轴或 7 轴的运动轴系比传统的往复机和自动喷涂机更灵活。焊装完成的白车身经过涂装车间前处理、电泳等工艺后，还要经过中涂和面漆及罩光等工艺阶段，才能使汽车车身拥有漂亮的油漆外观。中涂和面漆及罩光的喷涂任务可以由机器人喷涂系统来完成。

2. 机器人喷涂系统组成

机器人喷涂系统的组成：车型识别及信息传递部分、位置跟踪部分、油漆供给及喷涂控制部分、机器人运动控制部分、联锁控制部分、机器人喷涂系统中央控制部分和安全保护部分等。

机器人喷涂系统运用了当代比较先进的科学技术，其中包括：电机的变频、伺服驱动技术，气动控制技术，光电控制技术，现场总线技术，PLC 控制技术和计算机控制技术等。机器人依靠这些技术手段，通过示教操作后严格执行预定的程序，就能够较好地完成人们需要反复做的各种动作，从而为人们服务。但是，这类机器人并非智能型机器人，要让这些机器人更好地工作还需要较高水平的工程技术人员来维护和管理。

任务实施

请选择一家汽车制造企业，分析描述该企业当前的车身涂装工艺流程，包括前处理、涂装、烘干和检验等主要步骤。分析整理成一份报告，并附上相关数据和图表（如有）。

____

____

____

任务工单

报告撰写	1. 描述汽车车身涂装的主要工艺流程。 2. 分析汽车自动化生产线如何提高涂装效率，缩短生产周期。
请在任务结束前完成最终报告的撰写和提交。 若遇到问题或需要支持，请及时联系任务负责人或相关专家。 任务负责人签字：____________ 任务审阅人签字：____________ 日期：____________	

任务四　智能制造技术在汽车总装工艺中的应用

任务描述

智能制造技术已经深入到各行各业，特别是在汽车总装工艺中，其应用日益广泛，极大地提升了生产效率和产品质量。智能制造就是通过引入先进的自动化、信息化和智能化设备，实现生产过程的高效、灵活和精准控制，以满足日益复杂多变的市场需求。智能制造技术在汽车总装工艺中的应用，不仅提高了生产效率，降低了生产成本，还提升了产品质量和企业的市场适应能力。

任务分析

由于汽车结构的复杂性和装配的多样性，对于汽车的整个装配过程，应该设计合理的工艺流程，制定完善的工艺文件，配备足够并适用的设备和工具，再加上熟练的工人，来满足生产的需要。同时通过对装配质量的实时监控，及时发现装配过程中存在的质量问题，积极整改，使汽车装配质量和汽车整车质量得到提升。通过对本任务的学习，学生能够了解智能制造技术在汽车总装工艺中的应用。

任务重点

汽车总装工艺

一、汽车总装工艺

汽车总装是整车制造的最后一道工艺。车身经过冲压、焊装、涂装后进入总装车间。总装车间以车身为基本骨架，进行底盘、发动机、电子产品等整车零部件的装配。总装车间的核心是总装组装生产线。总装车间的组装生产线通常可以同时生产不同规格、颜色、型号的多种车型。

（一）汽车总装工艺流程

根据整车产品结构的不同，总装生产线分为承载车身装配线和非承载车身装配线。承载车身装配线一般由内饰线、底盘线和最终装配线组成；非承载车身装配线一般由驾驶室（或车身内饰）装配线、底盘线和最终装配线组成。总装生产线不仅是一条物流线，还是所有汽车零部件物流的终点。图 7–22 为汽车组装的一般工艺流程。

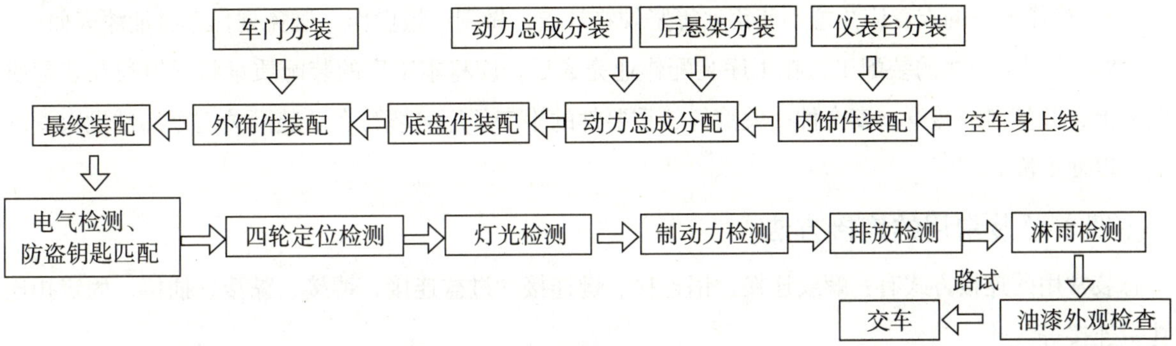

图 7–22　汽车组装的一般工艺流程

（二）汽车总装工艺考虑因素

汽车总装工艺应遵循先进、合理、经济、可靠的原则，达到良好的综合效果，具体要考虑以下几个方面。

（1）要满足产品结构要求和整车技术条件。

（2）要选用与产量相匹配的先进、成熟的工艺方法和设备，达到满足生产纲领、保证产品质量、投资少收效快、长期综合经济效益好的目的。

（3）要有一定的产品变化和产量变化的适应能力。

（4）工时定额制定要合理。根据限定的工艺设备和装备，使熟练的操作人员，用正常的操作速度来选定工时定额，并适当留有余地。

（5）车间工艺平面布置要综合考虑总装配线、操作人员操作空间、零部件总成存放空间和通道的合理性，操作人员作业位置的布置要有利于操作人员操作，做到疏密有致、均衡。

（6）各个作业位置的操作人员工作量要力求均衡，且不超过生产节奏时间。

（7）要考虑生产安全卫生和减轻操作人员劳动强度。

（三）汽车总装要求

（1）汽车装配必须严格按照产品设计图样（无图样时按样件）、各有关标准、装配工艺及本守则的要求进行装配。

（2）装配的零部件（含自制件）必须具有检验合格证，安全件必须是经国家“3C”认证的厂家产品，并贴有“3C”认证的标志。

（3）首次供货装配或经更改设计首次装配的零部件（含自制件），除按零部件确认检验规程检验外，还必须经试装评审认可，方能进行装配。

（4）装配前应对零部件进行检查和清理，杜绝不合格和不清洁的零件混入装配。

（5）装配环境必须清洁，装配工作场地（含工具箱等）应符合“5S”要求。“5S”是整理（seiri）、整顿（seiton）、清扫（seiso）、清洁（seiketsu）和素养（shisuke）这5个单词的首字母缩写。

（6）在装配作业中，零件应轻拿、轻放，不得磕碰、划伤，严禁为求加快装配速度而过度锤击零件，应做到文明装配。

（7）操作人员的衣着应注意不使钥匙等坚硬物外露，做到谨慎操作，避免划伤车身油漆表面。

（8）装配生产线的装配工，在工序装配作业完成后，应将本工序的装配质量状况填写在装配质量责任卡上，并签名或盖章，安全件、关键件、重要件的生产厂厂名填写在总装厂关键零部件批次管理看板上，以便追溯。

（四）总装常用的连接方法

总装常用的连接方式有：螺纹连接、销连接、键连接、过盈连接、铆接、黏接、插接、固定扣连接和扎带连接等。

1. 螺纹连接

螺纹连接是一种广泛使用的可拆卸固定连接，具有结构简单、连接可靠、装拆方便等优点。

2. 销连接

销是标准件，可用来作为定位零件，用以确定零件间的相互位置；也可起连接作用，以传递横向力或转矩；或作为安全装置中的过载切断零件。销可以分为圆柱销、圆锥销和异形销等。圆柱销依靠少量过盈固定在孔中，对销孔的尺寸、形状、表面粗糙度等要求较高，销孔在装配前需铰削。装配时，在销上涂上润滑油，用铜棒将销打入孔中。

3. 键连接

键连接是通过键实现轴和轴上零件间的轴向固定以传递运动和转矩。键连接可分为平键连接、半圆键连接、楔键连接和切向键连接。

4. 过盈连接

过盈连接是利用零件间的配合过盈来实现连接。这种连接结构简单，定心精度好，可承受转矩、轴向力或两者复合的载荷，而且承载能力高，在冲击振动载荷下也能较可靠工作；缺点是接合面加工精度要求较高，装配不便，虽然连接零件无键槽削弱，但配合面边缘处应力集中较大。过盈连接主要用在重型机械，起重机械，船舶，机车及通用机械，且多用中等和大尺寸机械。

5. 铆接

铆接即铆钉连接，是利用轴向力将零件铆钉孔内钉杆墩粗并形成钉头，使多个零件相连接的方法。

6. 黏接

黏接又称胶接工艺。利用黏结剂把被粘物连接成整体的操作工艺。黏接是连续的面积连接，可以减少应力集中，保证被粘物的强度，提高结构件的疲劳寿命。黏接特别适用于不同材质、不同厚度，尤其是超薄材料和复杂结构件的连接。

（五）保证总装装配精度的方法

汽车制造中，保证装配精度的装配方法有互换装配法、选择装配法、调整装配法和修配装配法，其中互换装配法又分为完全互换装配法和大数互换装配法。

1. 互换装配法

互换装配法是在装配时，各配合零件不经选择、调整或修理即可达到装配精度的方法。互换装配法的实质就是通过控制零件的加工误差来保证装配精度。

2. 选择装配法

选择装配法是在成批或大量生产中，将产品配合副经过选择进行装配，以达到装配精度的方法。在成批或大量生产条件下，若组成零件数不多而装配精度很高时，如果采用完全互换法，会使零件的公差值过小，不仅会造成加工困难，还会超过加工的现实可能性。在这种情况下，就不能只依靠零件的加工精度来保证装配精度。这时可以采用选择装配法，将配合副中各零件的公差放大，然后通过选择合适的零件进行装配，以保证规定的装配精度。

3. 调整装配法

调整装配法是用改变可调整零件的相对位置或选用合适的调整件来达到装配精度的方法。根据调整件的不同，调整装配法又分为可动调整装配法和固定调整装配法。该方法用于组成件数比较多且装配精度要求高的场合。

4. 修配装配法

修配装配法是指在装配时修去指定零件上预留的修配量以达到装配精度的方法。各装配件按各自正常生产条件下的加工精度制造，装配时，修去指定零件上预留修配量或就地配制，从而保证装配精度。

修配装配法一般适用于产量小的场合，如单件小批量生产或产品的试制。当装配件数量不多但装配精度要求很高或装配件数量多且装配精度要求高的情况下，采用修配装配法时，关键是正确选择补偿环和确定其尺寸及极限偏差。

（六）汽车总装工艺的发展趋势

1. 模块化

汽车总装工艺采用模块化设计可以对不同级别车型的众多零部件进行通用标准化生产，同时又可以灵活地搭载其他新技术。制造过程中，采用总装模块化可以减少总装工位线长度和主线装配工时，提高装配效率，扩展装配线的柔性化程度，缩短汽车生产周期。目前的模块化主要有电子控制系统模块化和产品结构模块化两种方向性的模块趋势。

2. 自动化

由于受到人力成本攀升、产品流行周期缩短及制造节拍的影响，汽车总装厂对于自动化的需求趋势日益明显。使用自动化设备可以显著提高产品的质量和装配稳定性，较为典型的采用自动化的工序内容有车轮模块通过轮胎自动分装线完成分装，并通过自动输送线运输至装配工位。自动化分装系统能根据汽车配置自动识别不同规格的轮胎，自动完成轮胎装配和动平衡检测，有效地保证了轮胎分装的品质与生产的稳定性。采用机器人装配轮胎至车身及车轮螺母自动化拧紧技术，满足了可变多轴拧紧及螺栓组半径的柔性化装配需求。提高装配柔性度的同时也提升了产品质量。

3. 加注设备真空化及智能化

制动液、冷却液、动力转向液及空调制冷液等加注设备向抽真空加注、自动检测及自动定量加注等功能集成设备趋势发展，出现了油液二合一以上的集成加注设备的应用。

4. 力矩控制智能化

力矩拧紧广泛采用高精度电动拧紧设备，拧紧技术也从通常的扭矩法转向“扭矩＋转角法”或“屈服强度法”，从控制力矩间接控制拧紧质量转向直接控制预紧力为目的，具备在线动态力矩控制与监测功能；工厂联网形成力矩数据化网络系统，实时监控拧紧质量、数据储存和追溯、数据信息分析处理等，进行智能统计过程控制（SPC），稳定和提高制造过程控制能力。利用网络化通信模块与单片机控制器相结合，进行信息的交互，设计成一体式智能网络装配控制模块，完成力矩装配的零出错控制。

5. 工装柔性化

总装整体工序中，部分装配工序由于装配空间狭小或零附件复杂等原因导致装配人员出现非常规作业姿势，装配人员人机协作性很差。解决方法：一方面通过采用自动化机器人代替人工装配，另一方面需要在工装或作业手法上进行柔性化设计来提高人机协作性。

二、汽车自动化总装生产线

自动化装配生产线是现代化工业组装生产中不可缺少的一项，尤其是在汽车产业中，自动化装配生产线是使用得最为广泛的。图 7-23 为汽车自动化组装生产线，图 7-24 为车门装配生产线，图 7-25 为底盘装配生产线。

图 7-23　汽车自动化组装生产线

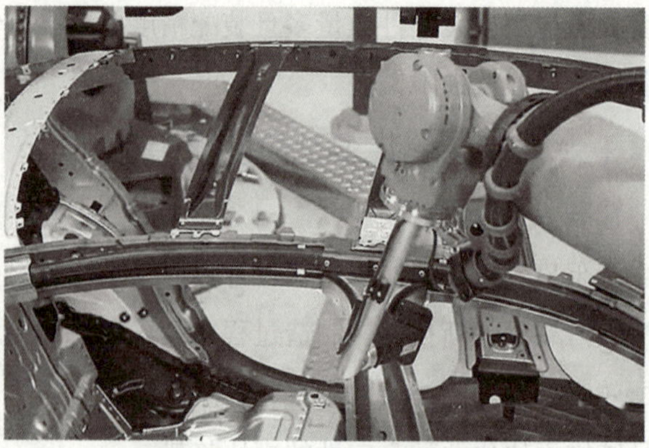

图 7-24　车门装配生产线

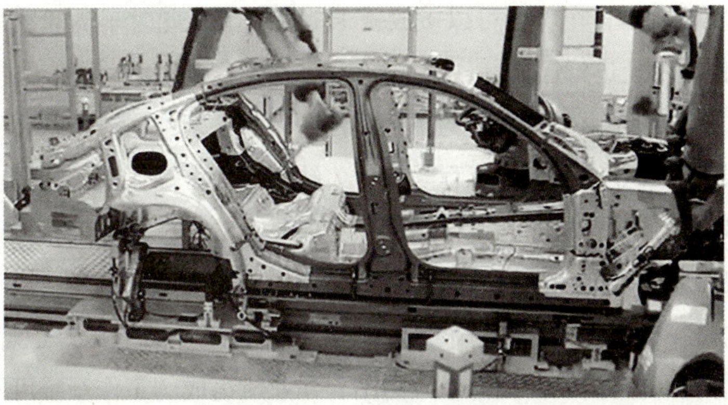

图 7-25　底盘装配生产线

汽车自动化组装生产线是人和机器的有效组合，它将输送系统、夹具、检测设备等组合在一起，以满足多品种产品的装配要求。其传输方式有同步传输（强制式）和非同步传输（柔性式），根据配置的选择实现自动装配。

汽车自动化装配生产线也叫作自动化组装生产线，是流水线的一种。其主要分为：动力总成装配生产线（发动机、变速箱、滑柱、副车架等）、底盘装配生产线（前桥、后桥、转向节等）、内饰装配生产线（仪表板等）、车门装配生产线等。

汽车自动化装配生产线工作原理：自动化装配生产线由输送、装配、检测、包装等工艺系统设备组成，各系统设备可由差速线、链板线、皮带线、智能专机等柔性作业设备及 PLC 组合而成。

自动化装配生产线一般采用底板直接异步输送、直接定位的方案，根据工作内容和生产节拍，装配线的机械、控制、气动等系统均采用积木式组合结构，以实现高效生产自动化。

总装工艺是将车身、发动机、变速器、仪表板、车灯、车门等构成整车的各零件装配起来生产出整车的过程。在汽车生产四大工艺中，总装是最终控制产品质量的最后一道工序，把控着车辆出厂前最后关卡，所以总装工艺能力很大程度上决定了产品车的质量和性能。现在的各大总装工艺均以人工为主，随着人口红利消失，劳动力成本持续上升，传统制造业逐渐从劳动密集型转向技术密集型。与此同时，工业互联网带来了人机协作的概念，即人与机器人协同工作，这正迎合了总装工厂对机器人的需求。经过主机厂与装备供应商进行探讨、研发及项目实施并量产，协作机器人在融入实际生产过程中存在的问题也显现出来。为此，各协作机器人厂家应根据实际应用过程中得到的经验及主机厂的需求不断调整产品布局并优化改进产品性能，使人机协作技术更为成熟。

（一）汽车总装工厂生产线对协作机器人的需求

目前，主流汽车的总装工厂为流水线生产，经过涂装工艺的车身需要以一定的方式与线体之间进行定位并跟随线体运行，从而完成装配。车身与线体之间的定位方式由于装配工艺的需求，通常分为以下 3 种。

（1）车身由涂装工厂传送到总装工厂，分别安装于车身的纵梁和尾端两个 Paint Bar 跟随车身来到总装，由工艺定位孔定位于 Skid 板上的安装架上并进行中心定位。

（2）在车身完成一定阶段的装配工作后，改为吊具运输方式，空中吊具通过 4 个定位工艺孔对车身进行定位，根据吊装质量的不同，在合装之前采用轻载吊具，在合装之后采用重载吊具。

（3）在完成车轮安装之后，车辆便可以被放置于地面之上，此时车辆的装配已基本结束，此后车辆被放置在 ManRider 传送带上进行运输。

汽车总装工艺的大部分工作由于其复杂的环境及任务因素，基本属于劳动密集型工艺，制造缺陷绝大多数来源于人为失误。在工业系统中，工程学条件欠缺不仅损害操作人员的职业健康，还直接影响生产效率和产品质量。带有多传感器机器人工作站可以完成复杂动作，用以代替人工操作，但是基于工厂安全要求，普通工业机器人必须安装护栏，与操作人员隔离，保证员工安全。

协作机器人的目的是将机器人的性能与个人的能力结合起来，个人有很好地解决不精确运动的能力，机器人具有高精度，动力和耐力。机器人与个人的结合作业所组成的工作系统可同时具有高精度、强动力、高耐力和处理不确定因素的能力。

（二）人机协作在工厂的应用

玻璃涂胶是总装工艺中非常重要的环节，涂胶的质量会影响汽车座舱的密封性能和玻璃的黏接姿态，所以为了得到良好的胶形，大部分主机厂会选择机器人涂胶。

使用协作机器人来完成涂胶工作，操作人员可以在其工作区域活动，而不会产生安全问题。协作机器人不仅能节省围栏空间，还可以与操作人员进行合作，完成操作。MINI 汽车的前防撞梁为铆接结构，其组装在动力系统分装线的线旁完成。其由多个动作来完成，如果全部由人工完成，操作人员需要反复拾取和放置拉铆枪，在规定节拍时间内无法完成一个防撞梁的组装且频繁拾取重物会危害人体健康，严重的会产生职业病。而此工作中的一些复杂的工件摆放动作如果由机器人来完成，其成本非常高。所以在工厂不断地重视员工关怀及人机工程学下，应用工业互联网背景下的人机协作技术开发的人机协作零件组装工作站，被应用于线旁来完成防撞梁的组装工作。

在此工作站中，操作人员完成轻质零件的拾取及放置工作，工作站中的视觉系统定位组装零件的铆钉放置位置，协作机器人在获得铆钉位置后，携带拉铆枪完成拉铆工作。

（三）协作机器人在总装工厂的应用

目前产能最高的单体工厂，生产速度高达 64 辆 /h，其得益于大量的人机协作技术应用。天线罩涂胶大多位于主线的线旁，如采用传统机器人涂胶，则需要配合防护网使用，占用很大的线旁面积且由于防护网阻隔了线旁空间，对线体的整体布局规划非常不利。因此，天线罩涂胶大多采用人工操作，但此工艺操作需要胶型准确，而人工操作并不会像机器人操作那样具有高度的精准性。如果胶形不准，可能会导致胶合时胶水溢出或产生漏水，这可能影响产品车的质量。因此采用无须围栏的人机协作机器人，在线旁完成涂胶工作是最佳的解决方案。采用人机协作机器人 IIWA 进行涂胶工作，此涂胶工位结构紧凑且可以由操作人员快速完成天线罩的放置及拾取工作，相比于传动工业机器人涂胶，加快了工作节拍，并节省了加装护栏等设备的成本。同样人机协作机器人也使无防护栏的快速在线检测成为了可能。在仪表分装线，采用 UR 协作机器人进行在线质量检测，既不影响仪表板的正常通行及生产节拍，又不会阻碍操作人员正常的线旁同行。在不对生产线带来任何负担的情况下，高效、高精度地进行质量检测，从而确保产品车的质量与客户的乘坐体验。

（四）协作机器人技术的发展趋势

（1）操作人员的运动路线随机性大，简单逻辑很难完成准确识别，如使用复杂逻辑，会降低机器人的可靠性，而工业机器人的可靠性是目前最重要的评价指标。尤其在总装生产线，任何一台在线机器人的故障，都有可能导致整个主线的停止，进而给企业带来较大的利益损失。据不完全统计，传统工业机器人每年的故障次数约在 1 ～ 2 次。

（2）协作机器人的部分安全逻辑会在非标设备安装到现场时进行设置，目前现有的协作机器人的安全逻辑控制较为简单，如果新型安全系统的编辑非常复杂，就会大幅度增加其集成的成本。

（3）新型安全传感器必须控制成本，目前，已有公司就此展开研究，并形成实际产品，但没有通过安全认证。

综上所述，随着科技的进步和产品的不断成熟，协作机器人将会向传统工业机器人的性能方向发展，并且更加智能化，人与协作机器人会朝着协同工作的方向发展。

三、工业机器人在总装车间应用的难点

工业机器人在总装车间应用的难点主要有以下 2 个方面。

（一）生产布局使机器人难以定位

由于汽车产品的生产量、产品结构特点和质量要求不同，所采用的装配组织形式也不同。固定装配是把装配基本件安装在固定的装配工作台上，或者安装在工作地点的固定支架上，由一组工人按照工艺要求，逐个将待装部件安装到基本件上，直到完成汽车产品的装配任务。流水作业装配，即借助悬吊链、滑板链、板链等类型的输送装置，将装配对象从一个装配车位输送到下一个装配车位，按照一定的生产节奏（时间）进行流水作业。当前，批量生产车间多采用流水作业的装配方式，以保证生产效率和产量。由于装配物体随生产节奏流动，加上输送链的左右摆动和前后窜动使其位置不断变化，所以机器人很难与装配物体一起移动或建立稳定的相对位置。

（二）零件多样化导致机器人通用困难

总装配车间需要安装数千个部件，每个部件的形状各不相同，为了夹持固定部件，需要为机器人的每一个部件设计安装专用夹具；一台机器人很难安装多个部件，很难实现通用化和规范化。零件的材料也有很大的差别，不仅包括底盘件、支架、加固件等硬件，还包括线束、拉索、管道、装饰件等柔性零件，这些柔性零件不能像硬件那样固定和安装。挠性部件变形的不确定性也使得机器人无法实现重复定位抓取和安装。

四、工业机器人在总装厂的推广方向

工业机器人在总装厂的推广方向包括以下 3 个部分。

（一）提高生产线中组装车的定位精度

因承载装配汽车的输送链吊架或滑板数量众多且尺寸有偏差，所以单靠停车尚不足以实现每个装配

汽车的精确定位，还需要对停车机构进行优化和精度提高。如在输送链的移动方向上，由单向停止定位改为双向停止定位，在非移动方向上设置扶正夹紧机构等。上述措施都是将组装车尽可能地通过各种夹具或夹紧机构，固定到设定原点位置。作为机器人，它统一在原点位置对装配体进行相关操作。

由于夹持点数目和夹持机构的刚度有限，其定位精度也有限。因此，对具有更高定位精度要求的车位，应根据实际定位情况进行测量，得到偏差值修正，以进一步提高定位精度。通过设定关键尺寸方向的光栅定位装置或激光测距装置，对夹具位置进行测量，得到其相对于理想原点位置的误差，然后将误差传递给机器人进行修正计算，得到装配体的实际位置。现有的光栅定位和激光测距装置，正逐渐被布置更方便的视觉识别定位装置所取代，通过摄像在装配车体上对至少 3 个尽可能远的相位点进行拍照，将该相位点与理想原点位置使特征点的相位点相比较，得到该相位点的位置偏差，并根据至少 3 个相位点的偏差数据计算出该相位点的位置偏差，再反馈给机器人进行修正。

（二）机器人本体与工装夹具接口通用性

对于安装多种工件的总装车间，需要设计制作多种工件夹具，一旦其中一种工件被固定安装在一台机器人上，该机器人只能对安装该工件的相应工件进行夹紧，严重限制了其通用性。一些机器人的主体手部安装 2 至 3 个夹具，也只在一定程度上提升，但借鉴数控加工中心机床换刀方案，情况却大有改观。机械手本体与各种工装夹具之间的连接设计为通用手接口，形成了标准的模块化设计，如机械手本体作为接口的公端设计，工装夹具作为接口母端设计。该通用接口使机器人能够根据夹具安装零件的需要，与各种工装夹具实现快速自动连接，就像数控加工中心机床根据需要自动更换刀头一样。这种设计思想，在螺栓拧紧机器人方案中，通过通用接口快速更换不同拧紧的轴套，已经有了成熟的应用实践；在移栽搬运机器人方案中，也有许多通过通用接口快速更换托盘，以搬运不同零件的应用实践。

（三）感知机器人实现装配要求的闭环控制

为了满足总装厂工件装配工艺条件复杂多变的要求，必须采用机器人感知技术来检测装配过程和结果。最早的机器人只能按照设定的程序或示教轨迹，循环重复动作。伴随着各种传感器技术的发展，机器人可以通过传感器收集角度、位移、速度、加速度、力和力矩等自身内部状态的信息，并且将信号状态转化为机器人自身或机器人之间可以理解和应用的数据、信息，实现对机器人的感知。一旦机器人具有了感知自身状态的能力，它就能根据实时感知到的信息及时调整自己的动作，及时修正出现的偏差，实现对机器人动作过程的闭环控制，达到更复杂的整车装配技术条件。同时，还可以根据设定的加权算法或条件，对螺栓紧固时的力矩、角度等相互影响的技术条件进行实时检测，进行综合判断和模糊判断。

在视觉识别技术不断发展的同时，机器人感知技术也不断提升。对每一个装配式产品来说，传感器所感知到的都是其自身的状态信息，而非装配式产品实际的质量信息，如间隙、角度、方向等，要想对这些信息进行感知和识别，就无法增加传感器，而视觉识别技术解决了这个难题。将二维或三维摄像机安装在机器人上，利用其对装配产品关键点的摄像，通过视觉识别技术进行测量或与标准照片进行比对，以判断装配产品的真实质量信息，并根据所感知的信息及时调整机器人的动作，修正偏差，实现对机器人动作结果即装配产品最终质量的闭环控制。视觉识别技术已经成为工业机器人感知的重要发展方向，目前已经出现了以机器视觉识别技术代替人工品质检测的应用实例。

知识拓展

总装车间的其他控制技术——Andon 系统

丰田提出的 Andon 生产管理工具，在全世界得到了广泛地应用和发展，其功能也从最初的车间生产管理得到进一步发展。

安灯（Andon）系统是一种现代企业的信息管理工具，Andon 也称暗灯或安灯。Andon 系统能够收集生产线上有关设备和质量管理等与生产有关的信息，加以处理后，控制分布于车间各处的灯光和声音报警系统，从而实现生产信息的透明化。

随着我国改革开放和汽车工业的日益国际化，国际跨国公司加快了与中国汽车产业的合作，加快了资产重组、共同开发产品、共同打造市场的步伐。但是，由于我国汽车产业特别是轿车产品技术主要依托跨国公司，中国汽车工业面临着巨大的竞争压力。要想保持企业的竞争力，在引进技术和设备的同时，还必须引进先进的生产管理理念和方法，最大限度地提高产品质量和产量，降低生产成本，只有这样才能在市场竞争中立于不败之地。上海通用汽车公司充分认识到了这一点，因此在成立上海公司的初期就装配了国外公司研制的 Andon 系统。

上海通用汽车公司研制的 Andon 系统已经覆盖上海通用汽车公司车身车间、动力总成厂、冲压车间、南厂的总装车间、车身车间、油漆车间，以及上海东岳通用汽车公司的车身车间和油漆车间。该产品不仅填补了国内在该领域的空白，而且技术上有所创新，在技术和成本上与国外产品相比都具有绝对的竞争优势。

随着科学技术的不断发展，安灯系统由最初的拉绳模式发展到中期的一个按钮模式，到目前为止，安灯已经发展到一种更高级的模式——触摸屏模式。触摸屏模式让信息更加明确地传递出去，减少不必要的时间浪费。Andon 技术在汽车产业的应用，有效减少了汽车生产中的停线时间、故障响应时间，并能够对工艺进行改进数据指导，大大提高了生产效率和生产工艺品质，为汽车制造业带来了可观的经济效益。

任务实施

选择一家汽车制造企业，描述该企业在总装工艺中使用工业机器人的情况，包括应用的具体环节和功能，分析整理成一份报告，并附上相关数据和图表（如有）。

任务工单

报告撰写	1. 详细阐述汽车总装的各个步骤。 2. 描述汽车自动化总装生产线的基本构成和工作原理。 3. 探讨机器人在长期使用过程中的维护保养问题及其解决方案。 4. 分析如何优化机器人的使用成本，提高其在总装厂的经济效益。
请在任务结束前完成最终报告的撰写和提交。 若遇到问题或需要支持，请及时联系任务负责人或相关专家。 任务负责人签字：__________ 任务审阅人签字：__________ 日期：__________	

思政链接

新质创领·智造旗技

——中国一汽第四届先进制造技术“旗智·iM”高端论坛在长春举行

2024 年 7 月 19 日—20 日，以“新质创领·智造旗技”为主题的 2024 中国一汽第四届先进制造技术“旗智·iM”高端论坛在长春隆重举行。

7 月 20 日的三个专题分会，分别聚焦智能化技术、绿色低碳技术、轻量化技术等重点发展方向，30 多场技术报告深入研讨了各个领域的创新技术及应用实例，如 AI 人工智能在车身智造领域的新篇章、人形机器人装配研究、总装智慧工厂建设；汽车产业链碳管理发展趋势、数字化碳管理平台建设、未来绿色涂装车间工艺规划；红旗车身轻量化技术探索应用、复合材料的应用及其连接技术、激光焊接技术推动车身轻量化进程等。

而在中国一汽先进技术中心的“先进技术展区”中，集中展示了中国一汽旗下自主品牌、合资品牌以及零部件相关分子公司应对当今智能电动汽车发展趋势，在多个细分技术领域取得的 50 余项创新成果。专业范围涉及数字化、大压铸、总成制造、冲压、焊装、涂装、总装、智慧物流、能源管理等。

冲压压合智能力控技术、焊接质量智能监控与预测系统、车桥总成自动柔性装配技术、汽车减振器 AI 智能化研发平台等诸多项目成果，都是中国一汽新质生产力的典型代表，在实际应用中都取得了良好的实效，助力中国一汽高效打造高品质汽车产品。

部分嘉宾代表在 7 月 20 日走进红旗制造中心繁荣厂区，兴致勃勃参观了冲压、焊装、涂装、总装、电池电驱 5 大车间。据介绍，“自动化”是这座工厂的鲜明特色。焊装车间自动化率达到 100%，涂胶自动化率达到 97%，总装自动化率达到 30%。通过机器人间的协作，整车前后风挡玻璃、轮胎、座椅等都实现了全自动装配，机舱管路、胎压等实现了在线全自动检测。“数字化”是这座工厂的核心密码。繁荣厂区可以通过工厂数字化系统，实时监控生产线上的全部关键特性数据，对整车 3 000 多个拧紧、加注、涂胶等关键特性进行全程管控和数据存储，并与车辆合格证进行联网绑定，实现关键工序 100% 防错、关键参数 100% 监控。在红旗制造中心繁荣厂区，每 54 s 下线一台车，每一台车下线，它的数字孪生体就同步上传到了云端，实现所有数据可溯源。

目前，通过数字化、智能化转型升级，中国一汽已经实现了 164 类 1.5 万余套关键装备的数据联通，打造集产线三维模型和运行状态于一体的数字孪生工厂，已经实现了“商品车下线、数字化车上云”。未来，中国一汽将在现有数字孪生的基础上持续构建 AI 业务场景，重点突破智能设计与仿真大模型、柔性生产智能控制算法、生产运营智能决策系统等关键技术，不断提升智能决策比例。

项目小结

本项目主要介绍了智能制造技术在汽车生产各关键工艺中的应用，涵盖了车身冲压、焊装、涂装和总装等重要环节。首先介绍了智能制造技术在汽车车身冲压工艺中的应用，揭示了智能化设备和传感器如何提高冲压过程的精度和效率，减少生产中的缺陷率，并优化模具和生产参数；其次介绍了机器人焊接系统如何提高焊接质量和生产速度，确保车身的结构强度和安全性；再次介绍了汽车涂装工艺及自动化生产线的实际应用；最后介绍了智能制造技术在汽车总装工艺中的应用，展示了智能化装配线、自动化搬运系统和数据驱动的过程优化如何提升总装的精度、效率和灵活性，满足不同车型和配置的生产需求。通过本项目的学习，读者能了解智能化技术如何提升生产过程的自动化水平、优化工艺性能和提高产品质量，为汽车制造业的智能转型和竞争力提升提供了有力支持。

课后练习

一、填空题

1. 汽车车身一般是使用冲压工艺制成的。冲压工艺对于车身的________、________和生产成本有着重要的影响。

2. 冲压工艺是一种金属加工方法，是建立在________的基础上，利用模具和冲压设备对板料施加压力，使板料产生________，从而获得具有一定________、________和性能的零件（冲压件）。

3. 车身焊装过程是将若干个零件焊装成合件，再将若干个合件和零件焊装成分总成，最后将分总成、________、________焊装成________。

4. 涂装工艺可实现车身________作用和________作用，所以涂装工艺是最重要的车身制造工艺之一。

5. ________是整车制造的最后一道工艺。车身经过________、________、涂装后进入总装车间。

二、问答题

1. 汽车车身冲压工艺的工序有哪些？
2. 汽车车身涂装工艺有哪些特点？
3. 汽车总装工艺考虑因素有哪些？

参考文献

[1] 李占平，李波，董光．汽车智能技术 [M]．北京：机械工业出版社，2024.

[2] 邹涯梅，梁颖，智能网联汽车技术 [M]. 北京：机械工业出版社 .2024.

[3] 姜鸿雷．智能汽车：新一代技术与应用 [M]．北京：电子工业出版社，2023.

[4] 曾小山，米小彦．汽车智能制造概论 [M]．北京：航空工业出版社，2023.

[5] 石玲．智能汽车技术概论 [M]．武汉：华中科技大学出版社，2023.

[6] 韦光茂，温承钦，黄维忠．汽车智能制造技术 [M]．北京：电子工业出版社，2023.

[7] 朱强，江荧，翟志永．智能制造概论 [M]．北京：机械工业出版社，2022.

[8] 刘宗巍．赵福全论汽车产业 [M]．北京：机械工业出版社，2022.

[9] 朱升高．汽车智能技术与应用 [M]．北京：机械工业出版社，2022.

[10] 胡峥．智能制造概论 [M]．北京：机械工业出版社，2022.